社会主义的航标灯

孙伟平　尹江燕　著

黑龙江教育出版社

图书在版编目（CIP）数据

社会主义的航标灯 / 孙伟平，尹江燕著. -- 哈尔滨：黑龙江教育出版社，2019.1
ISBN 978-7-5709-0542-3

Ⅰ.①社… Ⅱ.①孙…②尹… Ⅲ.①社会主义核心价值观—研究—中国 Ⅳ.① D616

中国版本图书馆 CIP 数据核字（2019）第 023950 号

社会主义的航标灯
SheHui ZhuYi De HangBiaoDeng

孙伟平　尹江燕　著

选题策划	李绍楠
责任编辑	李绍楠　张培培
责任校对	孙　丽
装帧设计	冯军辉
出版发行	黑龙江教育出版社
	（哈尔滨市道里区群力第六大道 1305 号）
印　　刷	哈尔滨市石桥印务有限公司
开　　本	640 毫米 ×960 毫米　1 / 16
印　　张	18
字　　数	220 千
版　　次	2019 年 3 月第 1 版
印　　次	2019 年 3 月第 1 次印刷
书　　号	ISBN 978-7-5709-0542-3　定　价　65.00 元

黑龙江教育出版社网址：www.hljep.com.cn

目 录

导言 社会主义核心价值观建设的意义 ………………… 1
第一章 富强：比资本主义更快地发展社会生产力 ………… 9
 一、众说纷纭话富强 …………………………………… 9
 二、正面阐释富强的内涵 ……………………………… 14
 三、走中国特色的富强之路 …………………………… 18
第二章 民主：中国近代以来思想解放的关键词 …………… 27
 一、"德先生"的前世今生 …………………………… 27
 二、"民主是个好东西" ……………………………… 38
 三、荆棘密布的民主之路 …………………………… 44
第三章 文明：人类历史发展的文化成果总和 ……………… 53
 一、"文明"是社会发展的标尺 …………………… 53
 二、千姿百态的"文明" ……………………………… 60
 三、多措并举造就文明 ……………………………… 65
第四章 和谐：根本利益一致基础上的协调关系 …………… 71
 一、"和也者，天下之大道也" ……………………… 71
 二、和谐意味着多样性的统一 ……………………… 79
 三、追寻和谐之道 …………………………………… 87
第五章 自由：马克思主义的终极价值追求 ………………… 95
 一、自由是社会主义孜孜以求的梦想 ……………… 95
 二、"自由"的内涵与辩证本性 …………………… 101
 三、实现"自由"之路 ……………………………… 111
第六章 平等：人类社会孜孜追求的合理状态 ……………… 119
 一、"平等"的巨大魅力之所在 …………………… 119
 二、"平等"的基本含义 …………………………… 127

三、如何才能实现"平等"？ ………………………… 131

第七章　公正：社会主义的本质要求　141
一、"公正"与社会主义的本质 …………………… 141
二、七嘴八舌话"公正" …………………………… 148
三、怎么促进公平公正？ …………………………… 154

第八章　法治：现代国家治理的基本方式　165
一、"法令行则国治" ……………………………… 165
二、"法律是一种强制性秩序" …………………… 172
三、齐心共建法治中国 …………………………… 179

第九章　爱国：对祖国的诚挚情感和基本义务　185
一、为什么爱国是公民基本的职责？ …………… 185
二、"爱国"范畴的丰富内涵 ……………………… 191
三、怎么做才算是"爱国"？ ……………………… 199

第十章　敬业：人民当家做主的"主人翁精神"　207
一、敬业与敬业精神的意义 ……………………… 207
二、"敬业"的核心要义 …………………………… 214
三、怎么让"敬业"成为自觉？ …………………… 222

第十一章　诚信：社会主义社会人际交往的纽带　231
一、为什么要讲诚信？ …………………………… 231
二、何谓"诚信"？ ………………………………… 241
三、怎么形成诚信之风？ ………………………… 243

第十二章　友善：社会主义新型人际关系的符号　251
一、为什么必须友善？ …………………………… 251
二、"友善"的内涵与特征 ………………………… 257
三、怎么做才算"友善"？ ………………………… 267

主要参考文献　275
一、著作 …………………………………………… 275
二、论文 …………………………………………… 279
三、报刊文章 ……………………………………… 281

后记 ……………………………………………………… 283

导言　社会主义核心价值观建设的意义

毋庸讳言,当前中国社会价值观的基本状况是空前复杂的,也是空前"暴露"的。虽然无数善良勤劳的干部群众作为"社会的脊梁",恪尽职守,默默奉献,虽然见义勇为、扶正祛邪的道德楷模不断涌现,但是也出现了不少以权谋私、腐败堕落的贪官污吏,出现了不少唯利是图、坑蒙拐骗的无良企业,出现了一些救命索要救命钱、恩将仇报的无耻败类,国人在国外的不文明行为也常常成为媒体关注的焦点……以至于利益纷争明朗化,不满情绪普遍化,人际关系冷漠化,甚至对他人和社会有害无利的事件常常见诸媒体。人们经常能够看到,有人落难,路人冷漠地只做看客;有人遇险,他人避之唯恐不及;相互之间稍有摩擦,有人动辄恶语相向,诉诸武力……曾经的礼仪之邦出现如此混乱不堪的状况,常常令人感到五味杂陈,感觉忧心忡忡。

当然,我们也不能让极端的情绪遮蔽了双眼,无视改革开放以来已经取得的巨大进步,无视广大民众默默地奉献、有韧性地坚持。综合辩证地看,或许我们可以进行如下归纳:随着改革开放的深入,人们的自主意识和权责意识普遍觉醒,要求自主选择、自己主宰自己命运的倾向日益增强;封建主义价值体系的"权本位"和资本主义价值体系的"钱本位"仍然拥有一定市场,社会主义具有普遍号召力的具体价值信念、信仰、理想尚待确立；传统与现代、"中"与"西"、"左"与"右"等多样化价值观并存共处，强调革命、服务、奉献、牺牲的理想价值观与追求物欲满足、追求感官享受的世俗价值观相互交织……

置身于汹涌的社会变革大潮之中，在互相竞争的多样化价值观面前，在日益普遍的价值矛盾和冲突面前，许多人感到迷惘和困惑，觉得看不到出路。特别是直面社会上经常出现的挑战人类良知、冲击"道德底线"的事例，有些人觉得灰心丧气，觉得一片黑暗，觉得没有希望……在这样一幅色彩斑斓的价值观图景面前，社会主义核心价值观——"富强、民主、文明、和谐、自由、平等、公正、法治、爱国、敬业、诚信、友善"——的提出，兼顾了国家、社会、个人三者的价值愿望和追求，实现了政治理想、社会导向、行为准则的统一，实现了国家、集体、个人在价值目标上的统一，系统地回答了"我们要建设什么样的国家、建设什么样的社会、培育什么样的公民"的重大问题。它不仅是扭转党风、政风和社会风气的"及时雨"，而且是具有变革和建设意义的划时代方略。

社会主义核心价值观建设是中国特色社会主义理论建设的有机组成部分，是创造"中国特色、中国风格、中国气派"的马克思主义新形态的新课题。社会主义核心价值观是在社会主义价值体系中居统治地位、起指导作用的价值理念，它从价值层面回答了"什么是社会主义、怎样建设社会主义"的问题。它是社会主义的生命之魂，也是社会主义的精神自我，它彰显了社会主义本质的价值维度，表达了社会主义特有的精神气质。没有社会主义核心价值观上的自觉，就不可能真正懂得什么是社会主义。中国特色社会主义核心价值观是在马克思主义中国化理论不断丰富发展、社会主义理论与实践逐步完善的理论背景下提出来的，是中国特色社会主义理论体系中具有中国特色和时代特征的重要组成部分，决定着中国特色社会主义的发展方向，是中国特色社会主义建设的"航标灯"。此外，社会主义核心价值观是社会主义核心价值体系的根本内容和题中之意，是中国特色社会主义文化建设和精神文明建设的根本。只有抓住了社会主义核心价值观这个根本，才能保证社会主义文化大发展、大繁荣的方向，才能切实提升社会主义精神文明建设的水平。

社会主义核心价值观是我国社会转型时期、价值观深刻变革的时代具有指导意义的价值导向。随着时代的发展和社会生活的深刻变化，世界文化和文明正面临转型，传统与现代之间、东方与西方之间、发达国家与发展中国家之间、社会主义与资本主义及封建主义之间，不同文化价值观之间的碰撞和冲突表现得越来越明显，文化价值观的变革、转型已经成为一种时代性、世界性的思想文化现象。由于我国正处于社会主义市场经济转型时期，价值观变革、转型的广度和深度显得尤为突出。在互相竞争的多样化价值观面前，在普遍的价值矛盾和冲突面前，建设中国特色社会主义这一空前伟大的事业，要求我们坚定社会主义价值理想，增强理论自觉性，培育与中国特色社会主义实践相适应的核心价值观，以引领社会思潮，尊重差异，包容多样，最大限度地形成社会思想共识，凝聚全国人民的目标和意志，唤起大众建设中国特色社会主义事业的热情。

社会主义核心价值观建设是目前世界上渐具影响力的"中国道路""中国梦"的应有之义，是中华民族自立于世界的思想理论前提。在当代世界经济全球化、政治多极化、文化多元化的背景下，各种思想文化之间的交流、交融、交锋更加频繁，文化在综合国力竞争中的地位和作用更加凸显，越来越多的国家把提高文化软实力作为发展战略的重要内容。从一定意义上说，谁占据了文化发展的制高点，谁拥有了强大的文化软实力，谁就能够在激烈的国际竞争中赢得主动。文化的核心是价值观，价值观的吸引力、凝聚力是文化软实力竞争的主阵地。而当今世界正在依照价值观而进行定位和划分，以至于有亨廷顿的"文明的冲突"之说，以至于有"为价值观而战"，价值观前所未有地凸显了其重要性。文化价值观上的独立与自觉，已经成为一个民族、国家自立、自强的根本性课题。如果缺乏具有中国特色、符合中国国情的社会主义核心价值观，那么，中国特色就是不明确的，中国道路就是不确定的，"中国形象"就是模糊的，从而也就不可能对内获得认同，不能凝聚全国人民的目标和意志，在对外交往中，则不可能占据宣传舆论上的主动，不能占据道德上的制高点，也就不能赢得世界人民的尊重。

那么，在如此复杂的环境和条件下，我们又应从哪些方面着手进行核心价值观建设呢？毫无疑问，这是一个宏大而复杂、需要付出艰苦努力的社会系统工程。这一工程的前提，是我们必须对社会主义核心价值观的12个概念——"富强、民主、文明、和谐、自由、平等、公正、法治、爱国、敬业、诚信、友善"进行深入研究，弄清"为什么""是什么"以及"怎么做"；然后，注重立足时代和具体国情，从以下几个方面加以认真培育，在社会生活中切实践行。

首先，应将社会主义核心价值观内化为国民信仰。信仰是人生的"主心骨"，在人的精神活动中居于统摄地位，是人的价值意识活动的调节中枢。一个人缺失了信仰，就如同没有了灵魂。如果人处在"没有信仰的状态，精神上会感到空虚，他对真理、理性和大自然必然感到失望"[①]。当然，信仰也有自觉与不自觉、科学与不科学、先进与落后之分。方志敏说："敌人只能砍下我

---

① 《马克思恩格斯全集》第1卷，人民出版社1956年版，第648页。

们的头颅,决不能动摇我们的信仰,因为我们信仰的主义,乃是宇宙的真理!"而不科学、落后的信仰,则会造成人生道路和社会发展的方向性错误。共产党人是无神论者,我国是社会主义国家,因此,我们既不能用封建主义价值观,也不能用资本主义价值观,更不能用各种宗教,作为全社会的共同思想基础和精神支柱。培育社会主义核心价值观,其最终目标就是要以之作为国民的信仰,作为大家团结奋斗的共同思想基础和精神支柱。

其次,用社会主义核心价值观引导社会主义制度改革和制度设计。当前中国改革已经进入了"攻坚阶段",这将是利益深刻调整、社会急剧转型的关键时期,应将社会主义核心价值观融入并引导社会主义市场经济体制、政治体制、文化体制改革,设计和确立先进、合理、高效的体制机制。从经济体制看,中国实现了从计划经济向社会主义市场经济的转轨,正在努力探寻"社会主义"基本制度与"市场经济"对接和互动的规则,推动社会主义市场经济体制的完善。从政治体制看,社会主义核心价值观包括政治层面的价值诉求和期待,要在政治体制改革过程中将这种诉求和期待制度化、规范化,凸显社会主义制度的人民性及相对于资本主义的优越性。从文化体制看,要确立社会主义先进文化的方向,深化文化体制改革,推进文化强国战略,推动文化大发展大繁荣,满足人民群众日益增长的精神文化需求。

再次,社会主义核心价值观是社会主义意识形态的核心,要确立其主导地位,以之引领和规范各种社会思潮。诚然,由于人们所继承的文化传统不同,所处的生存发展条件不同,各自的生活实践方式不同,阶级立场、社会地位、生存方式、生活经历、利益、需要和能力不同,因而价值观的差异与多样化是一种不可避免的现象,也是一种普遍的客观现实。在这种情况下,必须尊重差异,包容多样,避免简单地强求一律,杜绝粗暴地强加于人。不过，承认价值观的差异和多样化，只是事情的起点。因为并非一切多样化甚至互相对立的价值观都是正确的和合理的，都有着相同的前途和命运。实际上，当前人们的价值观参差不齐。例如，有些人"信仰缺失"，连起码的"道德底线"都没有，胡作非为，无恶不作，没有什么不敢干的；有些人的价值信念、信仰是违背科学和社会历史发展规律的，诸如封建迷信沉渣泛起，各种邪教兴风作浪，它们就明显背离了科学原理和科学精神；有些人认同资本主义社会的拜金主义、享乐主义和极端利己主义等非理性、自私自利的价值观，沦为"金钱的奴隶"，追求穷奢极欲、花天酒地的生活方式；更有一些社会破坏分子和恐怖分子，彻底走到了人民的对立面，他们的价值观是反社会、反人类的，他们的行为是对社会秩序和人民生命的巨大威胁，等等，诸如此类的价值观是愚昧、腐朽、落后、反动的，不能听之任之，为所欲为。因此，要将"尊重差异，包容多样"和弘扬主流价值结合起来，利用舆论导向、利益机制的调整以及建立健全合理的道德和法律约束机制等，对人们多样化的价值观加以引导和调节，对愚昧、腐朽、落后、反动的价值观进行抵制和批判，从而确立社会主义核心价值观的主导地位。

复次，把社会主义核心价值观融入国民教育和精神文明建设的全过程，贯穿于现代化建设的各方面。应把党政各部门、社会各方面的力量充分调动起来，把全体人民的积极性充分发挥出来，系统推进社会主义核心价值观建设。当然，具体推进过程中不能搞"一刀切"，要有针对性，讲究方法，分别要求。例如，发挥现代教育体系在核心价值观的教育与传播中的主渠道作用，增进可塑性强的青少年群体对核心价值观的认同；发挥现代传媒和大众文化在影响人的观念世界和生活方式方面的作用，使核心价值观能够借助现代传媒渗透于大众文化中，潜移默化地影响和规范人们的言行；突出党政机关（特别是窗口单位）、党员干部以及先进典型的模范带头作用，令其以实际行动产生良好的引领和示范效应，带动党风、政风和社会风气的改变。

最后，在全球化的背景下，社会主义核心价值观不仅需要在中国特色社会主义实践中得到认同，而且需要在国际范围内提升影响力。这既是提升国家文化软实力的要求，也是彰显社会主义核心价值观相对于资本主义核心价值观的优越性的要求。面对西方资本主义"自由、民主、人权"的严峻挑战，必须以文化上的"自觉、自信与自强"，超越资本主义核心价值观的视野和境界，彰显社会主义在应对资本主义"现代性危机"和回应"全球化浪潮"中的优越性，凸显社会主义核心价值观的中国特色及其"世界历史性"意义；推动核心价值观的内容和形式创新，加强国家文化传播力建设，更新全球化、信息化时代的文化传播途径和手段，有针对性地、生动有效地进行传播、宣传；从而树立中国在国际上的良好形象，彰显社会主义核心价值观的影响力、感召力和引领力，提升社会主义核心价值观的国际话语权和中国的文化软实力。

第一章　富强：比资本主义更快地发展社会生产力

"富强"成为社会主义核心价值观的基本内容，在国内外引起了热议。有些人表达了自己的疑虑，提出了一些不同的看法。这在社会多元化背景下是十分正常的事情。核心价值观作为全体人民的信仰和信念，作为引领国家和社会前进的"价值共识"，与每一个人及其命运息息相关，自然应该得到大多数人的认同和接受，并得到世界人民的理解和支持，没有理由禁止人们反思和发表不同意见，也没有理由不考虑社会大众的心声。否则，人们就会追问，这究竟是谁的价值观？代表谁的利益和需要？需要谁在实践中践行？至少，它会是单调、空洞和苍白的，并可能造成各种误解和混乱，导致一些负面社会效应。

一、众说纷纭话富强

拨乱反正、改革开放以来，历经磨难、积贫积弱的中国坚持以经济建设为中心，一心一意谋发展，一直快步走在富强的康庄大道上。通过40年来的艰苦建设，中国的生产力水平和综合实力得到显著提升，广大人民也深受其益，生活品质不断得到改善，发展、脱贫、富裕、强盛日益成为人们的价值共识。

然而，在提炼核心价值观时，为什么有人质疑甚至反对把"富强"作为基本内容呢？这可能有多方面的原因。

究其要者，是因为核心价值观是一种精神层面的观念，而且是一种特殊的精神观念，即以信念、信仰、理想为核心，居于统摄和支配地位的观念。对于民族、国家来说，核心价值观是文化的灵魂，是"精神的家园"，是人民的"主心骨"。对于社会主义来说，核心价值观是社会主义之魂，表征着社会主义的本质，决定着社会主义的发展方向。

正因为核心价值观的精神属性，以及其所处的统摄和支配地位，它应该是具有理想性和超越性、具有强大感召力和吸引力的观念。它是否立意高远、目标远大，是否超脱了当下的物质樊篱，是否具有先进、高尚的精神追求，即是否具有一定的理想性和超越性，对于相应社会共同体凝聚人心、引领发展至关重要，对于不同社会共同体争夺道义制高点和影响力至关重要。

然而，如果不加以具体解释的话，在一些人的印象中，"富强"关注的可能主要是物质层面。从大的方面说，其关注的主要是生产力的发展、综合国力的提升、人们生活水平的改善；从人们的日常生活方面来说，似乎主要是贫富问题、生活水平问题，用老百姓的话直白地讲，就是"钱"的问题。当然，这一切绝不能说不重要。毕竟，改革开放以来，贫穷社会主义已经被否决了，贫穷也不再是"先进""光荣"的标签，不是社会主义的目标。不过，我们也不能否认，"富强"确实显得比较偏重物质层面，不能将它与精神层面的崇高追求混为一谈，甚至不能与精神上的"自立""强健"直接关联。在一个社会的观念系统中，"富强"居于基础地位。因此，有些人难免觉得它的"境界"和"层次"不够高，缺乏足够的理想性和超越性。

之所以会有这样的印象，实际上与历史文化和传统因素是直接相关的。我们不难发现,中外历史文化都有"重精神、轻物质"的传统。其中,又尤以推崇儒、释、道的中国为甚。例如,从儒家来说,历史上的圣人们反复教导民众"君子喻于义,小人喻于利""君子怀仁,小人怀土""富贵如浮云,金钱如粪土""无耻者富,多信者显",等等。这一切,清楚地昭示了对物质追求、物质享受的不屑、鄙视和鞭挞。久而久之,人们形成了一种经济和道德的"二元论",习惯于将它们分离、对立起来考虑问题。例如,在一些人心目中,"为富"者必"不仁";"富而愈贪",愈不肯为"义";"正其谊(义)不谋其利,明其道不计其功";"越穷越革命,越穷越光荣"等等。"安贫乐贫""仇富恨富""鄙富抑富"之类的消极心态,曾经在中国社会中持续发酵,历史悠久且根深蒂固,日益成为中国经济和社会健康发展的阻碍。

由于上述多方面因素的综合作用,"富强"作为核心价值观就难免受到质疑。毕竟,它显得过于"世俗"了,甚至有些"庸俗"。这就如同在现实生活中有人非要高声嚷嚷:"我要富!""我富起来了!""我的钱比你多!""我钱多,我说了算!""我要强大!""我最强壮!""我最有力量!""谁都打不过我!"……如此很难令人服膺并赢得人们发自内心的尊重的。因为这类情形完全局限于"硬实力",人们即使仅仅囿于传统观念和思维方式,往往也会发自内心地不以为然。君不见,今天人们对于那些经济上的暴发户,不是轻蔑地送了个外号——"土豪"吗?对于"土豪"之类的强势群体,人们虽然可能"羡慕嫉妒恨",虽然在某些情况下"不服不行",但是,却不会打心眼儿里赞赏,也不会由衷地表示佩服,更不会发自内心地给予尊重。

也正因为如此,对于作为核心价值观的"富强",确实需要着力研究,从正面加以恰当诠释。当然,其中也包括改造中国文化传统,更新人们的陈旧观念,破除经济和道德的"二元论",重建物质追求和精神追求的平衡。

从世界范围看，提炼和推销自身核心价值观最为成功的，迄今为止首推美国。或许我们可以从中美价值观比较中，受到必要的启迪。

美国作为世界上最富裕、最强大的国家，向来以实用主义为哲学基础，最为讲究实际利益，从来都是赤裸裸地"以美国利益为重"。这头科技、经济和军事"巨兽"不择手段地在全球攫取财富，消耗了地球上最多的资源，过着令世人艳羡，也让世人诟病的舒适、奢靡、安逸的生活。美国人之务实、之功利、之奢靡，前无古人，达到了令世人难以容忍的地步。然而，务实、功利的美国人却聪明极了，提炼和推广其核心价值观的策略巧妙至极。美国政客们很少陈说他们的富裕、强大和奢靡，很少夸耀他们对于物质利益的孜孜追求，而总是打扮成一副道貌岸然、心忧天下、"启蒙"世人的模样。他们的核心价值观根本不涉及物质层面的追求，而竭力倡导超越具体物质利益的"自由、民主、人权"，并利用包括经济、军事、文化在内的各种方式，高调地、冠冕堂皇地在全世界推销。我们还必须承认，美国的策略和做法是颇为成功的。在相当程度上，他们赢得了其他国家和人民的"尊重"，赢得了令人望尘莫及的"巧实力"。甚至有一部分中国人也无视美国的务实、功利和奢靡，而推崇美国为"自由、民主、人权"的国度。

反观我们自己呢？近代以来，中国一直处于积贫积弱、落后挨打的窘境，受尽了屈辱。新中国成立之初，由于比较长时间内都奉行"左"倾思想路线，经济发展不受重视，中国一直是位居世界后列的贫困落后的发展中国家。十一届三中全会以来，中国拨乱反正、改革开放，大力发展社会主义市场经济，开始明确地追求发展、富裕和强盛，取得了公认的举世瞩目的进步——城乡居民收入成倍增长，人民生活质量大大提高，实现了从温饱不足到

第一章　富强：比资本主义更快地发展社会生产力

总体小康的历史性跨越。单是社会贫困人口大幅下降的程度，就足以说明这一点。1978—2010年，如果按照国内扶贫的标准计算，中国累计减少了2.5亿贫困人口。联合国和世界银行认为，"在消灭贫困方面，三分之二的成就应归功于中国，中国是发展中国家的典范"[①]。这实际上是对世界巨大的贡献，无论如何赞许都不过分。然而，以美国为首的西方世界却手执双重标准，极尽遏制、挑剔之能事，说中国人只知道"赚钱""发财"，不愿意承担相应的国际责任，缺少道德和精神层面的追求……中国国内甚至也有人"配合"，不断地发出类似的"噪声"。出现这种强烈反差的原因是多方面的。主要原因当然是西方与中国的意识形态之争，以及具体的实际利益之争。但同时，也与我们长期忽视文化价值观建设，缺乏具有理想性、超越性的社会主义核心价值观息息相关，与中国不太注重塑造自身形象、没有掌握"话语权"息息相关。

美国拥有独步世界的文化"软实力"。中国虽然长期落后挨打，屡遭欺凌，并且今天仍然是发展中国家，仍然在为温饱而奔波、为富强而奋斗，但在"国际社会"却屡屡"挨骂"，被肆无忌惮地"妖魔化"。这是一种极不正常、极不合理、极不公正的现象。它警示人们，文化价值观的建设十分重要，一个国家在精神或理论层面，绝不能只是"摸着石头过河"，而忽视"顶层设计"，忽视自身的核心价值观和"软实力"建设；同时，培育、提炼核心价值观，提升"文化软实力"，必须讲究方式方法，绝不能自以为是，自说自话，一味地"蛮干"。核心价值观的培育和提炼有其规律，而且，这类观念必须具有一定的理想性和超越性，从而彰显社会主义的本质和优越性，彰显中国在精神文化方面的品位和追求。

就此而言，我们必须慎重研究西方对"富强"含义的歪曲，

---

① 孙伟平、周丹等：《现时代的精神境遇》，黑龙江教育出版社2013年版，第294页。

不宜对"富裕"(rich)、"强大"(strong)等自说自话，不作任何具体的解释，不注重给出明确的规定。否则，就难免落入西方的"话语圈套"，从而难以赢得世人的理解，明确超越西方的"道德水平"和"文化软实力"。因为，如果让某些别有用心的人随意解释"富裕""强大"甚至"共同富裕"，那么，就可能会将它们与庸俗的"物质主义"相联系，让人误以为中国和中国人民似乎只关注"物质利益"，甚至只关注本国本民族的物质利益。有人甚至恶意攻击，说中国正在非洲、东南亚等第三世界搞"经济侵略"，实行"经济殖民主义"。这一切，都不利于在国内确立中国特色社会主义共同理想，遏制拜金主义、享乐主义、消费主义等的泛滥，不利于凝聚人心、振作精神、引领社会发展方向；在所谓的"国际社会"，则不利于改善和塑造中国的良好形象，不利于抢占"道义制高点"，提升中国的话语权和文化软实力。

二、正面阐释富强的内涵

在当今全球化时代，"国际社会"攻击和妖魔化中国的人很多。在中国追求富强的过程中，"中国威胁论"以及其他妖魔化中国的谬论还会不断涌现，而且肯定还会不断地花样翻新。在国内追求富强的过程中，包括已经先富起来的群体，也确实存在贫富分化、不择手段、为富不仁、奢侈堕落之类的现象和问题。因此，我们必须着力从正面阐释"富强"的含义，将"富强"与物质主义、消费主义、拜金主义和享乐主义区分开来，与西方曾经奉行的"经济侵略""经济掠夺""经济殖民主义"区分开来，从而尽可能地争取和凝聚民心，争夺道义制高点和文化话语权。

那么，应如何立足中国实际，从正面恰当地阐释"富强"，令其具有理想性和超越性，从而得到大多数人的理解和支持呢？

第一章　富强：比资本主义更快地发展社会生产力

首先，应该看到，"富强"作为核心价值观，与中国近代以来的积贫积弱、落后挨打、被西方丑化为"停滞衰败的帝国""野蛮或半野蛮的帝国"相关，与中国人民被西方贬斥为"东亚病夫""黄祸"等直接相关。

1840年，英国政府遭受清政府禁烟措施的沉重打击，发动了鸦片战争，与我国签订了中国近代史上第一个丧权辱国的不平等条约——《南京条约》，不仅开放了广州、福州、厦门、宁波、上海五座港口城市通商，割让了香港给英国，协定了关税，还对英赔款2 100万银圆。在随后签订的中英《虎门条约》中，又增加了对中国主权造成严重损害的内容，如片面最惠国待遇；外国军舰可常驻中国港口；允许英人在通商口岸赁地建房居住；英人享有领事裁判权；凡英国人在中国犯罪，不受中国法律制裁，等等。鸦片战争后，美法等资本主义国家也趁火打劫，通过军事威胁等方式，于1844年相继签订了中美《望厦条约》、中法《黄埔条约》等不平等条约。这一系列不平等条约的签订，严重损害了中国的领土完整与主权独立。①

1856—1860年，英法列强为了进一步扩大在中国享有各种特权，又发动了第二次鸦片战争。清政府与侵略者签订了《天津条约》，此外，侵略者还纵火焚掠圆明园，又签订《北京条约》，确立片面最惠国待遇与利益均沾原则，割让九龙司地方一区，"归英属香港界内"等规定，使中国主权进一步遭到破坏。与此同时，美俄两国先后胁迫清政府签订中俄《天津条约》和中美《天津条约》。1858—1864年，俄国再次强迫清政府签订中俄《瑷珲条约》《北京条约》和《中俄勘分西北界约记》，先后掠走了中国150多万平方公里的领土。②

---

① 卜宪群、王震中等编：《简明中国历史读本》，中国社会科学出版社2012年版，第442页。
② 卜宪群、王震中等编：《简明中国历史读本》，中国社会科学出版社2012年版，第443页。

社会主义的航标灯

1883年,法国发动中法战争,清政府却在陆地战场节节胜利的情况下与法国议和,签订了《中法新约》,规定凡中国在广西、云南开通商埠、修筑铁路,应向法人"商办相助"。

1894年,中日甲午战争爆发,清政府在日本马关签订了《马关条约》,将辽东半岛、台湾岛及所有附属岛屿、澎湖列岛割让给日本,赔偿日本军费2万万两白银,允许日本在中国通商口岸设立工厂,增开沙市、重庆、苏州、杭州四个通商口岸,后又用3000万两白银"赎回"辽东半岛。

1900年,由英、美、德、日、俄、法、意、奥组成的"八国联军"发动了侵华战争。在对中国大肆抢杀掠夺后,他们又逼迫清政府签订了《辛丑条约》,赔款4.5亿两白银,在北京东交民巷设立使馆区,撤走大沽炮台以及北京至天津海口的各个炮台,允许各国在北京至山海关间的铁路沿线十二处驻兵。

一部中国近代史,就是一部西方列强侵略、掠夺、欺凌中国的血泪史,是一部中国人民充满辛酸、屈辱的血泪史。在这部血泪史中,积贫积弱的旧中国备受列强欺凌,中国人民深刻体会了"贫穷必然愚昧,落后就要挨打"的道理。因此,盼望"富强"成了中国人孜孜追求的梦想。"富强"的实现,将标志着中国人民"站起来"了!中国人民不再是"东亚病夫"!帝国主义欺凌中国的历史一去不复返了!可见,"富强"与中国的历史遭际直接相关,与中华民族的民族自尊心息息相关,与中国人民的民族情感息息相通,也与中国人民的前途和命运紧密相连。也正是因为这一历史遭际和具体国情,"富强"是全体中国人民的价值追求,是中华民族伟大复兴中国梦的核心内容和有机组成部分。

其次,就"富强"的含义而言,"富"是相对于"贫""穷"而言的,"强"是相对于"弱"而言的。富强的含义,可以理解为"富裕、强健"。"富裕",包括经济的良性发展、人民的丰衣足食;而

第一章 富强：比资本主义更快地发展社会生产力

"强健"，则是一种健康的、充满活力的"强"，是一种有生命力的"强"。"强健"，更多的是强调"自强"，就如同源远流长的中国武术，旨在内外双修，强筋健骨，强身健体，而不是以强凌弱，由"强"进而"霸"，进而"恶"。此外，这里不宜把富强简单地分拆为民富、国强加以解释。实际上，我们既要"国富"，也要"民富"；既要"国强"，也要"民强"。如果人为地把国、民分开论述，某些内涵就被排除在外了，反而不够准确和合理。

最后，在核心价值观中，富强是居于基础地位的价值观。众所周知，在一定的社会系统中，经济发展是基础，健康（人民健康、国家强健）是基础。管仲反复陈说，治国之道，必先富民。因为"仓廪实而知礼节，衣食足而知荣辱"（《管子·牧民》）。孟子曰："民之为道也，有恒产者有恒心，无恒产者无恒心。苟无恒心，放辟邪侈，无不为已。"（《孟子·滕文公上》）《史记·货殖列传》曰："君子富，好行其德。"《汉书·食货志》曰："食足货通，然后国实民富，而教化成。"近代以来，面临鸦片战争后中国积贫积弱的状况，洋务派提出"辅以诸国富强之术"，到维新派提出"变法图强"的主张，再到以孙中山为代表的资产阶级革命派发出"实业救国"的呼吁，开展了一次又一次对富强之路的艰辛探索。实践证明，如果经济和社会不能良性、健康发展，人民不能解决温饱问题，实现丰衣足食，那么，不仅会影响其他核心价值观念的落实、践行，而且，以往那些陈腐、落后的东西还可能死灰复燃。[①]目前，中国还处于社会主义初级阶段，生产力总体水平不高，地区发展还不均衡，自主创新能力还不强，结构性矛盾

---

① 根据唯物史观，只有在一定的物质生产基础之上，只有具备了一定的经济基础、经济实力，人们才可能有时间和余力去发展和满足精神层面的需求，才可能逐步改变混沌、愚昧、迷信、落后的状况。否则，"就只会有贫穷、极端贫困的普遍化；而在极端贫困的情况下，必须重新开始争取必需品的斗争，全部陈腐污浊的东西又要死灰复燃"（《马克思恩格斯选集》第1卷，人民出版社1995年版，第86页）。

依然突出，粗放型增长付出了过大的资源和环境代价。"富强"要求实现"两个一百年"——"中国共产党成立一百年时全面建成小康社会"和"新中国成立一百年时建成富强民主文明和谐的社会主义现代化国家"——的宏伟目标，为社会和人自身的自由、全面发展奠定坚实的基础。

三、走中国特色的富强之路

社会主义追求富强，旨在"解放生产力，发展生产力，消灭剥削，消除两极分化，最终达到共同富裕"①。毕竟，"贫穷不是社会主义""发展太慢不是社会主义""两极分化也不是社会主义"。在贫穷落后的环境中，有过长期挨饿经历的中国人，绝不会再盲目地相信"越穷越光荣"，也绝不会愿意吃"二遍苦"！社会主义若要称得上"强"，必须拿出真本事来，即必须能够比资本主义更快地发展社会生产力，实现经济与社会的可持续发展；而且，必须能够更加公正地"分好蛋糕"，让全体人民共享改革、发展的成果。这一点，无论如何强调都不过分。因为只有真正做到这一点，才能彰显社会主义的本质，体现社会主义相对于资本主义的优越性，体现社会主义的强大生命力。最后，应该看到，富强虽然主要表征的是硬实力，但也包含着一定的软实力，是硬实力和软实力的有机统一。我们需要尽可能地挖掘、确认富强的丰富内涵，包括富强所蕴含的强健、自强、活力和生命力等，以启民智，以正视听。需要以富强的丰富内涵为基础，坚持致富有道，遵纪守法；坚守精神追求，富贵不淫；绝不恃强凌弱，称王称霸。也正因为如此，绝不能局限于"硬实力"，简单粗暴地诠释富

---

① 《邓小平文选》第3卷，人民出版社1993年版，第373页。

第一章 富强：比资本主义更快地发展社会生产力

强，甚至将富强与庸俗的物质追求、发展的不择手段、富裕之后的"土豪"行径混为一谈。若是停留在这样的层次和境界，难免导致国内外民众普遍的反感和质疑，从而会极大地削弱核心价值观的说服力、感召力、吸引力和凝聚力。

改革开放40年来，中国以前所未有的速度进行着社会主义现代化建设，把一个贫穷落后的国家建设成了世界第二大经济体。工业上发展成为"世界工厂"，正在由"中国制造"转化为"中国创造"；免除广大农民缴纳了2 000多年的"皇粮国税"；社会保障水平逐年提高，正在实现全民覆盖。在世界经济呈现衰退趋势的国际大环境下，中国经济往往也能保持高速增长。1997年爆发的亚洲金融危机，使世界经济特别是亚洲国家遭受重创，但当时中国的GDP仍然能够保持9.3%的高增长率；2008年全球金融危机爆发后，多数国家经济萧条，但中国的GDP增长率却高达9.6%，创造了一个世界经济发展的奇迹。当然，我们也不能忘记，中国仍处于并将长期处于社会主义初级阶段。尽管今日中国正走在富强的新起点上，但人民对美好生活提出了更高的要求和期望，这种要求是推动国家富强的内生力量。我们仍然必须坚持"以经济建设为中心"，解放生产力、发展生产力，实现以人为本、全面协调的可持续发展。

首先，追求"富强"的必要前提是尊重客观规律。1958—1960年的中国大地上，"大跃进""人民公社"……生机勃勃而又荒诞不经的画面难以忘记。全国粮食产量计划一改再改，计划不断加码，甚至提出了离谱的要求——1959年的粮食产量指标为10 500亿斤，棉花指标为1亿担。高指标导致高估产，各地纷纷虚报粮食产量，竞放高产"卫星"。1958年6月，河南省遂平县放出亩产小麦2 105斤的"卫星"，江西贵溪市水稻亩产2 340斤的"卫星升空"。随后，"卫星"越放越大。据《人民日报》报道，青海赛什

社会主义的航标灯

克农场的小麦亩产8 585斤，广西环江县红旗农业社的水稻亩产130 434斤。除了小麦、水稻"卫星"以外，还连续介绍了玉米、高粱、谷子、番薯、芝麻、南瓜、芋头、蚕豆、苹果等28种农作物和蔬菜、水果的高产"元帅"。当时的人们都陶醉在"人有多大胆，地有多大产""只怕想不到，不怕做不到"的"神话"之中。①

中共八届二次会议提出"超英赶美"：要在主要工业产品产量方面10年内超过英国、15年内赶上美国。当时，全国大炼钢铁，开展了许多诸如群众"送献废钢铁"的活动，各个单位和家庭将窗户铁栏拆除、饭锅等铁制品砸碎献送"炼钢"……今天人们或许无法相信这一切，但在那个时代、那种历史条件下，人们无不被非理性的激情所裹挟，无不被不切实际的幻想所迷醉。人们认为，事在人为，既然中国人民能够推倒"三座大山"，能够在短时间内使国家的经济和文化建设产生飞跃，那么就完全有理由相信，一定能够在不太长的时间内实现繁荣与富强，甚至进入共产主义的"天堂"。②

事实证明，"大跃进"不切实际、急于求成的赶超目标，忽视了客观的经济发展规律，过分夸大了主观意志和主观努力的作用，造成国民经济的比例严重失调，极大地破坏了社会生产力，造成了新中国成立以来最严重的一次经济"灾难"。教训是极其深刻的。

在追求"富强"的过程中，人们因未遵循自然规律，频频为环境污染埋单的代价也是极其惨重的。近年来，中国多省区出现了不同程度的雾霾天气，引起了社会的广泛关注。"雾霾主要是由人为排放的大量气体及颗粒污染物，如汽车尾气、建筑扬尘、煤

---

① 卜宪群、王震中等编：《简明中国历史读本》，中国社会科学出版社2012年版，第446页。
② 张珊珍编：《党史必修课：全景解读中国共产党九十余年的苦难与辉煌》，人民日报出版社2014年版，第178页。

第一章　富强：比资本主义更快地发展社会生产力

烟以及工业粉（烟）尘等，在不利于污染物扩散的气象条件下，在大气中经一系列物理、化学过程形成的大量细颗粒物PM2.5（粒径≤2.5微米）造成的。雾霾不仅容易引发交通事故的频频发生，更为严重的是，这些细颗粒能够直接进入人体的血液，损伤肺组织和其他主要器官，从而引起人体喉咙疼痛、眼睛刺痛、胸痛、头痛等症状，增加呼吸系统疾病的发病率和人的死亡率。"[1]除直接危害人体健康外，雾霾还带来诸多负面影响。"2013年1月雾霾直接造成的全国交通和健康的直接经济损失保守估计约为230亿元，造成了巨大的社会经济损失。"[2]雾霾污染天气也绝非偶然的天气现象。它是和长期以来中国的经济发展方式、产业结构、能源结构、公众的生活消费方式等紧密相关的，特别是与中国高投入、高污染、高消耗、低产出的粗放型生产方式，以煤炭为主的能源结构，以及目前快速增长的机动车保有量等密不可分。大范围、长时间的雾霾再次警示人们：我们必须也只能尊重客观的自然发展规律。只有通过转变目前以牺牲环境为代价的粗放式经济增长方式，处理好环境保护与经济建设、社会发展的关系，努力建设生态文明，构建资源节约和环境友好的社会，才能真正建成富强、民主、文明、和谐、美丽的现代化强国。

其次，追求富强之道，旨在实现全体人民共同富裕，为人类的发展贡献中国智慧和中国方案。社会主义国家的富裕是以国家财富的总量为基础，但增加国家财富的总量并不是富强价值观的唯一追求。富强作为中国的核心价值观，既非封建主义的，也非资本主义的，而是社会主义的，其代表的不仅是某个人或者某个社会集体特殊利益的实现，而且是全社会和全体人民的普遍利益

---

[1] 陈仁杰、阚海东：《雾霾污染与人体健康》，《自然杂志》2013年第5期。
[2] 穆泉、张世秋：《2013年1月中国大面积雾霾事件直接社会经济损失估计》，《中国环境科学》2013年第33期。

的实现。走中国特色的富强之路，自然不是毫无原则地提倡发家致富，而是必须坚持中国特色社会主义的根本原则和社会改革、建设的目标——实现共同富裕。只有将经济发展的成果落实到每一个百姓身上，才能真正显示社会主义制度的优越性。中国始终坚持"以公有制为主体，多种所有制经济共同发展"，坚持"以按劳分配为主体，多种分配方式并存"，坚持地区之间、城乡之间协调发展。改革开放以来，不但经济总量节节攀升，而且城镇居民人均可支配收入和农村居民人均纯收入也在不断增长，大量人口成功脱贫……实践证明，中国特色社会主义制度在促进共同富裕方面的优势正在逐渐发挥出来。

中国追求的"富强"绝不会威胁到其他国家的利益。近年来，"中国威胁论"在一些西方国家颇有市场，也让中国周边的一些国家心生疑虑。世界上不少人把中国比喻为狮子，最为人熟知的就是拿破仑的名言——中国是一头沉睡的狮子，当这头睡狮醒来时，世界都会为之发抖。习近平总书记在中法建交50周年发表的演讲中指出，"中国这头狮子已经醒了"，但是，这是一只"和平的、可亲的、文明的狮子"。中国的富强观不崇尚弱肉强食的丛林法则，不认同"国强必霸"的陈旧逻辑，更没有在非洲、东南亚等第三世界搞"经济侵略"，实行"经济殖民主义"。中国追求"富强"的出发点，从来都是在发展自己的同时，也能与世界各国和睦相处、和谐发展，共谋和平、共享和平。这与资本主义国家的富强观迥然不同。资本主义国家的富强观是在私有制下形成的，是以牺牲弱民或弱国的利益为前提，富强起来后就会由"强"进而"霸"，由"霸"进而"恶"。众所周知，历史上发生的两次世界大战就是资本主义列强瓜分世界掀起的狂潮。日本在这一方面充当了典型。当日本有识之士目睹中国在鸦片战争中沉沦后，迫不及待地效法西方进行了改革。然而，经改革后日渐强盛的日本并不想

第一章　富强：比资本主义更快地发展社会生产力

"与邻为善"，更不愿通过内部积累或与其他国家合作共赢推动其现代化。日本军国主义者制订了野心勃勃的"大陆计划"——先占领朝鲜半岛，以此为跳板，占领全中国，进而征服世界并先后发动了中日甲午战争、挑起"九一八事变"、制造"七七事变"，发动了全面侵华战争……

第二次世界大战爆发之初，一些世界强国企图牺牲小国利益换取自身安全，到头来也是搬起石头砸了自己的脚。德国为发动战争，先挑起事端，要求捷克斯洛伐克允许其境内的苏台德区"自治"，否则兵戎相见，遭到捷克斯洛伐克的坚决拒绝。而英法作为捷克斯洛伐克的盟国却因害怕卷入纷争，便制造"慕尼黑阴谋"，压制捷克斯洛伐克同意德国的要求。万万没想到，德国吞并捷克斯洛伐克、侵占波兰后，突然掉转西进，集中主力绕过英法坚固布防的马其诺防线，击溃比利时、荷兰、丹麦、挪威，法国投降，英国遭到德国空军的狂轰滥炸。与此同时，亚洲也上演了这种以"损人"始、以"损己"终的丑剧。中国抗战之初，美国等在亚太地区有重大利益的国家都退缩了。在日本的要求下，英美拒绝对独立支撑的中国提供大规模的援助，想以牺牲中国满足日本的胃口，保护自己的既得利益。随着日本陆军在中国频频得手，日本海空军跃跃欲试，美国太平洋舰队成为其下一个目标。1941年12月，日本海空军突袭珍珠港，随着日本舰载机的升空，美国军舰沉入海底。美国以数千士兵的生命和太平洋舰队主力的丧失，昭示了损人利己的代价。苏联为击破英法的"祸水东引"策略，与德国法西斯在突袭波兰前签订《苏德互不侵犯条约》，试图"祸水西引"。正当苏联"坐山观虎斗"，以为德国暂时不会进攻苏联时，德国法西斯这股"祸水"由于受到英吉利海峡的阻隔，掉头东向，以前所未有的巨大突击力量粉碎了猝不及防的苏联军队，庞大的苏联军队被迅速击溃，付出了惨重代价。1942年，英、法、美、苏等26国终于组成反法西斯联盟，发表联合宣言，协同抗战。正是通过反法西斯同盟国家的共同抗敌，才取得了世界反法西斯战争的胜利。"前事不忘，后事之师。"历史证明，任何国家以牺牲他国利益为前提的发展，最后都难免付出惨痛的代价。

今天的中国已经迎来了新时代，已经从最初的"站起来""富起来"走向了"强起来"。这个时候的中国不忘初心，所追求的依然是世界的和平与发展。因此，中国投入大量的人力、物力打造"人类命运共同体"，致力于走向世界舞台的中央，为人类的和平发展提供中国智慧和中国方案，而非追求一己富强，更非追求称霸世界。

最后，迈入信息时代、智能时代，只有依靠科技强国战略，才能更好更快地实现富强。富强是以物质财富为后盾的。对于国家而言，科学技术是"第一生产力"。先进的科学技术一旦转化为生产力，就会极大地提高生产效率，推动经济快速发展，创造出更多、更丰厚的物质财富，使国家的综合实力变得更强大，从而实现国富民裕。

富强须以广大民众驱除疾病、强身健体为基础。如何通过科技攻关，攻克一个又一个疑难杂症，是科技强国的重要内容。如疟疾是由寄生虫疟原虫引起的疾病，是WHO（世界卫生组织）热带病特别规划重点防治的8种热带病之首，不仅被称为"非洲儿童死亡的最大杀手"，而且严重危害中国人民的身体健康和生命安全，主要流行于云南、海南、贵州等南部地区和安徽、河南、江苏、湖北等中部地区。20世纪60年代，由于疟原虫对奎宁类药物产生抗药性，全球疟疾患者死亡率急剧攀升，死亡人数每年高达近百万人，受其威胁的有140个国家和地区。1967年，中国启动了抗疟新药的研究。在极为艰苦的科研条件下，中国女药学家屠呦呦带领的团队与其他机构合作，经过艰苦努力，发现了青蒿

第一章　富强：比资本主义更快地发展社会生产力

素，开创了疟疾治疗的新方法。1971年10月取得中药青蒿素筛选的成功，1972年从中药青蒿中分离得到抗疟有效单体，将其命名为青蒿素。1973年，经临床研究取得与实验室一致的结果，抗疟新药青蒿素诞生了。1992年，屠呦呦又发明了抗疟疗效高出青蒿素10倍的"升级版"双氢青蒿素，能迅速消灭人体内疟原虫，给全球数亿人带来了福音，并于2004年5月被WHO正式列为治疗疟疾的首选药物。2015年10月，屠呦呦因创制新型抗疟药——青蒿素和双氢青蒿素的贡献，与另外两位科学家分享诺贝尔生理学或医学奖。

　　解决温饱是富强的当然之意。中国工程院院士、世界"杂交水稻之父"袁隆平在杂交水稻育种领域的科技创新成果，为解决中国乃至世界的温饱问题、促进世界和平做出了杰出贡献。早在20世纪70年代，袁隆平就创新培育出了"南优2号"，后又成功培育出"超级杂交水稻"，取得了水稻育种的历史性突破。在那个年代，"中国大地有一半的水稻面积和60%的水稻产量是这位科学家培育出来的杂交水稻，平均水稻亩产从1950年的140公斤提高到了1998年的450公斤。从1975年至1998年的二十几年间因此累计增产粮食3.5亿吨，相当于每年解决了3 500万人的吃饭问题"[①]。粮食安全是世界性大问题。袁隆平的科研成果不仅解决了中国的粮食安全问题，而且在解决世界的饥饿问题上显示出强大的生命力。1999年，世界上有20多个国家和地区正在研究杂交水稻；联合国粮农组织也把在全球范围内推广杂交水稻技术作为该组织的一项战略计划。受联合国粮农组织之聘，袁隆平担任首席顾问，对印度、越南、缅甸、孟加拉国等国的杂交水稻育种和繁殖制种技术进行了指导，还为它们培训了一批杂交水稻技术骨干。在中

---

① 陈鹏：《杂交水稻之父袁隆平》，《人民日报》1999年10月28日，第1版。

国的帮助下,越南和印度的杂交水稻发展很快。正如美国著名农业经济学家唐·帕尔伯格所说:"随着农业科学的发展,饥饿的威胁在退却。袁隆平正引导我们走向一个营养充足的世界。"[1]

1988年,邓小平曾经表示,如果20世纪60年代以来没有原子弹、氢弹,没有发射卫星,中国就不可能被称为有重要影响的大国,也不会有当时的国际地位。中国的科技强国梦,从鸦片战争时期,尤其是五四运动后就已经萌发。洋务运动、五四运动、孙中山号召实业救国、"四个现代化(即工业、农业、国防和科学技术现代化)"的提出、科教兴国战略的实施、信息化和智能化建设的兴起……科学技术在富国强兵、振兴中华的伟业中一直发挥着巨大的推动作用。今天,人类已经迈入了信息时代、智能时代,科学技术在促进社会发展方面的威力尤胜以往,强化自主创新、走科技强国富民之路已是大势所趋!

---

[1] [美]唐·帕尔伯格:《走向丰衣足食的世界》,王应云译,中国农业科技出版社1990年版,第138页。

第二章　民主：中国近代以来思想解放的关键词

民主是新时代中国特色社会主义发展的一个重要主题。在党的十九大报告中，"民主"一词就出现了60次之多。人民民主是社会主义的生命，是中国共产党高扬的光辉旗帜，是实现中华民族伟大复兴的制度保证和政治目标，这早已成为包括中国共产党人在内的全体中国人的基本共识。在要不要民主的问题上，可以说，当代中国并不存在什么争议，至少没有大的争议。就民主本身而言，它既是国家形态，又是国家形式，被认定为中国近代以来思想解放的关键词。民主作为社会主义核心价值观，其主旨在于不断启蒙广大人民的民主意识，提升广大人民的民主素质，建立和完善国家的民主制度，真正实现广大人民当家做主、自主地管理国家。在新的时代背景下，正确理解"民主"的丰富内涵和现实意义，探析民主的具体实现路径，是培育和践行社会主义核心价值观的必然要求。

一、"德先生"的前世今生

民主（Democracy）被中国人亲切地称为"德先生"，它是现代社会发展的大势所趋，也是世界各国一致推崇的基本价值。光阴似箭。自毛泽东提出以民主作为打破"治乱兴亡周期性循环"的良方，迄今已经过去了整整73周年。然而，在今天的社会主义中国，"德先生"的命运又怎么样呢？对民主的理解、践行又如何呢？

我们环顾四周，不难发现，社会上的声音嘈杂极了。不同的人似乎各有主张，意见明显分歧，莫衷一是。无论如何，必须承认，在追寻民主的过程中，我们是走过弯路、付出过代价的。同时，也应该承认，民主一直是我们孜孜追求的，现在更是被确立为社会主义核心价值观。或许，这里的关键不在于要不要民主，而在于"如何正确理解民主，以及在实践中学习和践行民主价值观"。

西方"民主"一词来源于希腊文的两个字，一个是"民"δημos（demos），是指全体无差别国民、公民等，是泛指之民；一个是"主"κρατos（kratos），是指统治、管理。两个词结合在一起使用，"民主"（δημοκρατια或demokratia）取主谓结构，有"人民统治"[①]或"人民管理"之意，也即泛指的"人民统治"。这一含义与现时代语境下的"民主"存在明显的差异。具体地说，这一民主的内涵经历罗马帝国、君士坦丁帝国、日耳曼帝国、文艺复兴、资本主义等时期的演化后，在今天的西方资本主义国家中，词义变成了"人民的权利"，泛指"统治归于人民"或人民主权。更准确地说，是指由全体人民（而不是他们选出的代表）平等地、无差别地参与国家决策，进行国家管理。当然，我们绝不能想当然地认为这里的"全体人民"指的是社会上的所有人。无论是在过去还是在现在，"人民"从来都不是"数人头"这么简单的事情。换句话说，并不是所

---

① 关于"人民统治"，大致可以分析为如下三个问题，即"谁来统治""如何统治"以及"统治什么"。在历史上，对"谁来统治"这一问题的不同回答，产生了诸如"精英型民主"和"大众型民主"、"麦迪逊式民主"和"平民主义民主"等民主观念；对"如何统治"这一问题的不同回答，产生了诸如"选举民主"和"协商民主"、"直接民主"和"间接民主"等民主观念；对"统治什么"这一问题的不同回答，产生了诸如"政治民主"与"经济民主"、"宏观民主"与"微观民主"等民主观念。

有人都有资格算作"人民",而只有"公民"的人头才算数。

梳理历史不难发现,在古希腊时期,民主的主体仅限于具有血缘关系的雅典全权公民集体。对于雅典国内的大批非公民,如外邦移民和奴隶,以及对于其他国家的公民,雅典民主制则是一种压迫和暴力。例如,雅典在繁荣时期,有两万多常住外来移民,他们在雅典主要从事手工业、商业和银钱兑换业,为雅典人提供许多税收,却不能拥有土地,不能享有任何公民权。即使外邦移民已变为巨富,成为大奴隶主,他们仍然是低等人,仍然要依附于某个公民保护人。亚里士多德在《政治学》中把"公民"定义为"有权参加议事和审判职能的人",即一个人必须具备两种权利才能叫公民:一种是作为陪审员他有权利参加审判,审判他人有罪还是无罪;另一种是他有权利参加统治,或者他有权被选举为治理国家的官员。只有当一个人有权行使这两种权利时,他(她)才算真正的公民。而公民的决策和行为只需按照自我的诉求进行即可。这种"己""民"合一的思维模式被社会化后,就形成了全社会的思维和行为模式。在这种社会环境下,公权力被社会中的强势个人占据,并为自己服务,被认为既"公平"又"合法"。也就是说,这种"民"的视野始终停留在"己","主"的内容也始终围绕"己"展开,强调个人存身于群体中的主体性,即对自我事务的绝对主导权和支配权,以及对集体事务的知情权、话语权、参与权和被服务权,充分展现出个人本位主义的价值取向。

咀嚼古希腊思想史,我们还会发现一个耐人寻味的现象,即大思想家(主要是享有民主权利的雅典公民)大多对民主持批评态度,认为民主本质上是大多数穷人的统治,偏离了公正原则。修昔底德、苏格拉底、色诺芬、柏拉图、亚里士多德等组成了一个批评民主的阵营。在大量的批评意见中,最有力的一种指责是:民主致使派系倾轧,选举迫使各派政治家取悦民众,放纵选民，而对民众过于自由放任导致多数人的暴政和少数人或单个人的暴政没有区别。诸如此类的缺陷还有很多，如选举贿赂、政治家没有操守、蛊惑人心，以及业余人士治国，等等。至于在民主制之下，个人或党派为了一己之私利而讨好选民，把派别利益置于国家利益之上，则被思想家们看作是其最大的缺陷。由此出发，他们普遍赞同梭伦的看法，认为一个良好的国家不能成为一个党派、一个阶级、一个利益集团或若干利益集团的工具。国家应该在不同利益集团之间保持客观中立，追求超阶级、超派别的道德目标。而好的政治家的责任是通过教育对国民进行道德引导，并进行正确的立法，选择合适的统治者，促使这些目标得以实现。在他们看来，民主制未能做到这一点，因此属于非正常的政体。①

在中国历史上，"民惟邦本"之类的民本思想比较普遍，但罕有现代意义上的民主思想。"民主"在历史上的含义也比较混乱。最早的"民主"要么是指代君主，如"天惟时求民主，乃大降显休命于成汤"（《尚书·周书·多方》），要么是指代官吏，如"仆为民主，当以法率下"（《三国志·吴志·钟离牧传》）。著名的"当官不为民做主，不如回家卖红薯"一说，在一定意义上也指代这样的"民主"。这与今天使用的"民主"的含义大相径庭。

作为社会主义核心价值观的民主既不同于中国古代的"民主"，也不同于西方资本主义的"民主"，它不是少数人的民主，而是人类历史上从未有过的"全体人民自己当家做主"。它是在一个社会共同体或群体内部，全体人民就公共事务平等地进行商议、选择和决策的方式。它与专制、独裁相对立，维护的是绝大多数人的利益，体现的是绝大多数人的意志。

---

① 参见武寅主编《简明世界历史读本》，中国社会科学出版社2014年版，第127页。

第二章 民主：中国近代以来思想解放的关键词

准确把握"民主"的含义至关重要，应该说，"民主"并不神秘，我们绝不应该将它描绘得云山雾罩，令人不得要领，给别有用心之人以可乘之机；"民主"也可以不复杂，不应该以诸如素质、能力为由，人为地剥夺某些人（特别是弱势群体）的民主权利。林肯曾用"民有、民治、民享"诠释民主，应该说，这已经比较接近民主的政治精髓了。

实质上，对于民主，关键在于明确两点：

其一，民主的主体是谁？民主关系到在一定社会共同体或群体内部如何决定和管理公共事务，这一共同体或群体中的每一个人都拥有相应的权力和责任，民主过程必须反映他们的历史地位和社会利益，体现他们的意志和要求。如果不是这一共同体或群体的成员，则没有资格参与，不能插手干预、包办代替。例如，当代中国人民是决定和管理今日中国社会事务的主体，一切外国人理应排除在外，已逝的"古人"也无权代替我们进行选择和决策。这也是人民群众是历史的创造者、人民群众是发展成果的享有者之意。

其二，民主的适用范围是什么？一般而言，民主只适用于"公共事务"，那些纯粹私人性的事情，则理应由个人自己"专断""独裁"。而且，只有事关公共事务的价值评议、选择和决策，民主才是适用的，而与价值无涉的那些事务，诸如一定的事实的真假、某一科学真理的认定，诸如1加1是否等于2，"地心说"正确还是"太阳中心说"正确等，都不能由人们"民主地"进行决定。

如何处理多数人与少数人的关系，对于民主是非常关键的。我们不妨先来看一个小故事。

美国冒险家杰恩到亚马孙河流域探险时，不小心被丛林里的土著人捉到了，被押到部落驻地。杰恩惊恐地发现，部

社会主义的航标灯

落里到处散落着人的骨头残骸。很明显,这是一个吃人的野蛮部落。杰恩绝望了。

过了一会儿,杰恩又有了生的欲望。他发现,食人族里年轻的酋长文质彬彬,很有绅士风度,还能说一口流利的英语。杰恩试着与他交谈,得知酋长竟是哈佛大学的高才生,与杰恩还是校友呢。杰恩松了一口气,心想,终于可以逃过这一劫了。

杰恩问酋长:"你在美国接受了那么多年的教育,想必一定会用到所学的知识教化你的族人,他们的习惯必定改变了不少吧?"

年轻的酋长说:"那当然。以前我的族人都住在树上,现在都住进了木屋;以前他们都赤身裸体,现在都穿上了衣服。"

杰恩问:"我们美国最有特色的还是民主,你没有引进吗?"

酋长说:"我已经按照美国的政治体制改革了我们的部落,我们成立了部族议事会,有什么重要的事,都不是我自己说了算,而是要通过部族议事会来解决。"

杰恩自豪地说:"全世界都要借鉴我们美国的民主,我们美国人最讲民主了。"

酋长说:"是的,一切都要讲民主。今天对你的处置,我原本是想要送你出去,不过听了你这番话,我忽然觉得,我不可以这么独裁,还是要讲一下民主,要开一个会。对此,你没有意见吧?"

杰恩后悔得想掴自己一个嘴巴,但话已经说出去了,只好无可奈何地答应。

一会儿,酋长回来了,神色庄重地对杰恩说:"我们已经开会研究了对你的处理意见。"

杰恩急忙问:"怎么样?"

第二章 民主：中国近代以来思想解放的关键词

> 酋长说："我想让你饱餐一顿后送你出去，可是众长老都反对，他们的意见是留下你让我们饱餐一顿。没办法，我们得讲民主啊！"

这个故事启发我们，民主理论虽然建立在多数人决定的基础上，认为多数人决定最能符合功利的目的；但民主理论也有其缺陷，表现为少数派将生活在多数派的统治之下，这亦被有的学者称为"多数暴政"或"暴民政治"。如果多数派没有受到宪法和法律制度的限制，难免造成一部分人被边缘化。英国前首相丘吉尔曾说："民主是个不好的制度，但是，还没有发现比它更好的制度，所以我们不得不用它。"尤其是，在事实领域，如果坚持通过投票之类的方式来决定真假对错，那么明显是极其荒谬的。

也正因为以上一些方面的原因，对于民主，实际上需要确立一些基本的原则。其一，多数人决定原则，即在决策和管理中，坚持少数服从多数。其二，保护少数原则，即保护少数人的正当权益不受侵犯。因为，多数人并非总是正确的。正如罗伯特·达尔指出："即使是民主国家，即使它遵循了民主的程序，这种时候它所犯的不公正仍然是不公正，多数人并不能因为其为多数便是正确的。"[①]其三，程序化原则，即人人都遵守共同制定的规则、程序，没有例外，这便是著名的"民主三原则"。"民主三原则"是民主历程中无数正反面经验教训的总结，是使民主从形式上走向科学化、法治化的表现。

西方民主是资本的权力、资产阶级的统治。尽管资本主义的民主有比较成熟的程序，有比较长的民主实践历程，但是，其内容和实质却是虚假的。其虚假性在于，它"是一种残缺不全的、

---

① [美]罗伯特·达尔：《论民主》，李柏光等译，商务印书馆1999年版，第55页。

贫乏的和虚伪的民主,是只供富人、只供少数人享受的民主"①。虽然它的程序设计非常华丽,但是,形式上的民主并不等于事实上的民主,"选举形式、民主形式是一回事……内容却是另一回事","着眼于形式上的民主,那是资本主义民主主义者的观点"。因为西方民主有"资本逻辑"这一先天的基因缺陷,所以,即便它"打扮"得非常美丽,却仍然无法掩饰其内容上的空乏。在资产阶级的所谓民主制度下,"'纯粹的'民主愈发达,(排斥群众的)方式就愈巧妙,愈有效"②。总之,西方民主在"形式合理性"与"实质合理性",亦即"工具理性"与"价值理性"之间产生了断裂。缺乏价值理性的维度,工具理性的膨胀必然走向理性的反面,成为一种非理性。

梁启超很早就提出,民主制度应体现天下之公理。相较于西方民主而言,社会主义民主的内容是真实的,且形式是不断发展的。其真实性在于,它是绝大多数人的民主,是"全体人民当家做主",是一种实质性民主。在社会主义制度下,国家是人民的国家,是人民自我规定的载体。国家的一切权力属于人民,人民有管理国家的权利。社会主义民主实践的历程告诉我们,从一开始,位于社会最底层的人民群众就一直是推动民主的重要力量,是践行民主政治的主力军。如果说,资本主义的精英民主必然与资产阶级联系在一起,那么,社会主义的民主则与工人阶级运动密不可分。尽管社会主义的含义可能是多方面的,但是,无论什么样的社会主义都必须承认社会主义是反对等级社会和不平等的产物,其价值核心是民主、平等与公正。由于追求平等、公正的社会主体(即社会主义运动的主体)必然是无权无势的人民群众,因此,"发展社会主义民主政治,必须以保证人民当家做主为根

---

① 《列宁专题文集·论马克思主义》,人民出版社2009年版,第261页。
② 《列宁选集》第3卷,人民出版社2012年版,第605页。

本"①。毛泽东指出:"人民,只有人民,才是创造世界历史的动力。"②人民群众作为实践的主体,是历史的创造者,是社会发展的决定力量,也是推动社会民主化的决定力量。

值得强调指出的是,人类社会民主的发展历程表明,民主是具体的、历史的、变化的,从来不存在抽象的、超阶级的、超历史的、普世的民主,或者说,不存在普遍适用、固定不变的民主模式。我们倡导人民民主的价值观念,不是说走向某种"普世"模式,而是根据时代的发展、不同的文化传统和经济发展状况以及不同的现实条件,设计不同的自治体制、程序,将发展社会主义民主看成一个不断完善的历史进程。备受推崇的所谓"西方模式",无论是美国模式、德国模式,还是英国模式、日本模式,实际上都是与西方国家相应的文化、社会发展的产物,是相应国家不同利益群体长期博弈的结果。时至今日,民主在世界范围内没有"标准答案",仍然是一个聚讼纷纭的大问题。

当然,社会主义的民主也需要通过好的形式来实现,需要有完善的程序设计。实践证明,任何一个国家、地区的民主模式,只有扎根本国土壤,根据时代的发展、不同的文化传统、不同的经济发展状况,以及不同的现实条件,设计不尽相同的自治体制和程序,才是可靠的、管用的。因为任何民主都只能从自己的文化土壤中成长起来,只能从本民族的文化血脉中衍生出来,只能与本民族所处的历史阶段和发展水平相适应。正如马克思批判黑格尔的民主观时所指出的:"黑格尔认为民主因素只有作为形式上的因素才能灌输到国家机体中去……其实恰巧相反,民主因素应当成为在整个国家机体中创立自己的合理形式的现实因素。"③也

---

① 《中共中央关于全面深化改革若干重大问题的决定》,人民出版社2013年版,第28页。
② 《毛泽东选集》第3卷,人民出版社1991年版,第1031页。
③ 《马克思恩格斯全集》第1卷,人民出版社1956年版,第389–390页。

就是说，民主因素无法通过外部灌输，而必须依靠各个国家的内生演化才能发展。习近平总书记精辟地指出："每个国家的政治制度……都是在这个国家历史传承、文化传统、经济社会发展的基础上长期发展、渐进改进、内生性演化的结果。"①每个民族的民主都会有本民族的独特基因，都一定要与本民族的水土"相服"。

在众多民主的实现形式中，中国特色社会主义民主正日益展现出蓬勃的生机和活力。从形式上说，社会主义民主具有典型的"发展性""阶段性"特征。在全球化、信息化、智能化时代，一个民族、国家，特别是像中国这样历史悠久、拥有独特文化、仍处在发展中的社会主义大国，不可能简单照搬世界上任何一种现成的民主模式。

邓小平明确指出："什么是中国人民今天所需要的民主呢？中国人民今天所需要的民主，只能是社会主义民主或称人民民主，而不是资产阶级的个人主义的民主。"②2014年9月5日，习近平在庆祝全国人民代表大会成立60周年大会上指出："评价一个国家政治制度是不是民主的、有效的，主要看国家领导层能否依法有序更替，全体人民能否依法管理国家事务和社会事务、管理经济和文化事业，人民群众能否畅通表达利益要求，社会各方面能否有效参与国家政治生活，国家决策能否实现科学化、民主化，各方面人才能否通过公平竞争进入国家领导和管理体系，执政党能否依照宪法法律规定实现对国家事务的领导，权力运用能否得到有效制约和监督。"③

---

① 习近平：《在庆祝全国人民代表大会成立60周年大会上的讲话》，《人民日报》2014年9月6日。
② 《邓小平文选》第2卷，人民出版社1994年版，第175页。
③ 《习近平谈治国理政》第2卷，人民出版社2017年版，第287页。

第二章 民主:中国近代以来思想解放的关键词

1986年12月,在吉林省梨树县委、县政府的支持下,一场史无前例的村委会领导班子选举在北老壕村拉开了帷幕。乡党委当众宣布:"不划框子,不定调子,不提候选人","谁当村干部由群众民主投票选举决定",凡是本村18岁以上的"正人""能人"都有资格参选。他们当时把这种方式称为"海选",意为由村民自行从全村中选择领头人。选举当天,全村2 000多名村民踊跃投票,选举会议一直开到后半夜。经过三轮选举,孙国清与其他8名原村干部当选梨树县北老壕村新一届村委会成员。孙国清是"海选"时票数最高的后起之秀。他当上村干部后说的第一句话就是:"我是大伙儿选上来的,得对得起大伙儿,为大伙儿干点实事儿。"

此后的几年间,在选举出来的村委会班子的带领下,北老壕村的面貌焕然一新,由后进村变成了先进村。北老壕村的这一举动带动了中国农村基层选举方式的变革。1987年,《村民委员会组织法(试行)》正式颁布实施。从此,农村基层直接选举方式在中国有了法律的指导和保护。梨树县当年的"海选"作为中国农村民主政治改革试验中的成功案例在全国推广。这个故事反映了作为根源于、服务于公有制经济基础的上层建筑,中国特色社会主义的"民主"必然以实现人民当家做主为奋斗目标和价值追求。工人阶级和广大劳动人民在共产党的领导下,掌握国家政权并享有最广泛、最真实的民主权利,这种民主是真正的人民主权意义上的民主。

中国特色社会主义"民主"建立在生产资料公有制为主体的经济基础之上,这决定了中国的民主不会受资本的操纵,不是少数有钱人的民主,而是最广大人民的民主。而近现代的西方民主,尽管在古希腊雅典城邦的民主的基础上,创设了代议制,创设了保护个人公正意志的司法制度和"一票否决"制度。但是，其内涵也由"人民统治"演化成了"人民的权利"。因为其保护的核心始终存在于自然人的身上，他们甚至不惜将自然人身上的不公正意志也一并保护，甚至对"民"及"民的代议人"都没有直接的道德品质要求，对他们的行为也没有直接的价值评判。其价值主体在理念层面上是"民"——全体公民；在制度和实践层面上是"民"的代议者——由全体公民推选的，代替其执掌公权力的国家公器。价值客体是"主"——对自然人的天赋人权的保护。价值关系是"民"对国家公器保护其天赋人权的判断，即保护得好就是好制度，否则就是坏制度。公权立意为私。执政为"私"是公权执掌者的价值自觉和行为自觉。现在国内外有一股势力污蔑中国"不要民主"，实际上，他们要的是"西方民主"，是"多党轮流执政""三权鼎立""西方议会"那一套。我们批判这些谬论，绝不是不要民主，而是为了发展"中国特色社会主义民主"。"中国特色社会主义民主"只能脱胎于中国的历史文化传统，内生于当代中国的政治架构，契合于当代中国的现实国情，才具有合理性、合法性。

二、"民主是个好东西"

"德先生"来到中国有什么用？或者说社会主义民主有什么价值？回答这些问题，我们不妨先看一看社会主义民主形成和发展的历史背景。

自近代以来，由于欧美资本主义发达国家的发展优势远超出其他国家，其文化和价值观也以一种显性文化和强势文化特点呈现于世人面前，被世人认为是一种先进的文化和价值观而加以膜拜。而民主，正是西方的核心价值观之一。

第二章　民主：中国近代以来思想解放的关键词

这种强势文化和价值观直接给中国社会主义民主核心价值观造成了语境之困。一方面，中国近代以来的民主价值观曾经以西方资本主义民主价值观为学习对象。鸦片战争后，伴随西方列强对我国的野蛮侵略，西方资本主义的民主价值观——人民的权利，给我国的先进知识分子带来了巨大的思想冲击。在民族存亡命悬一线时，他们力图用西方资本主义的价值观（包括民主价值观）唤醒国民。这一潮流至五四运动达到高潮，"德先生""赛先生"声誉日隆。不过，我国先进知识分子的民主价值观很快发生了分化，一部分将西方资本主义之"民主"演化为"三民主义"，在神州大地上实践；另一部分则接受马克思主义，赞同"劳动人民当家做主"之"民主"，践行于"三民主义"实践的缝隙之中。前者的"民主"实践最终因国民党独裁腐败、败逃台湾而继续曲折实践；后者则在共产党的领导下，通过成立新中国而慢慢地开花结果。发展至今，台湾地区的民主价值观在内涵、形式、发展方向上都与西方民主基本相一致；大陆的社会主义民主价值观则不断吸收中国古代民主观、马克思主义民主观以及西方民主观的精华，一直（尤其是在改革开放之后）在艰辛地探索中国特色社会主义的民主模式。

另一方面，西方民主是西方资本主义国家对社会主义中国进行和平演变和文化渗透的主要工具，一直"潜伏"在社会主义民主价值观左右。在西方资本主义国家眼中，社会主义中国是洪水猛兽，必欲除之而后快。以美国为首的西方在与新中国进行了20多年的武斗后，于20世纪70年代改变了策略，由"武斗"变成"以文斗为主、武斗为辅"，正式将"和平演变"战略列为对社会主义国家的外交战略。"和平演变"战略的核心是向社会主义国家的人们灌输民主、自由、人权等"普世价值"，推销欧美的生产方式和生活方式；运行模式是政府出钱，各类基金会和社会组织进行组织和实施，各种媒体大肆造势宣传，民众具体演示。①

在上述两方面的影响下，久而久之，人们产生了两个错觉：其一，误以为西方资本主义国家通过百年来殖民他国所获得的那些远胜于中国依靠自身发展而积累的物质财富，是由西方资本主义国家的个人主义的民主生活和生产方式带来的；其二，误以为仅仅反映了尚处于物质追求阶段的人类的内心需求和价值取向的西方民主，就是人类的最高追求。这两个错觉导致一些中国人主动放弃了中国古代思想和马克思主义都十分重视的民主追求。正是基于此，西方的民主语境对社会主义民主价值观的侵蚀成效显著；不少知识分子、普通民众对社会主义民主价值观的认识比较模糊。也正因如此，帮助人们理解社会主义民主价值观的基本内涵和培育价值无疑是一项值得研究的课题。

谈及民主在中国的发展历程，免不了要提到著名的"窑洞对"。

> 1945年7月4日下午，应毛泽东之邀，黄炎培来到毛泽东居住的窑洞做客。当毛泽东问其在延安逗留期间的所思所想时，黄炎培敞开心扉，直言相答："我生六十余年，耳闻的不说，所亲眼看到的，真所谓，'其兴也勃焉，其亡也忽焉'。一人、一家、一团体、一地方，乃至一国，不少单位都没有能跳出这周期律的支配力。大凡初时聚精会神，没有一事不用心，没有一人不卖力，也许那时艰难困苦，只有从万死中觅取一生。既而环境渐渐好转了，精神也就渐渐放下了。有的因为历时长久，自然地惰性发作，由少数演为多数，到风气养成。虽有大力，但无法扭转，并且无法补救。区域也一步步扩大了，有的是出于自然发展，有的是为功业欲所驱

---

① 李敏伦：《论西方民主核心价值观的实质及其对我国民主核心价值观的影响》，《价值论与伦理学研究》2016年下半年卷。

第二章　民主：中国近代以来思想解放的关键词

使，强求发展。到干部人才渐见竭蹶、艰于应付的时候，环境倒越加复杂起来了，他们的控制力也日渐趋于薄弱了。一部历史，'政怠宦成'的也有，'人亡政息'的也有，'求荣取辱'的也有，总之，都没能跳出这周期律。中共诸君从过去到现在，我略略了解了的，就是希望找出一条新路，来跳出这个周期律的支配。"黄炎培的耿耿诤言，掷地有声。毛泽东听了，似乎胸有成竹。他自信满满地回答："我们已经找到新路，我们能跳出这周期律。这条新路，就是民主。只有让人民来监督政府，政府才不敢松懈；只有人人起来负责，才不会人亡政息。"①

这段对话，被后世誉为"窑洞对"而广为流传。毛泽东所给出的答案，既是对近代以来中国人在思考中国向何处去时所显现出的焦虑和彷徨心态的回应，更是对中国共产党人不懈探求挽救民族危亡、实现中华民族伟大复兴的民主之路的集中概括和精确表达。一代代中国共产党人，顺应历史发展潮流和最广大人民的诉求，立足中国国情，同时借鉴人类优秀政治文明发展成果，走出了一条能够跳出"兴亡周期律"的中国式"民主新路"。

作为社会主义最根本、最重要的核心价值之一，"民主"可以说是支撑社会主义价值理想大厦的"龙骨"。其重大意义主要体现在以下几个方面：

首先，民主是人类文明发展的必然要求。在人类社会早期，由于生产力发展水平低下，人类曾长期处于对自然物的直接依附状态之中，或者说，处于对占有生产资料的人的依附关系之中。只是由于经济、社会的不断发展，人们的主体地位逐步确立，主

---

① 根据百度百科词条"中国历史周期律"改写。

社会主义的航标灯

体意识普遍觉醒——开始学会用自己的力量支配自己的命运,用自己的理性能力行使社会的基本权力,并逐渐拥有了自己的主体人格。这使得人们不再需要"庇护"。这时候就产生了民主。民主意味着一个社会从"主人与奴隶""救世者与被解放者"等"二分法"的愚昧状态中解放出来,从一部分人把另一部分人当作奴役对象的野蛮状态中解放出来,人们因此获得了自由而平等的权利——个人的事情个人做主,大家的事情大家做主!

其次,人民民主是社会主义的生命,是实现中华民族伟大复兴的制度保证和政治目标。人民民主的旗帜是社会主义赢得人心、党的领导赢得群众的引领旗帜。新中国的成立,社会主义制度的建立,亿万中国人民从此成为国家和社会的主人。作为马克思主义的执政党,中国共产党把建设人民民主的国家政治制度付诸实践,努力探索社会主义民主在中国的发展道路。1954年9月,一届全国人大通过的《中华人民共和国宪法》明确规定:"中华人民共和国的一切权力属于人民。"人民行使权力的机关是全国人民代表大会和地方各级人民代表大会。由此,中国将"人民民主"作为国体之本、政体之魂,确立了人民代表大会制度这一保证人民当家做主的根本政治制度,确立了中国共产党领导的多党合作和政治协商制度,民族区域自治制度,以及基层群众自治制度等体现人民民主的基本政治制度。人民民主也逐渐深入国家的政治生活、经济生活、文化生活和社会生活之中。当然,由于我们处于并将长期处于社会主义初级阶段,今天中国的社会主义民主还比较稚嫩,尚未完全展现出民主的全部内涵,但我们有理由相信,社会主义民主的追求绝不是乌托邦式的空想。社会主义越发展,民主程度就会越高,民主制度的效能和质量就会越统一,民主实践就会越来越具有实际意义和实质内容。

再次,人民民主是中国特色社会主义政治发展道路的显著特征。正如马克思所说:"国家制度本身就是个规定,即人民的自我规定……在民主制中则是人民的国家制度。"①没有人民当家做主,就没有社会主义。

在中国,无论是法律上还是政治上,人民都是国家的最高权力主体。主要体现在以下几个方面:其一,中国实行人民代表大会制度,确保全体人民当家做主。其二,执政党(即中国共产党)的宗旨是全心全意为人民服务。人民民主是中国共产党始终高举的旗帜,坚持共产党的领导,就是支持和保证人民实现当家做主。其三,中国实行民主集中制,既有民主,又有集中,避免了西方和国外经常出现的"民粹",以及"人民名义上有权而实际上无权"的状态。中国《宪法》总纲第一条就规定:中华人民共和国是工人阶级领导的、以工农联盟为基础的人民民主专政的社会主义国家。这一规定表明,囊括中国社会各个阶层在内的最广大人民群众,都是国家的主人。中国特色社会主义道路的成功很大程度上体现为人民民主的不断扩大。改革开放以来,中国共产党深刻总结了民主政治建设正反两方面的经验教训,依据中国国情和时代潮流,不断推进了政治体制改革,建设了中国特色社会主义民主,标志着人民民主开始进入新的历史时期和发展阶段。"在中国共产党的领导下,中国逐步实现了国家独立和民族解放,建立了人民民主专政的国家政权,为人民民主的实现提供了政治前提;通过社会主义改造,建立了社会主义制度,为人民民主的实现奠定了制度基础。"②

最后,应该指出,民主是法治的基础,法治是民主的保障,民主与法治是密切结合、不可分割的。一方面,离开民主,法治就可能沦为专制,民主也会成为一纸空文。法治作为一种社会治

---

① 《马克思恩格斯全集》第1卷,人民出版社1956年版,第281页。
② 韩震:《人民民主是社会主义的生命》,《人民日报》2014年1月15日。

理方式，必须以民主为灵魂、基础和依据。只有广大人民掌握了国家政权，并选择了民主（人民当家做主）这种政权组织形式，才可能依托国家的体制机制体现人民自己的意志，并切实依法治国、依法办事。一切权力属于人民，全体人民当家做主，这是社会主义国家制度的核心内容和根本准则，也是中国推行依法治国的根本出发点和归宿。因此，需要注意的是，依法治国、建设社会主义法治国家必须始终以发展社会主义民主作为宗旨和使命，把保障和实现人民群众的民主权利，特别是保障人民群众管理国家的权利，作为自己的神圣职责。另一方面，法治的缺席可能会直接导致"议而不决、效率低下"，甚至可能会导致无政府主义泛滥和群体性的动乱，民主的发展也会成为奢谈。总之，需要正确认识和处理民主与法治的关系，把民主建设和法治建设有机结合起来，通过"民主法治化"和"法治民主化"，促进民主和法治的良性协调发展，保障人民主体地位和民主权利的落实。只有这样，才能跳出"其兴也勃焉，其亡也忽焉"的历史周期律，打破治乱兴亡、折腾人民的恶性循环，实现社会和国家的长治久安。

三、荆棘密布的民主之路

"五四运动"以来，中国一直在艰难地探索中国特色的民主模式，虽然走了一些弯路，付出了一些代价，但也取得了显著的进步。中国特色社会主义民主政治模式有其优越性，但由于多方面的原因，仍然存在许多问题和挑战，存在着广阔的发展和完善的空间。

1. 坚持党的领导、人民当家做主和依法治国的有机统一

坚持中国特色社会主义民主道路，发展社会主义民主政治，最根本的是要把坚持党的领导、人民当家做主和依法治国有机统

第二章 民主：中国近代以来思想解放的关键词

一起来。

党的领导是人民当家做主和依法治国的根本保证，发展和完善社会主义民主必须旗帜鲜明地坚持党的领导。人民当家做主、党的领导与依法治国的有机统一，是中国社会主义民主政治的完整架构。一方面，真正的民主是人民公意的表达，是"共同体的意志"的实现。这需要一个政治共同体作为中介，将分散的人民意志整合为集体意志，并转化为政治实践。而只有像中国共产党这种具有广泛代表性的、政党组织动员能力与国家强制权力统一的政党，才能承担起"集体意志"的使命。人民民主内在地要求党的领导不能脱离群众，不能当官做老爷，应该做人民的公仆，而不是反客为主。因此，中国共产党的一贯主张是尊重人民主体地位，保证人民当家做主。另一方面，人民民主就是党的价值追求。只有坚持人民民主，才能壮大党的群众基础、巩固党的执政地位。只有当广大人民群众的主体地位得到充分保障、各项权益得到有效维护，才能促使人们更加积极地支持和拥护党的领导，更加主动地贯彻和执行党的决定。

此外，党内民主也可以带动全社会的人民民主，党的民主集中制本身也在塑造和引导着社会主义民主制度的建设。在唯物史观的指引下，共产党充分认识到人民群众是历史的真正创造者，因而能够从根本立场上坚持人民民主、发展人民民主。中国共产党执政，不是代替人民当家做主，而是保证和支持人民当家做主，以实实在在的民主形式，在国家政治生活和社会生活之中，保证人民依法有效行使管理国家事务和社会事务的权力。总之，中国共产党既是人民民主的领导者，也是人民民主的建设者，更是人民民主的执行者。只有坚持党的领导不动摇，人民当家做主的社会主义制度才有根本的保障。现阶段的中国仍处于并将长期处于社会主义初级阶段，社会主义民主政治的体制、机制、程序、规范及其具体运行还存在许多不完善的地方。而想要形成一整套更加成熟、更加定型的人民民主制度,并使人民民主的制度优势转化为人民民主的治理效能,就必定需要全体人民做出长期的努力。在这个过程中,只有加强中国共产党对社会主义民主政治建设的领导,保持正确方向,提供组织力量,增强建设动力,攻克障碍弊端,才能发展更加广泛、更加充分、更加健全的人民民主。

依法治国是党领导人民治理国家的基本方略,发展和完善社会主义民主需要坚持依法治国。一方面,法治在社会主义制度下,是一种以民主为灵魂、基础和依据的社会治理方式。"一切权力属于人民""全体人民当家做主"是社会主义国家制度的核心内容和根本准则,也是中国推行依法治国的根本出发点和归宿。法治的实质就是党领导人民依法治国,只有在党的领导下依法治国、厉行法治,人民当家做主才能充分实现,国家和社会生活法治化才能有序推进。中国共产党领导、支持和保障人民当家做主,就是坚持依法治国,从制度上、法律上保障这一根本准则在国家和社会生活中得到充分与切实的贯彻和体现。党的领导与人民当家做主,本身在逻辑上就是统一的。但我们必须承认,在国际、国内环境日趋复杂的情况下,党也存在着"四种危险"、面临着"四大考验"。

为了保证党在宪法和法律范围内活动,必须坚持依法治国,将权力关进制度的笼子里。此外,实现人民当家做主的核心是保证民主的主体(广大人民)享有独立、平等的主体地位,建立健全"自己为自己做主""自己管理自己"的体制和程序。而这一切都需要法治的保障。另一方面,就民主与法治的关系而言,民主是法治的基础,法治是民主的具体保障或"保护神",二者密不可分。离开民主,法治就可能沦为专制,民主就可能成为一纸空文。离开法治,民主的发展就会成为奢谈。在任何一个国家和地区，民主从来不会自动地、顺理成章地实现。真正实现民主，有赖于法治。在现代社会中，法治是民主的科学化、制度化形式。它将全体人民的主体权力和责任以规范化、程序化的形式固定下来，并加以普遍、长期、稳定、强制地实现。例如，中国共产党领导人民通过国家权力机关制定宪法和各项法律，根据共同制定的标准和规则管理公共事务，协调相互之间的权利、义务等关系，并严格依法办事，惩处各种破坏性的违法犯罪行为，保证法律的实施，维系正常有序的社会生活，从而使党的领导、人民当家做主和依法治国有机统一起来。

2. 全面深入推进协商民主

协商民主是在中国共产党的领导下，通过政党协商、政府协商、政协协商、人大协商、人民团体协商、基层协商和社会组织协商渠道，就国家重大方针政策、经济社会发展重大问题，特别是涉及群众利益的实际问题进行广泛协商，以求增进共识、增强合力、拓展公民有序政治参与的人民民主的重要形式和工作机制。中国践行的是人民当家做主的社会主义制度，有事好商量，众人的事情由众人商量，找到全社会意愿和要求的最大公约数，是人民民主的真谛。协商民主是实现党的领导的重要方式，是我国社会主义民主政治的特有形式和独特优势。作为一种制度化体系，协商民主渗透到国家根本政治制度和基本政治制度运行的各个环节以及基本单位政治生活中，主要包括三个层面的协商，即政治协商（中国共产党同各民主党派以及各民族、各界代表人士就国家重大方针政策和国家重大事务进行协商）、社会协商（执政党、人大、政府等国家权力中枢与社会公众、社会组织就社会发展重大问题和涉及人民群众利益的实际问题进行协商对话）、基层协商（基层领导机构与基层广大群众之间进行的一种协商议事和对话的制度）。其中，人民政协以其鲜明的特点和独特的功能，成为协商民主的重要渠道和专门协商机构。要推动协商民主广泛、多层、制度化发展，统筹推进政党协商、人大协商、政府协商、政协协商、人民团体协商、基层协商以及社会组织协商。加强协商民主制度建设，形成完整的制度程序和参与实践，保证人民在日常政治生活中有广泛的、持续的、深入参与的权利。

协商民主是社会主义民主的重要形式和工作机制，具有西方民主所不具备的独特优势。习近平总书记将之概括为五个"有效克服"：（1）协商民主可以"有效克服党派和利益集团为自己的利益相互竞争甚至相互倾轧的弊端"。在西方，政党和利益集团门派林立，要么相互勾结、沆瀣一气、损害人民群众的利益；要么相互掣肘、排挤倾轧、浪费宝贵的社会资源。中国在共产党统一领导下，通过多种形式的协商，有效地避免了党争不止、相互倾轧、效率低下的现象。（2）协商民主可以有效地克服"不同政治力量为了维护和争取自己的利益固执己见、排斥异己"的弊端。在西方，各派政治力量为一己之私利、图一时之输赢，奉行"零和博弈"的斗争策略，缺乏协商办事、合作共事、妥协谋事的规则意识。这导致符合国家长远利益和人民根本利益的主张难以进入决策程序，难以形成国家意志和公共政策。在中国，中国共产党除了捍卫国家和人民的利益，没有自己特殊的利益追求，各种利益诉求能够畅通表达，利益共识和决策共识比较容易达成，避免了"大鱼吃小鱼"的困境。（3）协商民主可以有效地克服决策中情况不明、自以为是的弊端。在西方，反对党的义务在于"反对"。在上台下台的交替轮回中，在执政与在野的议会大战中，双双沉沦于受虐和施虐的快感之中，而时常不顾事物的本来面目。这是西方政治生态的缩影。社会主义协商民主的要义在于协商。协商本身就是一个信息共享、意见交换的过程，是一个避免自以为是、自不量力的过程，是一个发现错误、纠正错误的过程。（4）协商民

第二章 民主：中国近代以来思想解放的关键词

主可以有效地克服人民群众在国家政治生活和社会治理中无法表达、难以参与的弊端。西方民主的一个突出弊端就是人民形式上有权、实际上被愚弄。即是说，人民只有在投票时被"唤醒"，投票之后很快就会进入休眠期。西方民主无法解决在投票之后或在非选举期间人民如何行使权力的问题，无法解决政党在选举时漫天许诺、选举后无法兑现的问题。社会主义协商民主则有效地避免了上述现象。（5）协商民主可以有效地克服各项政策和工作共识不高、无以落实的弊端。政策和工作的落实与否，关键在于人民群众接不接受、认不认可。协商的过程就是增加共识、提升认可度的过程，也是督促工作、落实工作的过程。众所周知，"议而不决、效率低下"和"事不关己、政治冷漠"是西方民主的通病。社会主义协商民主则消除了人民群众的政治冷漠，形成了推进改革发展的强大合力，有效地避免了相互掣肘、内耗严重的现象。

至于如何深入推进协商民主呢？习近平总书记系统地回答了这一问题："要协商于决策之前和决策之中，根据各方面的意见和建议来决定和调整我们的决策和工作，从制度上保障协商成果落地，使我们的决策和工作更好地顺乎民意、合乎实际；要通过各种途径、各种渠道、各种方式，就改革、发展、稳定等重大问题，特别是事关人民群众切身利益的问题进行广泛协商，既尊重多数人的意愿，又照顾少数人的合理要求，广纳群言、广集民智、增进共识、增强合力；要拓宽……协商渠道，深入开展政治协商、立法协商、行政协商、民主协商、社会协商、基层协商等多种协商，建立健全提案、会议、座谈、论证、听证、公示、评估、咨询、网络等多种协商方式，不断提高协商民主的科学性和实效性。"[①]

---

① 习近平：《在庆祝中国人民政治协商会议成立65周年大会上的讲话》，人民出版社2014年版，第19—20页。

3. 健全民主制度

人民当家做主是社会主义民主政治的本质要求。社会主义民主政治的发展离不开民主制度的建立和健全。近代以来，一些中国人始终对西方民主制度抱有幻想，一直生活在西方话语所编织的"美丽新世界"中，甚至深陷其中，无法自拔。可现实是"国家的情况一天比一天坏，环境迫使人们活不下去"[①]。直到以毛泽东为代表的中国共产党人团结一切力量建立统一战线，坚持"与人民同呼吸共命运"的群众路线，坚持"理论联系实际"以及"批评与自我批评"等优良作风，通过"绝不屈服、绝不退缩"的武装斗争，才取得了新民主主义革命的胜利，继而建立起人民当家做主的基本制度，不断探索适合中国的社会主义政治发展道路。在当代新的奋斗征程上，我们只有扩大人民民主，健全民主制度，丰富民主形式，拓宽民主渠道，才能发展更加广泛、更加充分、更加健全的人民民主；只有倾听人民呼声，顺应人民期待，不断解决好人民最关心最直接最现实的利益问题，才能调动人民的积极性，让民主更有活力。

一是完善人民代表大会制度。只有通过建立健全人大代表联系人民群众的机制、平台，拓宽和畅通社情民意表达和反映的渠道，发展更加广泛、更加充分、更加健全的人民民主，才能使人民代表大会制度永葆生机和活力，为中国的现代化进程凝聚不竭动力，为实现中华民族伟大复兴的中国梦提供制度保障。社会主义中国坚定不移地推进人民民主，不断巩固和完善人民代表大会制度，为的就是不断扩大人民有序政治参与的领域，让人民实现内容广泛、层次丰富的当家做主；为的就是建立"了解民情、反映民意、集中民智、珍惜民力"的决策机制，增强决策透明度和

---

① 毛泽东：《论人民民主专政》，《人民日报》1949年7月1日。

公众参与度，保证决策符合人民的利益和愿望。实践证明，"人民代表大会制度作为坚持'党的领导、人民当家做主和依法治国'有机统一的根本制度，既保证了我们党高举人民民主旗帜的制度化，又保证了党的领导对人民民主制度的规范定向"①。它是符合中国国情和实际、体现社会主义国家性质、保证人民当家做主的制度，是社会主义新中国的民主政治具有强大生命力和显著优越性的象征。

二是完善基层民主制度。人民民主的实质，就是人民当家做主。而基层民主是人民当家做主最直接的体现，是人民民主制度的最大亮点。人民群众对基层的领导能够切实运用监督权利，能更好地保证党和国家领导机关及其工作人员按照法定权限和程序行使权力。因此，要扩大有序参与、推进信息公开、加强议事协商、强化权力监督，进一步完善基层民主制度，保障人民享有更多更切实的民主权利。习近平总书记强调："要完善基层组织联系群众制度，加强议事协商，做好上情下达、下情上传工作，保证人民依法管理好自己的事务；要推进权力运行公开化、规范化，完善党务公开、政务公开、司法公开和各领域办事公开制度，让人民监督权力，让权力在阳光下运行。"②60多年来，从宪法的修改完善，到推动基层群众自治，再到实现城乡"同票同权"……简政放权的行政体制改革扩大了人民群众的自主权利，城乡社区等基层单位逐渐把群众自我管理、自我服务、自我教育制度化。

三是完善民族区域自治制度。民族区域自治制度是根据中国的历史发展、文化演进、民族关系以及民族区域分布等具体情况所做出的制度安排。它既尊重历史，又合乎国情，顺乎民心，符

---

① 颜晓峰：《人民民主是中国共产党始终高举的旗帜》，《人民日报》2014年9月9日。
② 习近平：《在庆祝中国人民政治协商会议成立65周年大会上的讲话》，人民出版社2014年版，第20—21页。

合全国各族人民的根本利益,是实现人民当家做主的有效形式,也是中国特色社会主义民主政治的重要体现。当前,为应对国际国内形势的新变化、新挑战,民族区域自治制度的发展需注意如下几点:第一,坚持统一和自治相结合、民族因素和区域因素相结合,把宪法和民族区域自治法的规定落实好;第二,巩固平等、团结、和谐的社会主义民族关系,促进各民族和睦相处、和衷共济、和谐发展,尤其是防止出现民族隔阂、民族冲突的现象;第三,牢牢把握各民族"共同团结奋斗、共同繁荣发展"的主题,加快民族地区的经济和社会的发展。

总之,只有坚持党的领导、人民当家做主和依法治国的有机统一,全面深入推进协商民主,健全民主制度,才能实现社会主义民主。虽然由于多方面的原因,来到中国的"德先生"可能在某些方面难免会有点"水土不服",或者说,我们走的这条"民主"路仍然不会太平坦。但社会主义民主制度具有它的优越性。例如,社会主义民主制度能使"民主的国体"与"民主的政体"达到高度统一;能让国家的最大多数人成为民主的主体,从而使社会有机体充满生机活力;能极大地调动广大人民群众建设社会主义的积极性、主动性和创造性,等等。当代中国已经走上了民主的康庄大道。这种历史大趋势必将无可阻挡!

第三章　文明：人类历史发展的文化成果总和

在人类发展史上，作为一种价值理念的文明是国家发展和社会进步的重要标志。"文明"集中体现了社会主义先进文化的前进方向，体现了社会主义精神文明的价值追求。习近平总书记指出："没有文明的继承和发展，没有文化的弘扬和繁荣，就没有中华民族伟大复兴的中国梦的实现。"①在中国寻求解放和独立、迈向现代化的进程中，文明理念日益渗透到物质、精神、政治、社会、生态等各个领域，"文明"已然成为民族、国家发展水平的"度量衡"。

一、"文明"是社会发展的标尺

古往今来，"礼"在中国备受重视，儒家经典《论语》中有75次提及了"礼"这一范畴。在封建社会时期，"礼"被纳入"五常"（仁、义、礼、智、信）的范畴，成为伦理道德规范的重要准则，是中国古代社会文明的重要体现。孔子认为，"礼"对个人的道德修养起着不可忽视的作用，慎独、恪守诚信等行为习惯的养成都离不开礼的约束，因而他认为"不学礼，无以立"。从国家层面来看，"礼"是国家和民族文明程度和道德风尚的反映。只有讲

---

① 中共中央宣传部编：《习近平总书记系列重要讲话读本》，学习出版社、人民出版社2014年版，第186页。

"礼",个人才能安身立命,社会才能和谐发展。直到今天,儒家的"礼"在中国仍然对社会文明产生着积极的影响,成为现代文明理念的宝贵资源。

1. 社会主义文明是人类文明史上最先进的文明形态

中国是经历了几千年文明浸染的文明古国,是名副其实的"礼仪之邦"。自近代"落后挨打"受尽屈辱以来,建设富强、民主、文明、和谐的社会主义现代化国家,一直是广大中国人孜孜以求的发展目标和价值追求。在新时代中国特色社会主义建设中,之所以继续倡导现代文明理念,不仅是因为社会主义文明是人类历史上最先进的文明形态,而且是因为国家、民族对文明的追求,有助于实现人的全面发展,有助于推动国家和社会的进步。

社会主义文明是人类历史上最先进的文明形态。文明的产生与生产力发展紧密相连,有什么样的生产力水平,往往就会有什么样的文明形态。马克思指出:"文明时代是学会对天然产物进一步加工的时期,是真正的工业和艺术的时期。"[1]而生产力和生产关系的矛盾运动,导致人类文明形态不断地发展、变化:"通过私有财产及其富有和贫困——或物质的和精神的富有和贫困——的运动,正在生成的社会发现这种形成所需的全部材料。"[2]一部人类进化史,从一定意义上说,就是逐步告别野蛮、走向文明的历史,是人类文明不断从低级走向高级的历史。社会主义文明之所以比资本主义文明更具有真实性、充分性、彻底性和科学性,被奉为人类社会发展迄今为止的最先进的文明形态,主要是因为它建立在公有制和人民当家做主的经济和政治基础之上。

在社会主义文明产生之前,其他的几种文明类型都是建立在生产资料私有制和少数人对多数人进行阶级统治基础之上的文

---

[1] 《马克思恩格斯文集》第4卷,人民出版社2009年版,第38页。
[2] 《马克思恩格斯文集》第1卷,人民出版社2009年版,第192页。

明。例如，在资本主义社会中，由于资产阶级垄断了社会物质文明和精神文明的生产和享用，社会文明直接为巩固和发展资本主义制度服务，文明成果直接转变为资产阶级剥削和压迫劳动群众的一种手段。因此，这种文明从本质上来看是虚伪的、不彻底的、不合理的。恩格斯指出，只有消灭了私有制，建立了社会主义制度，才使人们之间的"个体生存斗争停止了。于是，人在一定的意义上才最终地脱离了动物界，从动物的生存条件进入真正人的生存条件。……人们第一次成为自然界的自觉的和真正的主人，因为他们已经成为自身的社会结合的主人了"。只有从这时起，才揭开了真正人的历史序幕，"人们才完全自觉地自己创造自己的历史""这是人类从必然王国进入自由王国的飞跃"①。由此，人类文明才发展到一个全新的历史阶段，社会主义文明才开辟了"真正的人"的广阔发展前景。

值得指出的是，马克思主义作为人类思想文化发展史上最伟大的成果，其由社会形态理论、辩证唯物主义和历史唯物主义、劳动价值论和剩余价值学说等构成的科学理论体系，揭示了人类社会发展的客观规律，指明了人类解放的内在逻辑，代表世界文明发展的正确方向。尤其是，马克思主义克服了以往一切政治力量追求自身特殊利益的局限，以全人类彻底解放为理想追求，反对一切形式的剥削与压迫，符合广大人民群众的根本利益，反映世界上绝大多数人的心声，具有其他思想文化无可比拟的先进性。

2. 民族、国家对文明的追求有助于实现人的自由全面发展

马克思主义认为，社会主义文明以最广大劳动人民为服务对象，以最终实现人与社会的自由全面发展为最高价值目标。在社

---

① 《马克思恩格斯文集》第3卷，人民出版社2009年版，第564页。

会主义文明产生之前的诸种文明中，广大劳动者创造了日益发达的社会文明，而自己却不仅不能享受文明的成果，相反却日益被"工具化"，日益成为畸形发展的"单面人"。在社会主义社会，先进的社会制度为人的发展提供了广阔的空间，最广大的劳动人民第一次真正成为服务的对象，人的解放、自由全面发展成为社会发展的目标。马克思希望实现的，是建设一个"自由人的联合体"，其中"每个人的自由发展是一切人的自由发展的条件"[①]。马克思认为，人的发展是"建立在个人全面发展和他们共同的社会生产能力成为他们的社会财富这一基础上的自由个性"[②]的发展。所谓人的"自由个性"，是指经过全面提升的个人特有的优秀品质，是人的发展的高级形式。人类早期，由于社会生产力水平低下，人与人的相互依赖性极强，人的个性无法突出。在资本主义社会里，由于人对物的过分依赖，人失去了独立性，人的自由个性同样难以形成。而在社会主义社会，先进的社会制度为人的发展提供了广阔的空间，人的"自由"发展成为人们为之奋斗的目标。换句话说，最广大的劳动人民在社会主义文明中第一次真正成为服务对象。因为，社会主义社会的文明建设，归根到底是为了让每一个人都能成为自由全面发展的人。

3. 对文明的追求可以推动国家的发展、社会的进步

国家的文明程度直接体现着国家的性质和方向，直接决定着国家能否给人民想要的安全感和幸福感。中华文明之所以会在秦汉时期得到突飞猛进的发展，大规模吸收外来文明当是最重要的原因之一。面对着汹涌而来且又几乎完全陌生的外来文化，古人以空前开放、包容吸纳的心态，大胆引进、积极吸收和利用。据《博物志》记载："汉张骞出使西域，得涂林安石国榴种以归。"石

---

① 《马克思恩格斯文集》第10卷，人民出版社2009年版，第666页。
② 《马克思恩格斯全集》第46卷（上），人民出版社1979年版，第104页。

榴,原名"安石榴",来自安国和石国(现为乌兹别克斯坦境内的布哈拉和塔什干)。自张骞出使西域、开通古代丝绸之路以后,来自西域的石榴、葡萄、西瓜、无花果、甜瓜、苜蓿……沿丝绸之路传入东方,在东方扎根、开花、结果,慢慢地与本土特征融合,变成了本土植物,加入了东方植物谱系。现如今,"一带一路"带来的巨大发展机遇让石榴在陕西临潼、山东峄城、河南荥阳、安徽怀远、四川会理等地再次大放异彩。这让以以色列为代表的"一带一路"沿线上的众多国家对中国的这些城市顿生敬慕之情。2013年9月,他们不远万里,组织17个石榴种植国的44名外国专家到山东峄城参加了第一届世界石榴大会,就石榴的种植、加工等进行了广泛的研讨与交流,并挥锹在国际石榴友谊园种下石榴树,演绎了一段跨越时空的国际石榴情。纵观人类发展史,古巴比伦、古埃及、古希腊、古罗马、古印度……那些当时物质文明强盛的国度,通常也创造了代表那个时代的发达的精神文明。[1]尽管其被认为是人类的史前时期,但是,从一定意义上说,社会主体对文明的向往和追求,体现的是特定主体的利益诉求。他们通过营造一种"对那些不能自觉遵守文明规则的人产生约束力"的氛围,构成社会主体前进的力量,从而推动社会的发展。同时,文明本身随着社会发展所表现出来的进步与变化,也在一定程度上对社会发展有所推动。毕竟,如果"没有先进文化的积极引领,没有极大地丰富人民的精神世界,没有充分发挥全民族的创造精神,一个国家、一个民族是不可能屹立于世界先进民族之林的"[2]。

4. 建设富强民主文明和谐美丽的社会主义现代化强国是中国发展的核心目标

特别是新中国成立之后,发展社会主义先进文化,尽可能地

---

[1] 黄坤明:《推动物质文明和精神文明协调发展》,《人民日报》2015年11月12日,第7版。
[2] 《十六大以来重要文献选编》(下),中央文献出版社2008年版,第752页。

社会主义的航标灯

满足人民群众日益增长的精神文化需求，是中国特色社会主义的本质要求。这包括弘扬中华优秀传统文化，全面提高人民群众的思想道德素质；借鉴人类优秀文明成果，创新发展当代中华文明；建设社会主义文化强国，提高国家文化软实力等。邓小平指出："社会主义制度的优越性表现在它的文化、科学技术水平应该比资本主义发展得更快、更先进，这才称得起社会主义，称得起先进的社会制度。"①当今社会，人们的价值观念和行为方式日益多样多变，在看到主流价值观和行为方式健康向上的同时，也不能忽视社会生活中不道德、不文明、不健康的现象。近年来，社会生活中"毒胶囊""小悦悦""扶老人被讹"等事件，虚拟世界中"灌水""删帖""网络水军"等问题，在公共场所吞云吐雾、随地弃物、发生肢体冲突等现象，出境旅游时大声喧哗、随地吐痰、违规拍照等陋习，都在提醒与警示人们：国家富强不能以牺牲道德为代价，生活富裕不能以文明缺失为成本；没有道德和文明的支撑，国民的精神家园就会荒芜，现代化建设必然受到损害。②邓小平指出："我们要建设的社会主义国家，不但要有高度的物质文明，而且要有高度的精神文明。所谓精神文明，不但是指教育、科学、文化（这是完全必要的），而且是指共产主义的思想、理想、信念、道德、纪律，革命的立场和原则，人与人的同志式关系，等等。没有这种精神文明，没有共产主义思想，没有共产主义道德，怎么能建设社会主义？"③习近平总书记也强调，"实现中国梦，是物质文明和精神文明均衡发展、相互促进的结果。没有文明的继承和发展，没有文化的弘扬和繁荣，就没有中国梦

---

① 《邓小平年谱（1975—1997）》上，中央文献出版社2004年版，第200页。
② 马祖云：《让文明为中国添彩》，《人民日报》2014年3月24日，第7版。
③ 《邓小平文选》第2卷，人民出版社1994年版，第367页。

的实现"①。建设文明中国体现了当代中国人的共同价值取向,即物质生活贫穷不是社会主义,精神文明缺失也不是社会主义。经过40年的改革开放,中国创造了令世人惊叹的经济成就,跃升为世界第二大经济体。富裕起来的中国更需要坚定理想信念,加强道德建设,净化社会风气,给世人以新的文明形象。

中国共产党在领导中国人民进行革命、建设和改革的各个历史时期,始终把建设"文明中国"当作自己的价值诉求。毛泽东早在革命战争时期就曾说过:"不但要把一个政治上受压迫、经济上受剥削的中国,变为一个政治上自由和经济上繁荣的中国,而且要把一个被旧文化统治因而愚昧落后的中国,变为一个被新文化统治因而文明先进的中国。"②在社会主义建设时期,中国共产党带领广大人民在旧中国"一穷二白"的基础上,除旧立新,一直在追求文明、创造文明的道路上砥砺前行。改革开放之初,中国共产党创造性地提出社会主义精神文明建设的战略任务,确定了"两手抓、两手都要硬"的战略方针;后来,党的历次重要会议又不断强调精神文明建设、社会主义文化强国建设、提高国家文化软实力的必要性。如今,面对新形势新任务,习近平总书记反复强调:"只有物质文明建设和精神文明建设都搞好,国家物质力量和精神力量都增强,全国各族人民物质生活和精神生活都改善,中国特色社会主义事业才能顺利向前推进。"③

当今世界,民族、国家之间的竞争既表现为以经济、科技为核心的"硬实力"的比拼,也表现为以精神、文化为引领的"软实

---

① 中共中央宣传部编:《习近平总书记系列重要讲话读本》,学习出版社、人民出版社2014年版,第92页。
② 《毛泽东选集》第2卷,人民出版社1991年版,第663页。
③ 中共中央宣传部编:《习近平总书记系列重要讲话读本》,学习出版社、人民出版社2014年版,第105页。

力"的较量。为了在激烈的国际竞争中立于不败之地，中国作为世界上最大的发展中国家，最大的社会主义国家，不仅必须在物质文明建设方面高歌猛进，而且必须在精神文化领域不断开创辉煌。因此，社会主义中国必须坚定文化自信，增强文化自觉，自觉主动地推动多种文明协调发展，尤其是物质文明和精神文明的协调发展；必须把满足需求与提高素质结合起来，努力建成全面小康社会，不仅实现"家家仓廪实衣食足"的愿望，而且达成"人人知礼节明荣辱"的目标。

二、千姿百态的"文明"

在东西方文化中，"文明"一词的词源学含义通常与社会个体在文化和道德品行上的素质相关。汉语中的"文明"一词最早出自《周易·乾卦》："见龙在田，天下文明。"在古代典籍中，"文明"一词更多的是泛指人的教养和开化。英文的"文明"(civilization)一词源于拉丁文"civis"，指罗马的城市公民身份，象征着与非城市人相比较更为优越的生活状态，后来引申为一种先进社会和文化的发展状态。当文明作为社会发展的价值目标时，承载着人们美好的理想追求，与文化有着相似之处。但严格地说，文明通常指称外在的、有形的、可感的成果，而文化则通常是指深层的、无形的、机理性的东西。当然，相较"不文明"而言，文明指的是一种与野蛮相对立的状态，它意味着人的开化和进步。

从内涵方面看，作为社会主义核心价值观的"文明"，特指从文化层面对国家价值目标的规定。它既具有人类文明所蕴含的一般性内容，又具有社会主义制度、社会主义运动所赋予的特质，是人类认识世界、改造世界同民族、国家、地区相联系的一种社会进步状态。需要指出的是，社会主义文明与资本主义文明之间存在着本质的区别。社会主义文明比资本主义文明更具有真实性、充分性、彻底性和科学性,是迄今为止最先进的文明形态。之所以如此,是因为社会主义文明是建立在生产资料公有制和人民当家做主等经济和政治基础之上的。在社会主义文明产生之前,其他文明类型都是建立在生产资料私有制和少数人对多数人进行阶级统治基础之上的"文明"。例如,在资本主义社会中,由于资产阶级垄断了社会物质文明和精神文明的生产和享用,社会文明直接为巩固和发展资本主义制度服务,文明成果直接转变为资产阶级剥削和压迫劳动群众的一种手段。因此,这种文明从本质上看是虚伪的、不彻底的、不合理的。而社会主义文明以马克思主义为指导,洞悉了人类社会发展的客观规律,找到了人类解放的内在逻辑,是一种预示着世界文明发展方向的新型文明。

资本主义文明建立在资产阶级和无产阶级对抗基础上,建立在资产阶级剥削无产阶级的制度基础之上,它必然会随着其生产方式内在矛盾的加剧而陷入"文明过度的危机"①。相比较而言,尽管社会主义文明是共产主义文明的低级阶段,但它建立在生产资料公有制基础之上,是旨在消灭剥削、消灭压迫、消除两极分化、实现人与社会的自由全面发展的新型文明,因而是超越资本主义文明、向共产主义这一更高文明形态迈进的新型文明。社会主义文明是对马克思主义文明观的新发展,是一种有着广阔发展前途的先进文明形态。

从外延来看,"文明"所涉极广。一般而言,它可以横向展开为物质文明、精神文明、政治文明、社会文明和生态文明五个方面。

---

① 所谓"文明过度的危机",一方面是指工业和商业高度发达,生产的物质财富太多;另一方面,又陷入"社会所拥有的生产力已经不能再促进资产阶级文明和资产阶级所有制关系的发展"的困境(郝立新:《文明理念的价值意蕴和培育路径》,《思想理论教育导刊》2015年第10期)。

社会主义的航标灯

中国物质文明的表征为综合国力正在不断提升。这主要表现在中国的国内生产总值（GDP）高速增长。改革开放之初，中国的国内生产总值仅为1481亿美元。随着改革开放的不断深入，国民生产总值保持了持续、稳定的快速发展。2005年，中国的国内生产总值突破2万亿美元大关，达到22 576亿美元；2008年中国举办北京奥运会时，国内生产总值达到了45 218亿美元；2017年，国内生产总值达到827 122亿元人民币，合12多万亿美元……40年来，中国的经济总量实现了令世人叹服的增长，堪称"人间奇迹"。经济实力的显著增强让中国"旧貌换新颜"，它既是物质文明的直接体现，也为建设"文明中国"提供了坚实的物质保障。

中国精神文明的表征为国家的文化软实力不断提升。中华文明历来把人的精神生活纳入人生理想和社会理想之中，中华民族伟大复兴的中国梦意味着既"富脑袋"也"富口袋"的全面小康社会。在社会主义初级阶段，人们往往容易陷入"只有富了口袋才能富脑袋"的逻辑之中，或者盲目地相信"富了口袋自然会富脑袋"。然而，历史与现实一再证明，即便实现了"仓廪实""衣食足"，人们也未必自然而然地"知礼节""知荣辱"。因此，邓小平在改革开放之初就一再强调精神文明建设的重要性，要求"两手抓，两手都要硬"。

改革开放以后，随着国家经济实力日益增强，人民生活水平大幅提高，人民的精神文化需求迅速增长，精神文明建设的重要性空前凸显。2011年，党的十七届六中全会首次阐明了中国特色社会主义文化发展道路，并提出建设社会主义文化强国的目标。2012年，党的十八大明确提出"经济建设、政治建设、文化建设、社会建设、生态文明建设五位一体总体布局"的战略规划，强调建设社会主义先进文化是"五位一体"总体布局的有机组成部分，认为全面建成惠及十几亿人口的更高水平的小康社会，就是既要让人民过上殷实富足的物质生活，又要让人民享有健康丰富的文化生活。①2015年10月3日,根据习近平总书记在文艺工作座谈会上的讲话精神,政府又出台了《中共中央关于繁荣发展社会主义文艺的意见》,对进一步推进精神文明建设做了具体指导。政府和市场的双轮驱动,极大地解放了文化生产力,基本普及了文化基础设施,逐渐地缩小了城乡文化差距。当前,中国已进入全面建设小康社会的关键时期,必须不断创新文化理念,深入改革文化体制,不断推进文化法制化、制度化建设,促进高水平文化产品的生产,满足人民日益增长的文化需求,不断提升中国文化软实力。

中国政治文明的表征为依法治国正在稳步推进。新中国成立以来,特别是改革开放40年来,中国的法治建设取得了显著成就:第一,确立了依法治国的基本方略,社会主义法治文明理念逐步形成。全社会法律意识和法治观念普遍增强,建设社会主义法治国家已成为国家基本方略和全社会共识。第二,以宪法为核心的中国特色社会主义法律体系日趋完备。在现行宪法基础上,制定并完善了一大批法律、行政法规、地方性法规、自治条例和单行条例。国家在政治、经济、文化和社会生活的各个方面基本实现了有法可依。法律在保障人民各项权利、维护社会公平正义、确保国家权力正确行使等方面的作用不断增强。第三,形成了促进经济发展和社会和谐的法制环境。随着一系列促进经济发展、维护市场秩序、实现社会公平正义的法律制度逐步完善,全国各地逐渐形成了尊法守法的文明氛围。第四,行政立法、执法水平和公正司法水平在不断提高。通过加强行政立法、司法、执法的制度建设,各类公开办事制度逐步得到了完善,确保了行政执法和司法机关按照法定权限和程序行使权力、履行职责。第五,权力制约和监督机制不断得到加强。通过建立健全既相互制

---

① 欧阳雪梅:《当代中国文化》,五洲传播出版社2014年版,第34—35页。

约又相互协调的权力结构和运行机制,建立起了较为完善的监督体系和监督制度,使监督合力和实效不断增强。

中国社会文明的表征为文明理念不断丰富和发展。随着中国特色社会主义事业的发展和实践的深化,文明理念日益与社会主义制度相结合,其内涵也不断得到丰富和发展。一方面,拓宽了文明的范畴,提出了政治文明、社会文明、生态文明等重要概念,不再仅限于物质文明和精神文明;指出了建设生态文明是关系人民福祉、关乎民族未来的长远大计,并以"四个全面"战略布局引领了生态城市建设理念创新方向,明晰了生态文明建设的路线图和发展主线;提出了经济发展新常态,推动形成绿色低碳循环发展新方式。另一方面,将文明建设同区域建设、行业建设等相结合,具体而深入地推进。如建设文明城市、文明村镇,建设文明机关、文明学校,要求文明司法、文明执法,特别是窗口行业建设"文明窗口",等等。此外,还把文明建设同社会救济、社会援助等社会事业有机结合起来。[①]对残疾人这一社会脆弱群体给予全方位帮助,充分体现了文明社会对老弱病残、鳏寡孤独等弱势群体应有的人文关怀,是社会文明进步的标志之一。

中国生态文明的表征为"可持续发展"理念在不断地被践行。改革开放以来,虽然中国在经济发展方面成就斐然,但付出的资源环境代价极其惨重,生态保护和经济发展之间的矛盾十分尖锐。2012年,党的十八大高度重视生态文明建设,把生态文明建设放在事关全面建成小康社会的战略位置,构建了"五位一体"的国家发展战略,其强调的"四个全面"也明晰了生态文明建设的路线图和发展主线;2013年5月,习近平总书记在主持十八届中央政治局第六次集体学习时指出:"要正确处理好经济发展同生态环境保护的

---

① 郝立新:《文明理念的价值意蕴和培育路径》,《思想理论教育导刊》2015年第10期。

关系，牢固树立保护生态环境就是保护生产力、改善生态环境就是发展生产力的理念。"①2014年，党的十八届四中全会通过的《中共中央关于全面推进依法治国若干重大问题的决定》要求，"用严格的法律制度保护生态环境，加快建立有效约束开发行为和促进绿色发展、循环发展、低碳发展的生态文明法律制度，强化生产者环境保护的法律责任，大幅度提高违法成本"②；2015年3月，李克强总理在《政府工作报告》中强调，"环境污染是民生之患、民心之痛"，要"铁腕治理""打好节能减排和环境治理攻坚战"，实现"蓝天常在、绿水长流、永续发展"。2016年1月18日，习近平总书记在省部级主要领导干部学习贯彻党的十八届五中全会精神专题研讨班上指出："环境就是民生，青山就是美丽，蓝天也是幸福，绿水青山就是金山银山；保护环境就是保护生产力，改善环境就是发展生产力。"③2017年10月18日，习近平总书记在党的十九大报告中进一步提出"为把我国建设成为富强民主文明和谐美丽的社会主义现代化强国"而奋斗。建设生态文明，是在客观分析了中国所面临的严峻的资源环境形势后，在现代化发展模式和发展道路方面做出的明智、负责任的决策。然而，相对于世界上的发达国家，中国的环保"欠账"更多，资源环境形势更加严峻，今后的路也必将更加崎岖，更加漫长，需要我们做出更加持久、更加艰苦的努力。

三、多措并举造就文明

"文明中国"，指中国是一个具有强大时代精神的国家，是一

---

① 习近平：《习近平谈治国理政》，外文出版社2014年版，第209页。
② 《中共中央关于全面推进依法治国若干重大问题的决定》，《人民日报》2014年10月29日，第3版。
③ 习近平：《在省部级主要领导干部学习贯彻党的十八届五中全会精神专题研讨班上的讲话》，人民出版社2016年版，第19页。

个人民素质普遍优良的国家,是一个文化产业高度发达的国家,是一个思想、价值观能够引领世界潮流的国家。培育文明理念,建设"文明中国",关键在于激发、提高文明建设主体的积极性和创造性,"以改造思想培育文明""以实际行动创造文明""以法律制度保障文明""以对外交往传播文明"。

1. 以改造思想培育文明

英国作家罗斯金说:"文明就是造就文明人。"正如梁启超认为,"文明者,有形质焉,有精神焉。求形质之文明易,求精神之文明难。精神既具,则形质自生;精神不存,则形质无附。然则真文明者,只有精神而已。"文明意识关乎民族的精神状态,关乎民族的兴衰成败。在历史的长河中,许多一度领先世界、盛极一时的民族和文化衰落了,有的甚至消失了。中华民族正是凭借伟大的民族精神,历经磨难而不衰,饱尝艰辛而不屈,千锤百炼而愈加坚强。这种精神正是文明的精华。[①]为什么中华文明能够这样坚韧、顽强?凭借的正是伟大的文化、伟大的思想和伟大的民族精神。

文明的培育也需要从这些方面着手:第一,坚定理想信念、筑牢精神支柱。这是对全体人民的普遍要求,是精神文明建设的战略任务,必须深入持久地抓下去。例如,将贯彻、落实《宪法》和中央文件精神作为重大政治任务,不断加深理性认同和实践自觉,坚持学而信、学而用、学而行。第二,坚持"百花齐放,百家争鸣"的方针,立足中国实际,以问题为导向,创建"当代中国的哲学社会科学",导引中国特色社会主义实践走向新的辉煌。第三,广泛开展多种形式的主题活动,将先进文化,包括先进道德教化实践常态化。如广泛开展道德模范、身边好人、最美人物评选表彰和学习宣传活动,刊播公益广告,引导人们讲道德、尊道德、守道德;立

---

① 郝立新:《文明理念的价值意蕴和培育路径》,《思想理论教育导刊》2015年第10期。

足城乡社区，开展关爱空巢老人、留守儿童、残疾人、困难群众等志愿服务活动；强化"微传播"意识，运用微博、微信、微视频和手机客户端等新媒体传播正能量，唱响网络思想文化的主旋律。

2. 以实际行动创造文明

爱默生说："文明的真正验证不是人口统计数字，不是城市规模，也不是农作物的产量，而是一个国家能造就出怎样的人。"历史是人民创造的，文明也是人民创造的。只有广大人民亲身投入建设文明中国的伟大实践，才能更好地体会文明理念，让文明理念在民众中扎根，并塑造中国新的文明形象，提升中国的软实力。为此，我们需要从以下四个方面着手：第一，下移文明建设工作的重心。广泛开展群众乐于参与、普遍受惠的基层文明建设活动，推进公园、诊所、银行等生活场所的便民设施建设，激活文明"细胞"，夯实文明建设工作的"墙基"[①]。第二，减少文明建设工作的空白点。把文明建设工作的触角延伸到新经济组织、新社会组织中，延伸到北漂、海归、待业人员等群体中，努力让每个人都能感受到中国的"文明"气息。第三，立足"四个全面"战略布局，强化统筹能力，实施分类指导文明建设工作。推动全国各地的相关单位真正把"两手抓、两手都要硬"的要求落到实处，着力提高宏观谋划能力和改革创新能力。第四，在全国文明城市创建的考核测评中，大幅提高民众评价权重，把民众满意作为最高标准，使全国文明城市创建工作真正过民心关、舆论关、法纪关。

3. 以法律制度保障文明

当今社会"老人摔倒不敢扶"的现象真的只是道德缺失导致的吗？并不尽然。一般而论，法制健全，不讲文明的人也会变得文明；法制不彰，讲文明的人也可能变得不文明。换句话说，

---

① 参见徐令义《着眼"四个全面"勇担精神文明创建新使命》，《人民日报》2015年2月27日，第7版。

社会主义的航标灯

法律是道德的基本保障,可以通过强制性地规范不良行为、惩罚违法行为来引领道德风尚。以法律制度保障文明需要做到如下几点:第一,落实全面依法治国理念,把法治教育纳入精神文明建设的内容中,开展群众性法治文化活动,强化规则意识,弘扬公序良俗。中央文明办联合国家旅游局于2006年10月2日公布了《中国公民国内旅游文明行为公约》,如下:(1)维护环境卫生。不随地吐痰和口香糖,不乱扔废弃物,不在禁烟场所吸烟。(2)遵守公共秩序。不喧哗吵闹,排队遵守秩序,不并行挡道,不在公众场所高声交谈。(3)保护生态环境。不踩踏绿地,不摘折花木和果实,不追捉、投打、乱喂动物。(4)保护文物古迹。不在文物古迹上涂刻,不攀爬触摸文物,拍照摄像遵守规定。(5)爱惜公共设施。不污损客房用品,不损坏公用设施,不贪占小便宜,节约用水用电,用餐不浪费。(6)尊重别人权利。不强行和外宾合影,不对着别人打喷嚏,不长期占用公共设施,尊重服务人员的劳动,尊重各民族宗教习俗。(7)讲究以礼待人。衣着整洁得体,不在公共场所袒胸赤膊;礼让老幼病残,礼让女士;不讲粗话。(8)提倡健康娱乐。抵制封建迷信活动,拒绝黄、赌、毒。第二,注意把一些基本道德规范转化为法律规范,使法律法规更多地体现道德理念和人文关怀,通过法律的强制力强化道德作用,守住道德底线,推动全社会道德素质提升。例如,加快完善市民公约、乡规民约、学生守则、行业规范和团体章程,明确奖惩规则,引导人们自觉履行法定义务、社会责任。第三,借鉴道德立法的有效措施,推动中央和地方在志愿服务、诚信建设、文明旅游等方面立规立法,将文明建设工作的载体性要求逐渐转化为刚性的法律约束[①]。第四,坚持专项教育治理,着力培育良

---

① 参见徐令义《着眼"四个全面"勇担精神文明创建新使命》,《人民日报》2015年2月27日,第7版。

好社会风尚。例如,发挥部际联席会议作用,把好"护照关""组团关""出境关""交通关""落地关""行程关"等,狠抓影响中国形象的旅游不文明问题,特别是使出境游客成为中国的"文明使者"。

4. 以对外交往传播文明

在全球化、信息化、智能化时代,中国的命运已经与世界紧密联系在一起。中华民族伟大复兴的中国梦提出以后,由于对中国基本国情、价值观念、发展道路、内外政策缺乏了解,国外有些人仍然认为中国崛起是要在世界上争雄称霸,要用自己的制度取代别国制度。为此,中国需要全力推进文化"走出去"战略,通过开展多渠道、多形式、多层次的对外文化交流,全面客观地向世界展示中华文化的精神内涵、传播当代中国的价值观念,增强中华文化在国际上的感召力和影响力,为实现中国梦营造良好的国际环境。习近平指出:"不同国家、民族的思想文化各有千秋,只有姹紫嫣红之别,而无高低优劣之分。每个国家、每个民族不分强弱、不分大小,其思想文化都应该得到承认和尊重。"[1]毕竟,只有尊重文化的多样性和差异性,各民族、国家、地区在世界文明的竞争中"扬己之长,补己之短",才能对世界文化的百花园有所贡献。而中国作为社会主义文化强国的快速发展,正为人类文化发展、创新提供新的源头活水,正在不断冲破西方文化霸权,重塑世界文化版图,推动构建"各美其美,美人之美,美美与共,天下大同"[2]的国际文化新秩序。

具体地说,中国实施文化"走出去"战略的着力点主要包括以下几个方面:第一,通过制定长期有计划、有重点的文化传播和交

---

[1] 习近平:《在纪念孔子诞辰2565周年国际学术研讨会暨国际儒学联合会第五届会员大会开幕会上的讲话》,《红旗文稿》2014年第12期。
[2] 费孝通:《"美美与共"和人类文明》,《甘肃日报》2010年12月9日,第7版。

流战略，完善现有推动文化产业"走出去"的政策体系。如综合利用文化产品出口、涉外文化合作、对外文化投资等途径，开拓国际文化市场。同时，针对不同地区特点，采取有针对性的文化传播策略。例如，在亚洲临近地区，可利用亚洲文化圈对中华文化的理解和认同塑造中国的正面形象；在非洲、拉美等国家，可利用中国的经济优势和成功经验，增强这些国家对中国文化的兴趣，促进文化交流和传播；在欧美等发达国家，可把"文化走出去战略"的目标定为展示中国，增进理解，求同存异。第二，通过创新传播形式，构建技术先进、传输快捷、覆盖广泛的现代传播体系，形成独具中国特色、能与国际交流的对外话语体系。第三，通过培育文化品牌、培养对外人才，保障"文化走出去战略"能顺利推进。如培育一批知名度较高、实力较强的文化品牌和企业，提高文化企业的竞争力，打造具有国际水平的文化传播机构。同时，重视培养专业文化产业经营人才和引进懂得国际文化产业的高端人才。

此外，当今世界多极化、经济全球化深入发展，中国的综合国力和国际地位不断提升，国际社会越来越关注中国。不排除有些西方敌对势力始终把中国的崛起视为对其价值观和制度模式的挑战，千方百计地企图"西化"、分化中国，干扰、遏制中国，甚至竭力抹黑中国特色社会主义制度和中国共产党的领导。[①]由此，中国更要确保精神文化的独立性，以此凝聚全体人民共同奋斗的理想信念和价值追求。

---

① 徐令义：《着眼"四个全面"勇担精神文明创建新使命》，《人民日报》2015年2月27日，第7版。

第四章　和谐：根本利益一致基础上的协调关系

"和风细雨的好时节，天地与人和；和颜悦色的好感觉，人人很亲和；和气致祥的好人家，日子挺祥和；和衷共济的共和国，心齐力更和……"一首脍炙人口的《和谐中国》描绘了政通人和的美好图景，唱出了人们对和谐中国的赞美和热爱。自人类社会产生以来，追求和谐就是一种重要的价值取向。尤其是近年来，中国实施的"四个全面"战略布局，开启的"一带一路"新航程，以及倡导构建的"人类命运共同体"，都融入了大量的和谐因素。当然，今天世界仍然很不太平，霸权主义和恐怖活动比较猖獗，而中国内部又正处在剧烈的社会转型期，社会矛盾、冲突比较尖锐，在这种情况下，如何看待和谐，怎样实现和谐，仍然是不能回避的重要课题。

一、"和也者，天下之大道也"

家和万事兴，国和万事旺。社会和谐是国家富强、民族振兴、人民幸福的重要保证，是人类社会长期以来孜孜以求的理想。尤其是，在当代中国特色社会主义的建设中，方方面面的发展都离不开"和谐"。马克思曾构想共产主义必定是这样的和谐社会——"这种共产主义……是人和自然界之间、人和人之间的矛盾的真正解决,是存在和本质、对象化和自我确证、自由和必然、个体和类之间的斗争的真正解决。"① 也就是说,和谐社会意味着人与人、人与自然等各种矛盾关系已经得到有效解决。中国特色社会主义是迈向未来共产主义社会的初始阶段,将为最终实现马克思描绘的未来理想的和谐社会准备条件、提供基础。

1. 社会和谐是中国特色社会主义的本质属性

在中国漫长的封建社会,广大人民群众和有识之士一直以追求幸福、和谐为理想,以实现"天下大同"为目标,倡导"人法地,地法天,天法道,道法自然"(《道德经》第二十五章)、"天地与我并生,而万物与我为一"(《庄子·齐物论》)的和谐思想理念。但是,囿于封建专制体制的限制,这种"天人合一"的和谐思想只能局限在人们的理性思考中,不可能全面地转化为实践。马克思指出:"统治阶级的思想在每一时代都是占统治地位的思想。这就是说,一个阶级是社会上占统治地位的物质力量,同时也是社会上占统治地位的精神力量。"② 这一切,归根结底都是由社会存在,特别是特定的社会制度所决定的。封建专制制度下的"天人合一"思想,其实质是封建帝王与"天"的"合一",是统治阶级进行人治与"愚民而牧之"的手段。在封建社会关系中体现出来的"仁者爱人""克己复礼""存天理,灭人欲"等社会道德伦理是具体的、有条件的。它以封建纲常礼教为基本遵循,通过牵制人们的欲望、稳固等级秩序来实现社会的和谐。这样的和谐不过是为了维护封建帝王的专制统治,而使社会保持相对稳定的一种状态。这样的和谐与社会主义核心价

---

① 《马克思恩格斯文集》第1卷,人民出版社2009年版,第185页。
② 《马克思恩格斯选集》第1卷,人民出版社2012年版,第178页。

第四章 和谐：根本利益一致基础上的协调关系

值观的"和谐"完全不同。

在当代西方，和谐也是人们普遍向往和追求的价值。但是，现实的社会关系却以生产资料私有制和财产的私人占有为基础，一切社会关系都受制于私有制。尽管伴随着生产力的发展，当代西方社会创造了比较富足的物质和精神条件，但由于统治阶级的狭隘阶级利益，不仅导致社会财富分配的不平等，同时赋予本阶级之外的其他阶级在政治、文化等方面的权利都是以不威胁资本的统治为前提和底线的。一些西方资本主义国家通过优化基本福利政策来维护社会的和谐，其实只不过是资本所有者为维护其剥削利益和统治而采取的缓和社会矛盾的一种策略。西方社会往往因倡导自由、平等和博爱的思想而给世人造成崇尚和谐的印象。如果透视资本主义发展史就不难发现，所谓的"自由""平等""博爱"不过是近代以来西方有产者为反对封建专制寻求资本的统治和扩大获利空间而提出来的。这种自由、平等、博爱的思想之所以能够在当今世界得以扩散和传播，是因为它们适应了资本全球扩张的需要。这说明西方价值观所推崇的自由、平等和博爱与资本追逐"利润的最大化"的本性是黏合在一起的。如果不超越资本主义的社会制度，就无法根除资本的私人占有与社会化大生产之间的矛盾。这体现在阶级关系上就是无法解决资产阶级与无产阶级之间的根本利益冲突，和谐社会也因此注定无法在资本主义社会里实现。

与以私有制为基础的资本主义不同，中国特色社会主义以马克思主义为指导，始终坚持以最广大人民的根本利益为本，坚持以公有制为主体、多种所有制经济共同发展，始终将"解放和发展生产力，消灭剥削、消除两极分化，最终实现共同富裕"作为奋斗目标。这为消除"一部分人凭借手中的生产资料，霸道地占有大部分人的劳动成果"等现象创造了根本条件，解决了社会不同阶层之间在根本利益上的不一致问题，使社会和谐由理想变为现实有了真正的可能。另一方面，和谐社会所体现的"民主法治、公平正义、诚信友爱、充满活力、安定有序、人与自然和谐相处"的基本特征，反映的也正是中国在经济、政治、文化和社会等方面的建设目标。

从人与人的关系来说，社会和谐与资本主义社会的价值取向是根本对立的。在以私有制为基础的资本主义社会，由于阶级剥削和阶级压迫的普遍存在，一部分人的幸福建立在另一部分人痛苦的基础上，一部分人的自由和发展以牺牲另一部分人的自由和发展为代价。社会以自私自利、损人利己为人们的根本价值取向。而在社会主义社会，随着阶级剥削和阶级压迫制度的消灭，人们的相互关系发生了根本性的变化。个人的自由不但不以剥削、压迫他人为条件，而且有利于他人的自由发展，彼此间相互促进、友好相处。这种和谐的社会关系所体现出的价值取向，与科学社会主义的最高价值取向是一致的。虽然建设中国特色社会主义的价值取向是多方面的、多层次的，但它归根结底是为了把人从旧的社会关系的束缚中解放出来，实现人的自由、全面发展，实现共产主义。对于什么是共产主义，马克思、恩格斯在《共产党宣言》中做过精辟表述："代替那存在着阶级和阶级对立的资产阶级旧社会的，将是这样一个联合体，在那里，每个人的自由发展是一切人的自由发展的条件。"[①]从这段论述中可以看出，实现人的自由全面发展，是科学社会主义的最高价值取向，也是共产主义社会最本质的特征。它反映的正是社会关系和谐的最高境界。

2. 社会现存的不和谐因素需要消除

正如毕达哥拉斯所言："和谐是众多因素的统一，不协调因

---

① 《马克思恩格斯文集》第2卷，人民出版社2009年版，第53页。

素的协调。"中国正处于并将长期处于社会主义初级阶段,虽然由于整个社会发展各方面条件的限制,还不可能做到每个人的自由发展是一切人的自由发展的条件,要实现科学社会主义的这个最高价值理想还有漫长的路程要走。但这绝不是说无须再为这个目标奋斗,相反,正因为构建和谐社会并非一蹴而就,才更需要为此付出不懈的努力。改革开放特别是实行社会主义市场经济以来,中国的发展日新月异,举世瞩目,同时也累积了一系列深层次的矛盾、冲突,如人与人之间的不公平、人的身与心之间的不平衡、国与国之间的不和平、人与自然之间的不和谐等。从实际上说,只有处理好这些具体问题,才能不断促进社会的公平正义,促进人与人之间的和睦友好关系,逐步形成"全体人民各尽所能、各得其所而又和谐相处"的局面。

从人的身与心的角度来看,改革开放40年来,中国的发展十分迅速,社会结构分化不断加深,人们的思想意识、价值观念的多元化、多样化日益突出,对人们的心理、心态造成了巨大冲击。在转型期的中国,伴随社会的快速变化,生存压力不断增加,人与人之间的竞争日趋激烈,数字鸿沟难以逾越,贫富差距越拉越大。一些长期处于紧张、焦虑中的人难以承受现实的冲击,产生了不同程度的心理纠葛和冲突,并造成了日益严重的社会后果,非暴力的抑郁症蔓延、自杀率上升,非理性的暴力事件(包括袭击幼儿、中小学生等恶性事件)不断,等等,发人深省。直面日益严重的人的身心问题,党的十六届六中全会明确要求人们正确对待自己、他人和社会,正确对待困难、挫折和荣誉,"注重促进人的心理和谐,加强人文关怀和心理疏导"[①]。这为在全国

---

① 《中共中央关于构建社会主义和谐社会若干重大问题的决定》,《人民日报》2006年10月19日,第1版。

社会主义的航标灯

开展心理健康教育工作指明了方向,为促进人的身心和谐提供了指导思想。

从人与人的角度来看,在改革和社会主义市场经济建设过程中,新中国成立以来所建立的人与人之间平等、友爱的关系受到了强烈冲击。第一,因为资源有限、利益冲突、社会不公、腐败蔓延等原因,不仅传统的团结友爱、平等互助关系受到损害,而且人与人之间的关系日益紧张,出现了一些"人对人是狼"、互相敌视、互相伤害的极端情形。特别是,老年群体的利益常常受到忽视,出现了不少"啃老"或虐待老人的现象;诱发婚姻危机的因素大量涌现,拜金主义对婚姻的冲击强烈,离婚率不断攀升;"老人摔倒'扶'不起",成为令古老的"礼仪之邦"十分难堪的问题等等。第二,随着中国从"熟人社会"向"陌生人社会"急剧转型,仁爱、诚信等文化传统不断被侵蚀。无论是政府官员、公众人物,还是企业家、商人,乃至于新闻记者、专家学者,都陷入了严重的"诚信危机",欺骗组织、统计造假、商业欺诈、骗贷逃债、新闻造假、学术不端等诚信缺失现象屡屡发生,令世人惊诧。"诚信危机"日益成为制约经济社会发展、影响社会正常秩序、扰乱人们心灵世界的一大问题。第三,社会公德缺失现象日益严重。在社会生活中,当代中国从"熟人社会"向"陌生人社会"的急剧转型,导致诸如排队时插队、闯红灯、乱扔垃圾、公共场所高声喧哗等不文明现象比比皆是,凡事讲究排场、盲目攀比、铺张浪费等不良风气广泛蔓延,而人们违背社会公德的代价却极小,道德秩序亟待重建。正如冰心所认为的那样,美的真谛应该是和谐。这种和谐体现在人身上,就造就了人的美;表现在物上,就造就了物的美;融会在环境中,就造就了环境的美。

从国与国之间关系的角度看,在经济全球化过程中,世界

第四章 和谐：根本利益一致基础上的协调关系

各国的利益高度融合，彼此相互依存，人类正在形成"你中有我、我中有你的命运共同体"。经济全球化的成果不应由部分国家享有，而应由世界各国共享；经济全球化的推进也不应是部分国家的"独角戏"，而应是世界各国联动、互动的"协奏曲"。然而，在当今世界，各个民族、国家、地区之间的矛盾、纷争、冲突却此起彼伏，不绝于耳。例如，从经济领域来说，全球增长动能不足、经济治理滞后、发展失衡等问题没有得到有效解决，贫富差距、城乡差距、南北差距等问题却日益突出。目前，全球最富有的1%人口拥有的财富量超过了其余99%人口财富的总和，收入分配不平等、发展空间不平衡令人忧心忡忡。全球仍然有7亿多人口生活在极端贫困之中，对这些家庭而言，拥有稳定的工作、充足的食物、温暖的住房仍然是一种奢望。而以美国为首的发达国家却极其自私，不愿意承担责任，如美国赤裸裸地坚持"美国利益至上"，为了本国利益锱铢必较，四处出击，没有什么不敢干的，弄得整个世界狼烟四起，鸡犬不宁。此外，也有些国家利用经济全球化的发展机遇，使用"文化渗透"等手段，做出一系列不利于他国发展的动作。例如，兰德公司曾为某西方国家制定的"三步走"对华战略就包括"西化、分化中国，使中国的意识形态西方化，从而失去与美国对抗的可能性"。这些国家通过各种渠道和手段，企图"西化"中国，如利用电影、广告向中国人灌输西方的价值观念，甚至在网络上刻意散布不利于中华民族团结的文字消息，企图煽动人们的不良情绪。这些不同程度的不和谐行为都是客观存在的，是需要全世界共同协商解决的问题。

从人与自然的角度来看，当代中国存在的突出问题在于资源环境承载力已经逼近极限，高投入、高消耗、高污染的传统发展方式再也持续不下去了。虽然很多人都已经意识到了问题的严重性，也希望有一个山清水秀、鸟语花香的美丽环境，但受制于经济利益（如对利润没完没了地追逐）、基本的生活需要（如生态脆弱地区的人们也要生存下去）等原因，一些地区环境恶化的趋势没有得到有效控制，有些地区的情况甚至正在变得越来越糟糕。臭氧层破坏、植被退化、土地沙化、江河断流、湖泊干涸、地下水位下降、海岸侵蚀、近海污染、生物多样性下降、渔业资源衰退，以及山体滑坡、泥石流、地面塌陷、沉降、海水倒灌，生态安全正遭遇前所未有的威胁，我们正面临失去家园的危险，建设生态文明已经势在必行。习近平总书记指出："建设生态文明关乎人类未来。国际社会应该携手同行，共谋全球生态文明建设之路"；"单纯依靠刺激政策和政府对经济大规模直接干预的增长，只治标、不治本，建立在大量资源消耗、环境污染基础上的增长则更难以持久。"①

历史已经证明，"贫穷不是社会主义"，历史也将证明，"不和谐也不是社会主义"。我们必须从社会主义初级阶段的实际出发，认清上述问题的本质，引导人们正确处理个人利益与集体利益、局部利益与整体利益、眼前利益与长远利益之间的关系，群策群力化解矛盾，消除冲突，解决问题，建设"和谐中国"。

3. 社会主义中国具备实现和谐的基础条件

回顾历史，积贫积弱的中国最初通过新民主主义革命冲破了半殖民地半封建社会的制度束缚，将广大劳动人民从"三座大山"的压迫下解放出来，建立了全体人民当家做主的新中国；废除了生产资料私有制，消灭了人剥削人、人压迫人的旧制度，实现了

---

① 习近平：《共同维护和发展开放型世界经济》，载《十八大以来重要文献选编》（上），中央文献出版社2014年版，第356页。

对资本主义的超越；在广大人民根本利益一致的基础上，建立了社会主义公有制，建立了人民代表大会制度、政治协商制度等一系列民主制度；解决了人的身与心之间、人与人之间、人与自然之间的根本性、对抗性矛盾，形成了一种根本利益一致基础上的新型人际关系。总之，社会主义新中国消灭了阶级统治和阶级压迫之后，人的身与心、人与人、人与自然的根本性、对抗性矛盾得到了真正的解决。也就是说，在全体人民当家做主的社会主义中国，上述基本矛盾都是非对抗性的，可以在广大人民根本利益一致的基础上加以解决。这也决定了社会和谐是中国社会矛盾存在和解决过程的基本形态，决定了社会主义中国必然形成一种与阶级社会完全不同的新型人际关系，即这种关系在本质上是和谐的。

当然，阶级对立的消灭并不等于社会矛盾的消失，更不等于社会多样性的消亡。任何社会都不是"真空"，不可能没有矛盾，人类社会总是在矛盾运动中发展、进步的。如前所述，当代中国社会存在的矛盾、冲突很多，有些还很尖锐，很难化解。但我们用不着害怕矛盾，害怕冲突，而应该科学分析这些矛盾和冲突产生的原因，矛盾和冲突的性质和实质，从而主动地化解矛盾，减少冲突，不断促进社会和谐。社会和谐从来都不会自然而然地实现，需要一个持续推进、不断实现的历史过程，需要我们付出长期的艰苦的努力。

二、和谐意味着多样性的统一

和谐是一个重要的哲学范畴。在中外哲学史上，许多著名哲学家都曾论述过这一范畴。古希腊、古罗马哲学家把和谐看成是对立面的协调和统一（毕达哥拉斯）；认为和谐是相互排斥的东西结合在一起（赫拉克利特）；是整体的统一性和完美性，是多样性的统一（亚里士多德）。而黑格尔则认为和谐是事物本质中差异面的统一。中国传统哲学从总体至上的观念出发，认为和谐是适中、适度（孔子）；是阴阳二气的统一（老子）；是善与美的最高境界（董仲舒）；是宇宙存在的本来状态，是事物运动的最终归宿（王船山），等等。中外哲学家从不同角度揭示了和谐范畴的深刻内涵。这些观点尽管具有时代的局限性，但其中不乏合理性内核，特别是这些哲学家普遍把和谐看作反映事物协调、适中、完美的存在状态的范畴。马克思主义哲学认为，事物即是矛盾，事物是在矛盾运动中发展的，而事物的发展是有阶段性的，其每一阶段都有不同的存在状态，有其发展形式的特殊性。和谐范畴反映的正是事物在其发展过程中所表现出来的协调、完整和合乎规律的存在状态。因此，和谐是表示事物发展的协调性、完整性和合乎规律性的哲学范畴。这一界定揭示了和谐是根本利益一致基础上的协调关系。

值得指出的是，因为资本主义以生产资料私有制为基础，维护的是资产阶级的利益，根本就无法实现实质的民主、平等，所以也就不可能建立真正的和谐社会。而社会主义是在公有制的基础上，实行以按劳分配为主体、多种分配方式并存的收入分配制度，广大劳动人民成了生产资料的主人，真正掌握和支配生产资料，平等地参与国家、社会的建设和管理，在相当程度上享有平等的权利、机会和地位。马克思、恩格斯告诉我们，共产主义运动的根本目标在于消灭阶级，消灭剥削，使整个社会摆脱和超越资本主义制度所造成的人压迫人、人剥削人的现象，让全体人民共同占有生产资料、共同支配国家权力。尽管仍处于并将长期处于社会主义初级阶段的中国仍然存在着许多不和谐现象，如在商品经济、市场经济的大潮中，有

第四章 和谐：根本利益一致基础上的协调关系

人疯狂追逐金钱和利润，一些无良企业制假售假，商业欺诈、财务造假等劣行依旧存在，等等，但是，这些不和谐本身是与社会主义的本质相悖的，消灭这些不和谐现象势必需要一个漫长的过程。

中国传统价值观向来把人与自身（即精神与身体）、人与人、人与自然之间的关系的平衡与和谐作为最高的追求目标。在中国传统文化中，"和"通常指的是在尊重和保护事物的多样性、差异性的前提下，使矛盾、对立的多方面因素统一起来。它本身蕴含着开放性与包容性。传统儒释道诸家均认为，天、地、人、物及人与人之间，是相成、相济、多样统一的关系，彼此相接相处，形成一整体圆融、动态流衍的世界。例如，儒家有"君子和而不同，小人同而不和"的思想。这里的"和"指的就是在承认差异、个性、多样性基础上的和谐，"同"指的则是否定矛盾、抹杀差异的"同"，二者存在原则性的区别。"和而不同"是待人处事的基本态度，是人们一切言行的出发点和判断依据。若按照小人"同而不和"的方法来处理社会、人际关系，社会就会陷入混乱和不安定的状态。儒学的理想是达到秩序井然、其乐融融、和谐美好的"大同社会"，道家有"天地与我并生，而万物与我为一"的思想，就连佛教的华严宗里也有与"和"类似的"六相圆融""一多相摄"等命题。因此，作为继承和发展中国传统和谐观的核心价值，社会主义的"和谐"集中体现在以下几个方面。

1. 人的身心的和谐

个人自身的和谐，即指个人在身心关系上，力求通过修身养性，追求内在的和谐、良心的安宁。中国传统哲学家认为个体生存的意义世界与个人身心的涵养有很大的关系，身心和谐可以帮助人在生命与心灵上都处于健康状态。中国传统哲学家

社会主义的航标灯

很看重个体的生存品位与品质，很重视人文的熏陶和修养。孔子讲"志于道，据于德，依于仁，游于艺"，优游、涵养、陶冶于礼乐教化之中，提升每一个人的品位。道家、佛家也主张身心神形的合一与超越，建立起各自所特有的修养论、境界论。儒释道传统无不主张身心的和谐，这是中国人所致力追求的高明境界。

和谐中国的建设离不开社会个体自身的和谐。在一定意义上，个人的和谐是组织和谐乃至社会和谐的基石。它们之间是相辅相成的，互为联系。人只有实现了身与心、灵与肉、理与欲的和谐统一，才能真正建立起健全的人格，真正实现自身的意义与价值，从而昂然挺立于天地之间。《中庸》中说，"和也者，天下之达道也"。也就是说，人的感情和欲望都应合乎分寸，不走极端，这样社会才和睦、安定。换句话说，每个人只有自身保持心态平和、清静、朴实、自然，不浮躁、不功利，才能形成自身的和谐，进而影响周围的人和事，促进整个社会的和谐。

当今社会，市场化、全球化、信息化浪潮扑面而来，物质条件改善与物质享受的便捷大大超出了人们的预期。与此同时，有识之士对今天人们精神世界的相对贫困，对人们精神生长空间被严重挤压表现出深深的忧虑。"认识你自己"这一古老的命题，在今天以理想与现实、情感与理性、权利与义务、享受与担当、功利与超越乃至个体与社会、人类与自然等矛盾与冲突的现状呈现出来，不断地拷问着每一个人的灵魂。实现人与自身的和谐，就要追寻生存的目的、意义，树立远大的人生志向。人的欲望本能是客观存在的，人的衣食住行是基本需求，但为生活注入理想和精神的养分也是必不可少的。除此之外，实现人与自身的和谐还需要完善自身。这种完善，是一个历史的、具体的过程，是一个人不断完善人格的过程，是知情意行的和谐统一，是人的精神境界、道德修养、理想情操的不断升华与超越。

2. 人与社会的和谐

"和为贵"，重"和"，是处理人与社会关系的重要价值导向。"和也者，天下之达道也。"中国人一向讲究和平共处，"四海之内，皆兄弟也"。孔子曰："礼之用，和为贵。先王之道，斯为美。"孟子说："天时不如地利，地利不如人和。"荀子说："上不失天时，下不失地利，中得人和，而百事不废。"董仲舒说："德莫大于和""和为贵"。重视"和"是人道追求的最高目标，是治理国家、处理各种事务的准则，也是最高尚的品德。在农业社会，重视和谐是长期依靠血缘、地缘、学缘等维系相互关系的必然结果。在农业社会里，人们自给自足，丰衣足食时，可以和睦相处，互不侵犯。可是，在市场经济、对外开放、文化多元和信息社会的大背景下，在传统社会向现代社会转型的过程中，人际关系已经呈现出复杂多变的态势，表现出功利化、冷漠化、工具化等特征。构建和谐的人际关系需要坚持平等原则、诚信原则、宽容原则，建立平等的人际关系，践行诚信价值观。

与此同时，利益格局深刻变动，贫富差距逐步拉大，社会矛盾不断凸显，信仰缺失、诚信缺失、社会责任感减弱以及社会凝聚力下降等，也使人与社会关系面临种种新的挑战，使社会稳定面临种种新的考验。而人是社会的产物，"人的本质不是单个人所固有的抽象物，在其现实性上，它是一切社会关系的总和。"[1]

---

[1] 《马克思恩格斯文集》第1卷，人民出版社2009年版，第505页。

也就是说，人作为社会关系的产物，其生存发展的状态必定离不开人与社会关系的处理。马克思主义认为，人的发展取决于社会关系的发展。"社会关系实际上决定着一个人能够发展到什么程度。"[1]在资本主义条件下，由于私有制和旧的分工的存在，人的各种社会关系是异化、颠倒的。要实现人的自由全面发展，就必须把各种异化的社会关系颠倒过来，"必须推翻使人成为被侮辱、被奴役、被遗弃和被蔑视的东西的一切关系"[2]，使人回归自身。所以，要实现人与社会关系之间的和谐，必定要推翻资本主义私有制和旧的社会分工，建立社会主义的生产关系和政治制度。

3. 民族、国家之间的和谐

社会主义所倡导的和谐是一种全面的和谐，它不仅适用于处理国内关系，而且适用于民族、国家之间关系的处理。中国不仅在国内提出构建社会主义和谐社会，而且对外主张共建"和谐世界"。社会主义和谐社会与"和谐世界"的构想在价值追求与行为逻辑上是一致的。

中华民族是爱好和平的民族。面对族群矛盾、国家冲突、文明差异，中国主张以开放的态度包容差异，以对话的方式解决冲突，以合作的方式谋求共赢。社会主义和谐价值观所蕴含的和谐理念，促进了世界的和平与发展、促进了国与国之间的关系、协调了国内区域的发展、培育了文化的多样性。这种理念代表着人类世界的普遍要求和发展方向，是社会主义和谐观的世界历史意义的现实体现，反映了人类世界的共同价值诉求。

---

[1] 《马克思恩格斯全集》第3卷，人民出版社1960年版，第295页
[2] 《马克思恩格斯文集》第1卷，人民出版社2009年版，第11页。

第四章 和谐：根本利益一致基础上的协调关系

在国与国的关系上，中国展现出了和谐、宽容的大国形象。例如，在20世纪70年代百业待兴、资金短缺、极其贫困之际，中国自己勒紧裤腰，毅然决定免除日本1 200亿美元对华战争赔款。面对南海岛屿归属争端，中国政府以和为贵，提出"搁置争议，共同开发"原则加以解决。国际金融危机袭来，欧美甚至强迫人民币升值，而中国却对欧洲派出大型采购团，对美国扩大进口，用实际行动促进世界经济复苏，推动全球经贸合作。如今，中国又站在新的历史起点上，坚持"和平共处五项原则"，推动共建"一带一路"，打造人类命运共同体。"德不孤，必有邻。"通过文化交流、经贸往来和外交活动，中国文化精神及内在的价值理念已经走出亚洲，走向世界，并终将为世界文明和人类进步做出独特的贡献。

在民族与民族的关系上，中国的传统观念，主张多元一体，不强求一致；主张合，不主张分；主张天下一家。中华历史、民族、文化的融合有一个漫长的过程，在观念上形成了"协和万邦""天下一家""中国一人"的文化理想，成为维系协调各民族的纽带与润滑剂。中华民族、文化是在多样化的发展中逐渐统一的，在五千年甚至更长时期，多地域多族群及其语言、文化、宗教不断融合。现代中国及其文化是56个民族共同创造的产物。尤其是自新中国成立起便实行了民族区域自治，使得各民族人民真正当家做了主人。在民族关系上，中国既反对大汉族主义，也反对地方狭隘民族主义。这些政策措施的实行，特别是城镇的社会主义工商业改造、手工业改造，农牧区的土地改革、畜牧业改造和宗教制度改革，使得民族、地方和宗教意识都淡化了，促使汉族与少数民族之间的关系更加和谐。在城乡区域发展上，中国既从大局出发，又考虑到各区域不同的经济特点和地理区位，实施了"开发西部""振兴东北""中部崛起"等一系列国家战略。这在一定程度上统筹了城乡区域的发展,缩小了区域与区域之间的贫富差距,促进了社会和谐。

4. 人与自然的和谐

自工业革命以来,环境污染、生态失衡的问题一直困扰着人类。马克思指出:"我们这个世纪面临的大转变,即人类与自然的和解以及人类本身的和解。"①恩格斯曾就生态失衡问题警示人们:"我们不要过分陶醉于我们人类对自然界的胜利。对于每一次这样的胜利,自然界都对我们进行了报复。"②过去我们往往将造成环境污染、生态失衡的罪魁祸首归之于资本主义制度,在今天社会主义条件下,如何在根本利益一致基础上,"合理地调节他们和自然之间的物质变换,把它置于他们的共同控制之下"③,实现人与自然的和谐,是我们面临的不可回避的重大课题。

荀子说:"列星随旋,日月递炤,阴阳大化,四时代御,风雨博施,万物各得其和以生,各得其养以成,不见其事而见其功,夫是之谓天。"中华文明历来强调天人合一(人文、宗教、自然的统一)、尊重自然。无论是道家的"道法自然",佛教的"众生平等",还是儒家的"天人合一""天人合德",都强调人与自然之间的平衡与和谐,强调事物的和谐与可持续发展,这对纠正二元对立的天人关系、掠夺式的自然观,具有重要意义。具体来说,中国文化对于天地万物有一个整体全面的看法。中国传统思想认为天人是相贯通的。人的内在的道德是天赋的,处理天人关系的重要原则是和谐。这从古代的中国人对生态环

---

① 《马克思恩格斯文集》第1卷,人民出版社2009年版,第63页。
② 《马克思恩格斯文集》第9卷,人民出版社2009年版,第559页。
③ 《马克思恩格斯文集》第7卷,人民出版社2009年版,第928页。

境保护的措施与法令，尤其是对天地自然敬畏的礼制可以得知。目前，中国特色社会主义建设正以"创新、协调、绿色、开放、共享"为新的发展理念，通过科技创新和体制机制创新实施优化产业结构，构建低碳能源体系，发展绿色建筑和低碳交通，建立全国碳排放交易市场，逐步形成人与自然和谐发展的现代化建设新格局。

三、追寻和谐之道

人民"讲信修睦"，社会和谐稳定，国家才能繁荣富强。回望历史，中国有过社会和谐稳定、事业快速发展、人民扬眉吐气、国际地位稳步上升的喜悦，也有过国家山河破碎、社会动荡不安、发展停滞不前、国际地位不断下降的悲怆。实践充分证明，社会和谐是人民之福，社会动乱是人民之祸。在新的历史条件下，实现"两个一百年"的奋斗目标和中华民族伟大复兴的中国梦，需要全体人民追求和谐，崇尚和谐，积极践行社会主义和谐价值观，共同建设和谐中国。

1. 坚持"绿色发展"理念，建设生态文明

人类的生存发展是有条件的，离不开一个稳定和谐的生态环境，否则就会失去根基和家园，沦为无根的甚至无处可遁的流浪者。但是，人类的生存、发展和维护生态平衡之间往往存在许多矛盾，最突出的是局部的经济效益与环境代价之间的矛盾，暂时的欲望满足与长远的发展可能性之间的矛盾。自工业革命以来，在短视的利益和欲望支配下，不少国家和地区曾经采用"先污染，后治理""边污染，边治理"甚至"只污染，不治理"等发展方式，为已取得的发展付出了沉重的生态代价。滥伐森林、过度开垦、过度放牧等导致植被破坏、水土流失，进而导致土地荒漠

化、沙漠化，变得不再适宜人类生存，就是典型。"生态兴则文明兴，生态衰则文明亡"。在新时代建设生态文明，首要目标指向是遏制工业文明时代不断加剧的生态恶化，调适人与自然之间的关系，重建生态平衡。

理解生态文明需要把握如下两点：以人为本是生态文明建设的核心；绿色发展是生态文明建设的要义。绿色发展理念，以人与自然和谐为价值取向，以绿色低碳循环为主要原则，以生态文明建设为基本抓手，是"马克思主义生态文明理论"同中国经济社会发展实际相结合的创新理念，深刻体现了新时代中国经济社会的发展规律。生态文明建设的关键在于坚持"绿色发展"理念或"可持续发展"理念，倡导新型、理智、全面、动态、平衡的发展观，摒弃唯GDP主义的粗放式发展观，拒斥片面、偏执的发展观。

坚持绿色发展，关键是要处理好发展与代价、经济发展与环境保护、"金山银山"与"绿水青山"的辩证关系。在发展过程中，付出一定的代价有时是不可避免的，但有时确实又是可以避免的。关键是人们必须有生态环保优先的意识，不仅要避免可以避免的代价，而且要争取把难以避免的代价降低到最低的程度，决不做类似于杀鸡取卵、竭泽而渔的事情。也就是说，在新时代的发展过程中，必须努力实现经济发展和环境保护的"双赢"，既要"金山银山"，又要"绿水青山"，特别是正确处理二者的关系，想方设法将"绿水青山"变成"金山银山"。

目前，中国正面临人口、贫困、资源、环境、发展等多重压力，生态修复、环境保护、绿色发展工作极其繁重，生态保护和经济发展之间的矛盾十分尖锐。推进绿色发展，将促进发展模式从低成本要素投入、高生态环境代价的粗放模式向创新发展和绿色发展双轮驱动模式转变；将促进能源资源利用从低效率、高排放向高效、绿色、安全转型；将促进节能环保产业实现快速发展，进一步推进循环经济，进一步加快产业集群绿色升级进程，加速扩散和应用绿色、智慧技术，从而推动绿色制造业和绿色服务业兴起。

2. 消灭社会贫富差距，消除社会不公

社会主义与资本主义的根本区别从来就不是贫富问题，而是如何处理贫富差距的问题。在邓小平看来，社会主义的本质，或者说社会主义的优越性，关键是一方面能够比资本主义更快地发展社会生产力；另一方面，则在于"消灭剥削，消除两极分化，最终达到共同富裕"①。也就是说，"社会主义的平等不是共同贫穷，更不是平均主义，而是要实现全体人民的'共同富裕'，更具体地说就是体现社会成员财富分配方式上的平等"②。

在经济发展取得巨大成果的今天，国家越来越重视调节收入分配，更重视让全体人民平等地共享发展成果。劳动者作为平等的社会成员，拥有共同占有社会生产资料的权利。可是，由于受经济、社会发展水平的限制，劳动者在综合素质、劳动时间、劳动强度、劳动效益方面的差异性，决定了他们最终在分配上的差距。这种差距的两极分化直接导致了社会的不和谐。

改革开放40年来，中国在经济快速发展、人民生活水平不断提高的同时，贫富差距也在逐步扩大。国家统计局发布的数据显示，自2003年以来，我国反映收入水平差距的居民收入基尼系数③一直处在全球平均水平0.44之上。2003年是0.479，2008

---

① 《邓小平文选》第3卷，人民出版社1993年版，第373页。
② 袁银传、赵倩：《社会主义平等价值观及其培育路径》，《思想政治教育研究》2014年第5期。
③ 基尼系数是测量收入分配差异程度的统计指标，其值在0和1之间，越接近0就表明收入分配越趋向平等。国际上通常把0.4作为收入分配差距的"警戒线"，基尼系数0.4以上表示收入差距较大，当基尼系数达到0.6时，则表示收入悬殊。

年达到最高点0.491，之后虽然呈回落态势，但一直都在0.46之上。这表明，无论是城乡居民之间，还是城镇居民内部，目前中国的收入差距都比较大。此外，在收入差距扩大的同时，我们还面临财产差距不断扩大的问题。以往人们大多把贫富差距等同于收入差距，但实际上，居民在资产方面的差距也是衡量贫富差距状况的重要方面。根据北京大学中国社会科学调查中心发布的《中国民生发展报告2014》显示，1995年我国财产的基尼系数为0.45，2002年为0.55，2012年我国家庭净财产的基尼系数达到0.73，财产不平等程度近年来呈现升高态势，明显高于收入不平等。客观存在的贫富差距、两极分化和不平等直接导致一些人心理失衡，导致社会不和谐。

社会主义的本质属性和根本目标是不允许出现贫富两极分化，这决定了中国必须通过消除贫富差距，消除社会不公，进一步促进社会和谐。当然，中国的发展水平依然比较低，在消除贫富差距、促进社会和谐的过程中，必须妥善处理公平与效率的关系，在公平与效率之间保持必要的张力，既推动经济更有效率、更可持续发展，又避免社会差距悬殊，导致社会关系紧张。此外，尽可能发挥政府的宏观调控职能，对社会财富进行二次分配和多次分配，如提高个人所得税起征点，提高失业救济、城镇居民最低生活保障等，也是进一步消灭社会贫富差距的有力举措。事实上，执行收入和财产的累进税制，通过国家"有形的手"对社会财富进行"再分配"，正是托马斯·皮凯蒂给社会收入不平等、两极分化开出的"良方"。

3. 促成政治、法治的和谐

近几十年来，随着改革开放不断深化，社会经济转型加快，个人主义、消费主义、享乐主义思想蔓延，社会上涌现出了一些恶性事件，权力部门也不断出现腐败案件。从广东揭阳的"子接

第四章 和谐：根本利益一致基础上的协调关系

父任"、山西"房媳"等黑暗内幕中，人们看到的是权力家族化、"一人得道，鸡犬升天"的历程；从大案、"窝案"频发，人们看到的是"权力寻租"、官场"崩塌式腐败"。党的十八大以来，党中央以"零容忍"态度惩治腐败，坚持"老虎苍蝇一起打"，查处了一批又一批重大案件，腐败分子纷纷落马，人民群众无不拍手称快。新中国之所以没有重蹈"其兴也勃焉，其亡也忽焉"的历史周期律，不能不归功于中国共产党以史为鉴，汲取了历史上"腐败亡国"的经验教训。当年入住北京时，毛泽东就曾以一种"赶考"的心态，以李自成南征北战18年、进京只做了18天皇帝的教训为反面教材，提出了"两个务必"，即"务必使同志们继续地保持谦虚、谨慎、不骄、不躁的作风，务必使同志们继续地保持艰苦奋斗的作风"。历史证明，毛泽东的忧虑是极具远见卓识的，忘记"两个务必"，难免重蹈李自成的覆辙。

腐败频发，究其外在原因，首当其冲与体制机制的不健全、不完善有关。不受制约的权力必然导致腐败，历史经验表明，只要产生腐败的土壤与条件仍然存在，腐败问题就会一直存在。因此，必须全面深化改革，最大限度减少体制缺陷和制度漏洞，运用法治制衡权力，让权力在阳光下运行，确保一切权力"为人民所有""为人民服务"，而不是"为人民币服务"。习近平总书记强调，必须"把权力关进制度的笼子里"。把权力关在法治的笼子里，才能最大限度减少体制缺陷和制度漏洞，最大限度地防范市场利益的诱惑。因为，法治是市场经济健康运行的基本保证，也是经济、社会良性互动的规范和引导。社会主义中国要搞的市场经济，本质上就是法治经济。具体来说，是要在经济、政治、社会和文化生活中，防止一切"暗箱操作"——阳光示权，确保权力运行公开透明；防止权力滥用——全程控权，确保权力监督及时有效；防止权力过多干预、边界不清——改革限权，确保权力界限清晰分明；防止权力取得无据、行使无序——依法确权，确保权力授予依法合规；防止权力过度集中——科学配权，确保权力架构相互制衡。

法治是治理国家和社会、实现和谐的最佳方式。只有引导全民自觉守法、遇事找法、解决问题靠法，强化规则意识、倡导契约精神、弘扬公序良俗，健全体制机制、加强协商沟通、增加救济救助，才能在最大程度上发挥法治对和谐社会的保障作用。当然，引导人们理性地表达诉求，支持人们依法维护权益，特别是主动作为，帮助广大民众排忧解难，对于和谐社会的构建也是至关重要的。总之，只有依法治理社会，社会才能有章可循，有法可依，减少可能的矛盾和冲突，也才能消除不和谐的隐患，使已经产生的矛盾和冲突得到及时有效地解决，令广大民众从心底里满意。

4. 促成外交、文化的和谐

世界潮流，浩浩荡荡，顺之则昌，逆之则亡。迈入全球化、信息化、智能化时代，世界正在发生深刻、复杂的变化，和平、发展、合作、共赢已经成为时代的主题。直面时代的变化，习近平总书记反复告诫人们跟上时代前进的脚步，绝不能故步自封，孤芳自赏；他更直言不讳地警告某些西方政客，不能"停留在殖民扩张的旧时代里"，不能"停留在冷战思维、零和博弈老框框内"。实际上，时代变了，世界各国、各地区比以往任何时候都更希望和平发展，也更有条件朝着和平发展的目标迈进。

近年来，中国不断增强外交软实力，开展多边外交，全面运筹同周边国家的关系、同大国的关系、同发展中国家的关系，取得了一系列成果。例如，中国与欧盟在经贸、科技、文教、司法等各领域的交流与合作正在稳步前进；中国以周边地缘为依托，同周边国家的双边关系全面发展，启动了区域和次区域经济合作

第四章 和谐：根本利益一致基础上的协调关系

组织和地区安全机制（如亚太经合组织、东盟地区论坛等），推动了六方会谈，在朝核问题上取得重要的阶段性进展。但是，自近代以来，由于欧美资本主义发达国家的发展优势远超于其他国家，其文化和价值观也以一种显性文化和强势文化呈现于世人面前。直到现在，以美国为首的西方国家仍然坚持文化霸权主义，不断对外推销西方的制度模式和思想文化；一直惯用冷战思维，戴着有色眼镜看待中国，以"妖魔化中国""骂中国"为时髦。在严峻的形势下，中国应该自立、自信、自强，一方面深刻揭露资本主义的自私自利、贪得无厌，揭露以美国为首的西方国家的虚伪面目和霸权行径；另一方面，在文化创新的基础上，积极开展平等的文化交流、对话，展现中国文化丰富、多样、博大、包容等特点，促进世界文化的多样化发展和"文化生态平衡"。尤其是在传播中国文化的过程中，一是应当突出中国文化丰富、多样、博大、包容等特点；二是以世界的眼光看待文化的世界性与民族性；三是注重文化的时代性、创新性。

习近平指出："不同国家、民族的思想文化各有千秋，只有姹紫嫣红之别，而无高低优劣之分。每个国家、每个民族不分强弱、不分大小，其思想文化都应该得到承认和尊重。"[1]与一些西方强权国家主张世界上只能有一种文明、一种制度、一种文化、一种价值的霸道做法不同，中国始终坚持海纳百川、有容乃大、"和而不同"的原则，尊重、承认、包容世界文明和文化的多样性。作为世界文明古国之一，中国在社会主义文化强国建设方面的快速发展在很大程度上打破了西方文化霸权，维护了人类文化

---

[1] 习近平：《在纪念孔子诞辰2565周年国际学术研讨会暨国际儒学联合会第五届会员大会开幕会上的讲话》，《红旗文稿》2014年第12期。

的多样性和"文化生态平衡",推动了"各美其美,美人之美,美美与共,天下大同"的国际文化新秩序的构建。随着社会主义先进文化的发展,人们有理由相信,非西方文化完全可以同西方文化平起平坐,人类文化的大花园将百花齐放、春色满园。

第五章　自由：马克思主义的终极价值追求

"自由"是社会主义的价值本质和价值目标。在新时代中国特色社会主义建设历程中，如何理解作为社会主义核心价值观的"自由"，以及追求"自由"的现实意义，避免陷入"自由"的认知误区，积极寻求"自由"的实现路径，是培育和践行社会主义自由价值观的重要课题。

一、自由是社会主义孜孜以求的梦想

中国特色社会主义自由观与马克思主义自由观一脉相承，是对人类发展特别是资本主义发展的文明成果的借鉴，是从阶级立场和根本内容上对资本主义自由观的超越。在中国特色社会主义建设中，"人的自由全面发展"来源于解放思想、解放劳动、解放生产力，来源于消灭剥削、消灭压迫、消除两极分化……追求"自由"对推进中国特色社会主义事业有着十分重要的意义，是社会主义的必由之路。

1. 消除异化劳动、实现劳动解放是马克思主义自由观的重要内容

马克思主义认为，生产力决定生产关系、社会关系。资本的生产力是形成资本主义社会的核心要素。资本的生产力并不是资

本本身所具有的生产能力,而是它把生产力要素中的"硬件"和"软件"组织起来,为资本家所用,并且天然地造成所有要素同工人的现实分离、对立。马克思说:"这种关系在它的简单形式中就已经是一种颠倒,是物的人格化和人的物化。"① 物的人格化和人的物化是同一个运动过程,即"异化"。异化劳动是资本逻辑运行的必然后果,是资本的现实化表现。资本的本性决定一切现实活动的出发点和落脚点只能是增值,而不是其他。在此条件下,工人只会沦为资本增值的手段和工具。马克思发现,"从当前的经济事实出发""工人生产的财富越多,他的生产的影响和规模越大,他就越贫穷。工人创造的商品越多,他就越变成廉价的商品。物的世界的增值同人的世界的贬值成正比"②。

在资本主义社会,自由的争取颇为艰难。美国民权运动的领袖人物马丁·路德·金终其一生都在为黑人争取自由权和平等权而奋斗。他在演讲《我有一个梦想》中说:

> 我梦想有一天,甚至连密西西比州——一个非正义和压迫的热浪逼人的荒漠之州,也会改造成为自由和公正的青青绿洲。……我梦想有一天,深谷弥合,高山夷平,歧路化坦途,曲径成通衢,上帝的光华再现,普天下生灵共谒。这是我们的希望。这是我将带回南方去的信念。有了这个信念,我们就能一同工作,一同祈祷,一同斗争,一同入狱,一同维护自由,因为我们知道,我们终有一天会获得自由。到了这一天,上帝的所有孩子都能以新的含义高唱这首歌:我的祖国,可爱的自由之邦,我为您歌唱。这是我祖先终老的地方,这是早期移民自豪的地方,让自由之声,响彻每一座山冈。如果美国要成为

---

① 《马克思恩格斯全集》第26卷(上),人民出版社1972年版,第419页。
② 《马克思恩格斯文集》第1卷,人民出版社2009年版,第156页。

第五章　自由：马克思主义的终极价值追求

伟大的国家，这一点必须实现。因此，让自由之声响彻新罕布什尔州的巍峨高峰！让自由之声响彻纽约州的崇山峻岭！让自由之声响彻宾夕法尼亚州的阿勒格尼高峰！让自由之声响彻科罗拉多州冰雪皑皑的洛基山！让自由之声响彻加利福尼亚州的婀娜群峰！不，不仅如此；让自由之声响彻佐治亚州的石山！让自由之声响彻田纳西州的望山！让自由之声响彻密西西比州的一座座山峰，一个个土丘！让自由之声响彻每一个山冈！当我们让自由之声轰响，当我们让自由之声响彻每一个大村小庄，每一个州府城镇，我们就能加速这一天的到来。那时，上帝的所有孩子，黑人和白人，犹太教徒和非犹太教徒，耶稣教徒和天主教徒，将能携手同唱那首古老的黑人灵歌："终于自由了！终于自由了！感谢全能的上帝，我们终于自由了！"①

基于唯物史观和政治经济学批判的基本原理，马克思指出：自由的真实内涵在于消除异化劳动，实现劳动解放。马克思认为，劳动的真相应该是："劳动是我真正的、活动的财产""我的劳动是自由的生命表现，因此是生活的乐趣。"②任何物种的本质归根结底是其生命的本质，是其生命的活动。人的本质是自然生命和社会生命的双重活动，"动物只是按照它所属的那个种的尺度和需要来构造，而人却懂得按照任何一个种的尺度来进行生产，并且懂得处处都把固有的尺度运用于对象，因此，人也按照美的规律来构造。"③

人的劳动就是生产生命的活动。一方面，人同动物一样，需

---

① 转引自林语堂、鲁迅、徐志摩等著：《青葱岁月里，我们一起读美文》，宋平选编，长江文艺出版社2016年版，第99-100页。
② 《马克思恩格斯全集》第42卷，人民出版社1979年版，第38页。
③ 《马克思恩格斯文集》第1卷，人民出版社2009年版，第163页。

要维持和延续自身的生命，人的劳动是人保持自由的生命表现，是人的真正财产；另一方面，人又区别于其他动物，人是有思想意识的生命体。劳动是人创造价值、获得成就感的方式。因此，劳动不应该是工人把肉体出卖给资本家，把劳动出卖给资本，甚至成为工人赖以生存的手段。马克思说："这种活动为我所痛恨，它对我来说是一种痛苦，更正确地说，只是活动的假象。因此，劳动在这里也仅仅是一种被迫的活动，它加在我身上仅仅是由于外在的、偶然的需要，而不是由于内在的必然的需要。"[①]在典型的私有制形式——资本主义私有制条件下，"我的个性"的劳动竟然成为我所"痛恨"的对象，因为"我"和"我"的劳动成果是相异化的，"我"和"我"的劳动过程是相异化的，"我"和"我"的类本质是相异化的，"我"和他人也是相异化的……"我"和"我"的世界的一切都是相异化的，而不是内在的必然的需要，不是自由的生命表现。只有彻底消灭私有制，消灭资本的统治，才可能消除旧式分工，消除异化劳动，使广大劳动人民获得真正的解放和自由。

2. 扬弃资本、解放劳动、消灭私有制是共产主义实现自由的现实道路

马克思在《资本论》中提出"重新建立个人所有制"。它是对"个人的、以自己劳动为基础的私有制"的"否定的否定"，是生产资料共同占用基础上的"联合起来的社会个人所有制"。它旨在打破"资本—劳动"的二元结构框架，每个人依靠自己的劳动能力创造社会财富，分享劳动成果。劳动成为人的自我实现方式，"是自由的生命表现""是生活的乐趣"。马克思曾这样描绘共产主义的美好图景："在这样的组织中，一方面，任何个人都不能把自己在生产劳动这个人类生存的必要条件中所应承担的部分推给别人；

---

① 《马克思恩格斯全集》第42卷，人民出版社1979年版，第38页。

另一方面，生产劳动给每一个人提供全面发展和表现自己的全部能力即体能和智能的机会，这样，生产劳动就不再是奴役人的手段，而成了解放人的手段，因此，生产劳动就从一种负担变成一种快乐。"①他在《德意志意识形态》中进一步描绘道："在共产主义社会里，任何人都没有特殊的活动范围，而是都可以在任何部门内发展，社会调节着整个生产，因而使我有可能随自己的兴趣今天干这事，明天干那事，上午打猎，下午捕鱼，傍晚从事畜牧，晚饭后从事批判，这样就不会使我老是一个猎人、渔夫、牧人或批判者。"②如此便是真正的劳动解放。

马克思主义是工人阶级的意识形态。它反映了工人阶级和广大人民的利益、愿望和要求。它丝毫不隐瞒和回避自己的阶级本质，不以"超阶级"的形式标榜自己是"全人类利益的代表"，而是公开申明自己是为工人阶级利益服务的。马克思、恩格斯深刻洞察了工人阶级的悲惨命运，对资本主义社会条件下的剥削和被剥削现象进行了无情的鞭挞。在他们看来，资产阶级利欲熏心、贪得无厌，为了获得高额利润，不惜采取任何手段对工人进行残酷的压榨。被剥削的工人，除了睡眠、饮食等纯生理上的需要所引起的间断以外，都是替资本家劳动，正如一架为别人生产财富的机器。马克思主义坚决批判一切剥削阶级的理念观点，无条件捍卫无产阶级的利益，以推翻一切剥削制度、消灭社会不平等现象、争取全人类的彻底解放为己任。

3. 实现人与社会的自由全面发展，建立"自由人的联合体"，是共产主义的价值目标

19世纪的空想社会主义代表人物傅立叶认为，雇佣劳动制度是"复活的奴隶制"，资本主义工厂是"温和的监狱"。另一位代表

---

① 《马克思恩格斯文集》第9卷，人民出版社2009年版，第311页。
② 《马克思恩格斯文集》第1卷，人民出版社2009年版，第537页。

社会主义的航标灯

人物欧文则抨击了资本主义私有制,认为私有制是一切阶级之间纷争的根源。他揭露了资本主义制度下的剥削关系,认为劳动者创造了大量财富,但大部分落入了资本家的私囊,造成广大工人挨饿受冻,日益贫困。欧文斥责英国资本主义社会是"知识与无知的结合,富贵与贫困的结合,奢侈与忍辱受苦的结合"。德国空想社会主义者魏特林在《和谐与自由的保证》一书中直截了当地指出,资本主义的自由就是财产的自由、金钱的自由,谁拥有的财产越多谁就越自由,穷人如果不想饿死,就必须出卖自己的自由,甘受富人的奴役。

砸碎人剥削人、人压迫人的旧制度,实现个人与社会的解放和人的自由全面发展,建立"自由人的联合体",是共产主义的价值目标。社会主义作为共产主义的初级阶段,是对资本主义社会普遍存在的奴役、剥削、压迫等不自由现象的反抗。"我们的目的是要建立社会主义制度,这种制度将给所有的人提供健康而有益的工作,给所有的人提供充裕的物质生活和闲暇时间,给所有的人提供真正的充分的自由。"①

中国共产党自成立以来,一直在马克思主义的指导下,将自由价值目标贯穿于中国人民的解放事业和社会主义实践当中。譬如,中国共产党始终把不断推进人的自由全面发展作为社会发展的重要标志,致力于中国人民的自由和思想解放。中国共产党在一大通过的党纲中就旗帜鲜明地指出:我们党的最终目标是实现共产主义,是为整个人类的彻底解放而奋斗,是代表着绝大多数人的根本利益。正是在此思想的指引下,以毛泽东为代表的中国共产党人为了全国人民的解放和自由进行了轰轰烈烈的解放运动,推翻了"三座大山",完成了社会主义改造,建立了全体人民

---

① 戴木才、彭隆辉:《倡导"自由":高扬社会主义核心价值观的理想旗帜》,《光明日报》2013年4月18日,第7版。

第五章　自由：马克思主义的终极价值追求

当家做主的新中国，实现了民族独立、人民解放。改革开放40年来，我们党大力倡导坚持"解放思想，实事求是"，努力改善人们的生产和生活条件，不断解放和发展生产力，采取了一系列保障公民权利的有力措施。于是，"人的自由全面发展"开始不断取得实质性的进步——极大地解放了社会生产力，逐步完善了法律规章制度，改变了社会关系，人人都开始享有更多追求自由的权利。这为人的自由全面发展创造了良好的条件，让"自由"在中国历史上第一次有了真正实现的可能。

当然，由于中国正处于社会主义初级阶段，决定了人与社会的"自由全面发展"只是我们的价值理想和价值目标，决定了它的实现必将是一个长期而又艰巨的历史任务。

二、"自由"的内涵与辩证本性

在中国，"自由"一词最早出现在《汉书·五行志》中："赤眉贼率樊崇、逢安等共立刘盆子为天子，然崇等视之如小儿，百事自由……"汉朝郑玄《周礼》注有"去止不敢自由"之说。这里的"自由"就有"肆意、任意"之意，指的是完全按个人的意愿行事。现代意义上的"自由"一词与英文中的"liberty"对应，它源于拉丁文"libertatem"（libertas），意指"从束缚中解脱出来"。

1. 自由的内涵

关于什么是自由，思想家们曾经给出许多不同的定义，分歧很大。恩格斯在《反杜林论》中给"自由"下了一个经典的定义，"自由就在于根据对自然界的必然性的认识来支配我们自己和外部自然"[①]，"自由不在于在幻想中摆脱自然规律而独立，而在于

---

① 《马克思恩格斯文集》第9卷，人民出版社2009年版，第120页。

社会主义的航标灯

认识这些规律，从而能够有计划地使自然规律为一定的目的服务"[1]，概括起来，即"自由是对必然性的认识"。毛泽东进一步指出，"自由是对必然的认识和对客观世界的改造"[2]。因此，在马克思主义经典作家看来，自由不仅是一种认识能力，而且是一种行动能力，一种实践能力。

作为社会主义核心价值观的自由是立足马克思主义立场，结合中国特色社会主义的实际而形成的一种新型自由观。它的内涵极其丰富，至少包括如下几个方面：

首先，作为社会主义核心价值观的自由是内在自由和外在自由的统一。内在自由通常是指人的精神自由；外在自由属于内心自由的外化，即指在不违法违纪的前提下，每个人都有追求自由的权利。从社会发展史来看，自有文字记载以来，人们往往首先追求内在自由。因为奴隶社会、封建社会不存在普遍的自由权利，绝大多数人的自由都被剥夺了，自由只是属于少数人的特权，于是，人们试图在不自由的现实生活中寻求精神自由的解脱。

十七八世纪，与封建主义社会向资本主义社会转变相适应，西方从追求内在自由逐渐转向追求外在自由、从追求纯哲学的自由转向追求政治制度的自由、从追求灵魂自由转向追求人身自由，并为言论自由、出版自由等提供了一定程度上的法律保障。这在资产阶级反对封建主义、战胜封建主义的过程中发挥了巨大作用。只是随着资产阶级的胜利，资本主义在发展过程中，其内在矛盾不断被强化，自由也越来越显现出历史的局限性。这种局限性主要表现为：虽然很多西方思想家都主张"每个人的自由都是

---

[1] 《马克思恩格斯文集》第9卷，人民出版社2009年版，第120页。
[2] 《毛泽东选集》第2卷，人民出版社1991年版，第477页。

第五章　自由：马克思主义的终极价值追求

平等的自由，不能相互妨碍"。但是，实际上，由于经济上的私有制和自由市场经济对政府干预的过度排斥，个人与个人的自由之间逐渐产生了内在冲突，出现了"私有财产的多少决定个人自由的程度"等现象。这导致少数资产阶级的自由过度膨胀，人民大众的自由则被压抑甚至消解。也就是说，"这种自由在实践中具有明显的阶级性和虚伪性，是少数人的自由而不是全体人民的自由"[①]。

而马克思主义经典作家憧憬的自由，不是资本主义那种以个人为本位、导致人权受到侵犯的不平等的自由，而是"每个人的自由发展是一切人的自由发展的条件"[②]的自由。只有这种内在自由和外在自由相统一的自由才是真正的自由，它才能与平等、人权等和谐共处、相互促进。中国共产党的根本宗旨是全心全意为人民服务，这意味着党的领导是为了多数人，团结多数人，同时也依靠多数人；党的一切努力都是为了实现和维护全体人民自由发展的权利。这也体现了社会主义核心价值观的"自由"与资本主义宣扬的"自由"的明显区分，它是全体人民的自由，而不是少数人的自由。

其次，作为社会主义核心价值观的自由是形式自由和实质自由的统一。形式自由和实质自由如同一物两面，两者不可或缺，共同构成了自由的科学内涵。形式自由关注的是自由的过程和手段，而实质自由关注的是自由的内涵和结果。在社会主义的视野中，"自由绝不仅仅意味着每个人享有某些抽象的自由权利，而且还意味着个人有能力、有资源享受这种权利"[③]。

马克思主义在谈到自由问题时，总是强调谁的自由、什么样

---

① 徐能毅：《如何认识社会主义核心价值观中的"自由"》，《红旗文稿》2015年第2期。
② 《马克思恩格斯文集》第2卷，人民出版社2009年版，第53页。
③ 李强：《自由主义》，吉林出版社2007年版，第172页。

的自由,并主张将实质的自由而非形式的自由在现实中加以实现。在马克思看来,与"资本主义只是少数资产阶级的自由"不同,社会主义和共产主义的自由应该是人民群众的真正自由。封建主义社会是地主阶级通过封建强权对劳动群众进行奴役,是权力对人的奴役,没有劳动群众的真正自由。资本主义社会是通过金钱资本对工人阶级进行奴役,是物对人的奴役,同样没有工人阶级的自由。只有社会主义和共产主义的自由才是一种人民群众彻底摆脱强权奴役、金钱奴役的自由,才是人民群众的真正的、彻底的解放。这种人的解放不仅存在于法律条文的抽象规定中,而且有实实在在的经济制度和社会制度加以保证。邓小平指出:"社会主义最大的优越性就是共同富裕,这是体现社会主义本质的一个东西。"[1]社会主义这种以实现共同富裕为前提的"自由",并不像资本主义的自由那样,建立在少数人极端富有、多数人极端贫困,少数人享有充分的自由权利、多数人无法享有实质自由的基础之上。

19世纪的空想社会主义者更是通过对资本主义社会中现实的不平等、不公正的批判,"揭穿了资产阶级学者的冠冕堂皇的诺言、华美词句的空虚,暴露了资本主义社会的惊人矛盾——文明运行于'罪恶的循环'之中,贫困由富裕本身产生"[2]。对此,傅立叶曾尖锐地指出,资产阶级文明是"复活的奴隶制",雇佣劳动就是奴隶劳动,工厂就是"温和的监狱"。空想社会主义者对资本主义制度弊端的批判,展示了资本主义的血泪发迹史,表达了他们对资产者所标榜的自由的强烈不满和对劳苦大众获得内在自由、实质自由的强烈渴望。

---

[1] 《邓小平文选》第3卷,人民出版社1993年版,第364页。
[2] [法]傅立叶:《傅立叶选集》第1卷,赵俊欣等译,商务印书馆1979年版,第2页。

第五章　自由：马克思主义的终极价值追求

最后，作为社会主义核心价值观的自由是个人自由和社会自由的统一。自由是一种理想信念，它既指"自由王国"的建立，也指"每个人自由而全面的发展"，二者统一于历史的发展进程之中。马克思、恩格斯曾这样表达对未来社会的期许，"代替那存在着阶级和阶级对立的资产阶级旧社会的，将是这样一个联合体，在那里，每个人的自由发展是一切人的自由发展的条件"[①]。作为社会主义核心价值观的自由不仅考虑个人自由，同时考虑个人自由与他人自由的关系，考虑个人自由与国家民族阶级之间的关系，是一种立足集体或共同体的集体主义自由，而不是个人主义的自由。这种集体主义自由并不以集体自由压迫牺牲个人的自由，而是个人自由与集体自由的有机统一，是广大人民群众的真正自由。

资本主义的自由建立在生产资料私有制基础之上，私有财产是自由的基础，没有财产自由就没有个人自由。资本主义的自由是一种以个人自由为出发点和落脚点的自由，是一种排斥集体自由、伸张个人自由权利的自由，只是少数资产阶级的自由。资本主义国家的政治和法律并不像社会主义国家那样，代表的是最广大人民的根本利益，而是代表资产阶级的利益诉求，主张"私有财产神圣不可侵犯"。尽管西方法律一直主张人人自由平等，但在实践过程中，其对于财产权的处理使这一主张成了一张空头支票。

总之，作为社会主义核心价值观的自由内涵深刻，表现丰富，是多种形式、多方面要素相互作用、内在统一的有机整体。这正如马克思所说的，"自由的每一种形式都制约着另一种形式，

---

① 《马克思恩格斯文集》第2卷，人民出版社2009年版，第53页。

正像身体的这一部分制约着另一部分一样。只要某一种自由成了问题,那么,整个自由都成问题。只要自由的某一种形式受到指责,那么整个自由都受到指责,自由就只能形同虚设"[①]。

2. 自由的误区

在理论研究和现实生活中,由于多方面的原因,人们往往对作为社会主义核心价值观的"自由"缺乏正确的理解,陷入"自由"的某种认知误区。

首先,自律不意味着压缩自由。在当今社会,有些人不愿意谈"自律",更不严格要求自己"自律"。这种现象是伴随着"自律意味着压缩自由"这一错误认知而出现的。事实上,自由和自律并不是相对立的,相反,二者是相互依存、相互作用的,即自律是自由的内在要求,自由是自律的必然结果。要自由,先自律,没有自律就不存在真正的自由。古人云,"君子,有所为有所不为""君子爱财,取之有道"。即是说,自由不是摆脱一切限制和约束,想做什么就做什么,而是始终坚定自己的信念和原则,主动、自觉地为自己设限,守住法律和道德的底线。因为世界上并不存在绝对的自由,每个人的自由都必然受到一定的限制,而且,这种限制并不会因为"自律"的缺席而消失。

苏格拉底之所以被"雅典民主派"的当权者视为"自由民主的敌人"而处死,是因为他批判了古希腊的极度"自由"的民主制度以及被这样的制度所放纵的"暴民"。苏格拉底之死,深刻暴露了当时的民主制度存在着严重缺陷。柏拉图说,这种缺陷就是"过度的自由",就连"狗也完全像谚语所说的'变得像其女主人一样'了(指的是谚语:有这种女主人,就有这种女仆人),同样,驴马也

[①] 《马克思恩格斯全集》第1卷,人民出版社1956年版,第201页。

惯于十分自由地在大街上到处撞人，如果你碰上它们而不让路的话。什么东西都充满了自由精神"①。这种自由主张"在个人欲望面前，一切都不值一提"。它的实质其实是"放纵个人欲望的极度自由"。它"使得这里的公民灵魂变得非常敏感，只要有谁建议稍加约束，他们就会觉得受不了，就要大发雷霆，到最后像你所知道的，他们真的不要任何人管了，连法律也不放心上，不管成文的还是不成文的"②。可见，这种缺乏自律的极度自由是自私的、畸形的，它必定导致不可调和的矛盾和冲突，从而走向衰亡。

其次，自由不意味着赞同任性。有人认为，"自由"就是"任性地由着自己为所欲为，甚至胡作非为"。实际上，这种观念是完全站不住脚的。从唯物主义的基本立场看，自由绝不是指"摆脱客观必然性，不受自然或社会客观规律制约"的任性之举。因为当"任性"践踏客观规律时，就会受到自然的无情惩罚；当"任性"越出道德底线时，就会受到良心和舆论的谴责；当"任性"触犯法律法规时，就必然会受到相应的制裁。例如，法律在保障人民的自由权利的同时，也直接或间接地界定了自由权利的适用范围。这并不意味着法律就是压制自由的手段，正如重力不是阻止运动的手段一样。马克思说："法典就是人民自由的圣经。"③他认为，"自由就是从事一切对别人没有害处的活动的权利。每个人所能进行的对别人没有害处的活动的界限是由法律规定的，正像地界是由界标确定的一样。"④洛克也认为："法律按其真正的含义而言与其说是限制还不如说是指导一个自由而有智慧的人去追求他的正当利益……法律的目的不是废除或限制自由，而是保护和

---

① [古希腊]柏拉图：《理想国》，郭斌和、张竹明译，商务印书馆1986年版，第344页。
② [古希腊]柏拉图：《理想国》，郭斌和、张竹明译，商务印书馆1986年版，第344页。
③ 《马克思恩格斯全集》第1卷，人民出版社1956年版，第176页。
④ 《马克思恩格斯全集》第1卷，人民出版社1956年版，第438页。

扩大自由。这是因为在一切能够接受法律支配的人类状态中，哪里没有法律，哪里就没有自由。"①亚里士多德说："法律不应该被看作（和自由相对的）奴役，法律毋宁是拯救。"②中国法学家李达也曾指出："法律就好像是一张网，罩在社会关系上，一个个的网孔，即是各个人的行为范围，各个人的行为，在那些范围以内是自由的，若跨出那些范围以外，便不自由。"③国家制定法律的出发点和落脚点并不是为了限制自由，相反，正是出于对自由的维护和对自由权利的保障，法律才更需要设定自由的边界。譬如说，尽管言论自由是法律保护的权利，人人都有言论自由权，但考虑到传播负面舆论可能产生的恶劣后果，任何国家都会对其设定边界。有边界才有秩序，有底线才有自由。只有在秩序的前提下，才能真正实现自由，也只有在有序的基础上，公众才能充分享有参与权、表达权和监督权。因此，真正的自由，不是为所欲为，法律之下有秩序的自由才是真正的自由。

罗伯斯庇尔认为，自由是基本的人权，它"以正义为准则，以他人的权利为限制，以自然为原则，以法律为保障"④。在法治社会中，自由是做法律所许可的一切事情的权利。如果一个人可以超越法律，他就不再有自由了，因为其他人也可以这样做。事实上，自由如果冲破了界限，就是对自由最大的伤害。因为，如果没有限制，滥用自由，社会公共利益难免遭受威胁，社会公共秩序难免遭受破坏。而在社会公共利益、公共秩序遭到破坏的乱局中，自由必然会受到限制，自由的价值也变得更加难以实现。毕竟，自由是集多种权利和义务于一体的。无论是在历史上还是

---

① ［英］洛克：《政府论》下篇，叶启芳、瞿菊农译，商务印书馆1964年版，第35—36页。
② ［古希腊］亚里士多德：《政治学》，吴寿彭译，商务印书馆1965年版，第276页。
③ 李达：《法理学大纲》，法律出版社1983年版，第100页。
④ ［法］热拉尔·瓦尔特：《罗伯斯庇尔》，姜靖藩等译，商务印书馆1983年版，第50页。

第五章 自由：马克思主义的终极价值追求

在现实生活中，"个体能够完全按照本身所具有的意识和能力去做任何事情，不被其他个体或外在事物所强行改变"的绝对自由并不存在。正如恩格斯指出的，"任何一个人的愿望都会受到任何另外一个人的妨碍"①，个体的自由在社会中必将受到其他个体的自由的限制，此种限制之间相互影响，形成了诸如法律、道德等约束性限制。因此，对任何社会而言，个体的自由都是相对的自由，必然要受到社会的约束。每个人只有承担自由本身所带来的责任，才能真正享受法律所赋予的自由权利。

公民的言论自由权与名誉权的冲突伴随互联网的出现、网络交往的拓展而更加凸显。我们从"微博第一案"中可以窥其一斑：

> 该案的当事人，一方是IT业知名人士周鸿祎，另一方是北京金山安全软件有限公司（以下简称金山），也是IT业中的知名企业。2010年5月25—27日，周鸿祎分别在新浪微博、搜狐微博、网易微博连发了数十条直指金山的负面信息。随后，金山将周鸿祎告上法庭，指认其所发的微博中有40余条"严重侵害了原告的名誉权和商业信誉"，请求法院判令周鸿祎停止侵权，撤回相关微博文章，在指定媒体公开致歉，承担1 200万元的经济损失及公证费用等。而被告周鸿祎则辩称，他是在"履行公民监督、批评指责的正当行为，不构成对原告名誉权的侵害，更未给原告造成任何经济损失"，请求法院驳回原告的诉讼请求。
>
> 2011年3月，北京市海淀区人民法院做出一审判决，判决周鸿祎败诉，支持原告的部分诉讼请求。法院要求周鸿祎删除所有相关微博，公开致歉，并赔偿8万元的精神损失

---

① 《马克思恩格斯全集》第37卷，人民出版社1971年版，第462页。

费。此案的一审法官李颖认为,应该注意到"微博的特点和微博上言论自由也应受到合理限制这一前提"。当言论自由与他人利益发生冲突时,应进行"法益衡量","综合考量发言人的具体身份、所发布言论的具体内容、相关语境、受众的具体情况、言论所引发或可能引发的具体后果加以判断……不能让这个判例成为微博言论自由的阻碍。微博是一个公民言论自由的新兴平台,但是,言论自由是有边界的。此案就是要界定微博言论自由的边界"。中国政法大学朱巍指出,这个界限"没有法律明文规定,各种权利在相互博弈,但是并没有结果。这个时候就需要法官找这么一个点。向左,就会伤害公共利益或表达自由,向右,就会伤害到公民的其他权利"[①]。

一审判决后,双方均表示不服,提起上诉。终审判决结果为,周鸿祎只需删除其中两条微博,赔偿金山5万元。而其他博文内容"尚未达到构成侵犯名誉权的程度"。无论如何,当"微博第一案"的终审判决生效之时,可以说,网络言论自由的边界已经正式确认了。

再次,自由与自由主义存在原则界限。自由主义是西方价值观的核心理念。作为一种思想体系和意识形态,它片面地强调个人的"自由意志"和"独立精神"。它坚持个人本位,认为"个人利益高于一切",在政治、经济、社会、文化等领域主张完全自由,即任何道德和法律上的规范都无权约束个人的行为,任何社会因素都无权干涉个人的选择、个人价值的实现。自由主义通过夸大个体的先天差异并使之在社会中得到认可,从而把资本的逻

---

① 参见郭建光《微博言论有了法律尺子》,《中国青年报》2011年9月7日,第9版。

辑运行导致的社会差别归结为人的自然差别。而且，个人主义基础上的自由主义必然以个人自由侵犯他人自由，以少数人的自由侵犯和剥夺大多数人的自由。这正如杜威所说："民主可悲的崩溃就由于这一事实：把自由和在经济领域内，在资本主义财政制度之下最高程度的无限制的个人主义活动等同起来了，这一点注定了不仅使平等不能实现，而且也使得一切人们的自由不能实现。"①

社会主义核心价值的"自由"与西方自由主义存在着原则的界限。1937年，毛泽东写作的《反对自由主义》一文，揭示了自由主义的表现、性质、危害和产生的根源。毛泽东深刻地指出，自由主义是革命集体组织中的一种"腐蚀剂"；它来源于小资产阶级的自私自利性，把个人利益放在第一位、革命利益放在第二位；它危害极大，"使团结涣散，关系松懈，工作消极，意见分歧"。在一切革命组织中，自由主义主张无原则的自由和平等，是产生违反政治纪律、组织纪律行为的温床。中国共产党面临的形势越是复杂，肩负的任务越是艰巨，就越需要加强纪律建设，维护党的团结和统一。如果听任自由主义泛滥，必将严重影响中国共产党的执政能力建设，严重影响党群、干群关系，严重影响经济社会的和谐发展。历史证明，只有严格区分自由和自由主义，旗帜鲜明地反对自由主义，才能维护党和国家的团结统一，确保全党全社会统一意志、统一行动，步调一致向前进。

三、实现"自由"之路

在中国特色社会主义建设历程中，促进"人的自由全面发展"

---

① [美]约翰·杜威：《人的问题》，傅统先、邱椿译，上海人民出版社1965年版，第93页。

始终是我们的价值目标和归宿。培育和践行社会主义核心价值观是一项伟大而艰巨的工程，其中，"自由"价值目标的构建与实现尤其需要群策群力，共同推进。

1. 以尊重客观规律为前提，通过弄清事物发展的各种可能性实现选择自由

尊重客观规律，就是承认自然规律、社会规律对人的行为的制约性。"必然"转化为"自由"的起点是对客观规律性的认识，"必然"转化为"自由"的标志是对外部世界的支配——运用对客观规律性的认识，达到改造世界的目的。

恩格斯指出："我们对自然界的整个支配作用，就在于我们比其他一切生物强，能够认识和正确运用自然规律。"[①] 毛泽东认为，人类因"对客观必然规律不认识而受它的支配，使自己成为客观外界的奴隶，直至现在以及将来，乃至无穷，都在所难免。认识的盲目性和自由，总会是不断地交替和扩大其领域，永远是错误和正确并存。……要知道，错误往往是正确的先导，盲目的必然性往往是自由的祖宗，人类同时是自然界和社会的奴隶，又是它们的主人，这是因为人类对客观物质世界、人类社会、人类本身（即人的身体）都是永远认识不完全的"[②]。尽管如此，"只有在认识必然的基础上，人们才有自由的活动。这是自由和必然的辩证规律。所谓必然，就是客观存在的规律性，在没有认识它以前，我们的行动总是不自觉的，带着盲目性的"[③]。马克思则认为，"人直接地是自然存在物，人作为自然存在物，而且作为有生命的自然存在物，一方面具有自然力、生命力，是能动的自然存在物，这些力量作为天赋和才能、作为欲望存在于人身上；另一

---

① 《马克思恩格斯文集》第9卷，人民出版社2009年版，第560页。
② 《毛泽东文集》第8卷，人民出版社1999年版，第326页。
③ 《毛泽东文集》第8卷，人民出版社1999年版，第306页。

第五章　自由：马克思主义的终极价值追求

方面，人作为自然的、肉体的、感性的、对象性的存在物，和动植物一样，是受动的、受制约的和受限制的存在物"①。

众所周知，中国古代故事"揠苗助长"换来的结果是事与愿违。也就是说，人在认识世界、改造世界的过程中，必须认识到自然的本性和规律，遵守客观规律的制约。人只能在认识和承认客观规律的前提下发挥主观能动性，而绝不能离开客观事物的本性、规律及其对人的作用去选择和行动，否则必将付出代价，遭到失败。

2. 解放和发展生产力，通过提升经济和科技实力为自由的实现奠定物质基础

物质生活资料的生产是人们生存与发展的基础和前提。"人的自由全面发展"的实现不能离开具体的历史阶段与物质条件。

改革开放以来，中国经济建设取得了举世瞩目的成就。在改革开放之前，在广大农村甚至城市，人们的温饱问题都没有解决，但通过实施联产承包责任制，极大地激活了农村的活力，解决了13多亿人的吃饭问题，广大人民走上了脱贫致富的道路。而且，通过市场经济建设，通过"让一部分人先富起来"，实现了经济腾飞，一跃成为世界第二大经济体，创造了世界经济史上的奇迹。同时，科学技术领域也取得了巨大进步。改革开放之前，虽然我国初步建立起配套的工业体系，有了"两弹一星"，但无论是基础科学研究，还是应用型的高科技都与世界存在明显的代差，产品的研发、生产差距更是明显。改革开放之后，无论是基础科学研究，还是应用技术研究，都已经取得了长足的进步，正在追赶世界前沿水平，少数领域甚至已经接近或领先于世界水平。当然，中国仍处于并将长期处于社会主义初级阶段，科技和经济发

---

① 《马克思恩格斯文集》第1卷，人民出版社2009年版，第209页。

展水平总体依然较低，还需要长期坚持以经济建设为中心，需要取得更多实质性的进步。但改革开放40年来，中国的社会生产力得到了极大的解放和发展，国家的经济实力和科技水平得到了显著提高，这无疑为个人和社会的自由发展奠定了更好的物质基础。

正如马克思所指出的："当人们还不能使自己的吃喝住穿在质和量方面得到充分保证的时候，人们就根本不能获得解放。"① 物质基础是人获得解放、生存和发展的基础和决定因素，人们归根到底是在"现有的生产力所决定和所容许的范围之内取得自由的"②。只有拥有充裕的物质保障，才能免除生存的后顾之忧，才有多余的时间和精力发现和发展自身，才能专注地开掘物质和精神层面的"自由"。因此，促成"人的自由全面发展"的首要任务就是要解放和发展生产力，提高劳动生产率，生产和创造出更多的物质产品，为更好地实现自由奠定坚实的物质基础。

3. 坚持"以人为本"和"法律面前人人平等"，通过法治和民主政治制度保障人民的自由权利

自由、民主、法治是相互联系、相互依存、相互作用的，民主、法治是自由的前提与保障，自由是民主、法治的表现与产物。法治的约束性和民主的制度基础为"自由"的实现提供了现实的可能。一方面，只有维护人民群众的合法权益和社会的公平正义，确保有法必依、执法必严、违法必究，切实保障人民群众的法定自由权利，才能使应有权利、法定权利落实为实有权利；另一方面，必须通过具体的制度建设，把宪法规定的自由权真正落实到政治、经济、社会、文化生活的方方面面。

譬如，20世纪90年代中期以来，互联网在我国迅速发展起

---

① 《马克思恩格斯文集》第1卷，人民出版社2009年版，第527页。
② 《马克思恩格斯全集》第3卷，人民出版社1960年版，第507页。

来。互联网已经成为公众获取知识、参政议政、沟通交流、休闲娱乐的重要平台。互联网信息自由流动和安全流动是相互依存的。信息泛滥、信息欺诈等犯罪行为会阻碍互联网自身的发展。依法治理网络空间，是世界各国的共识和普遍做法。2013年9月9日，为适应新形势下同网络犯罪做斗争的迫切需要，最高人民法院、最高人民检察院结合新型犯罪方式的特点，出台了《关于办理利用信息网络实施诽谤等刑事案件适用法律若干问题的解释》（以下简称《解释》），对刑法相关条文的适用依法进行了解释。《解释》为在司法实践中准确而有力地惩治利用网络实施的相关犯罪提供了明确的司法解释依据。可以看出，法律为自由提供了坚实的保障。

确切地说，一是法律对人的最基本的自由予以了明确的认定，对一般性的自由则以不予禁止的方式赋予。当人们的自由权利受到侵犯时，法律会对侵犯自由的行为予以制裁，从而对自由予以强制性的保障。二是法律确定了自由的量度和边际。在生活中，不同个体在行使自由权时会有重叠、交叉甚至冲突，为了避免这些现象的发生，或者为了将冲突限定在可控的范围内理性地加以解决，法律对某些自由做出了边际规定，对各种自由的冲突设定了解决的原则，使各种自由并行不悖、各得其所。

4. 重视教育，通过提高人民的文化素养、知识水平和创新能力创造实现自由的条件

改革开放以来，特别是党的十八大以来，党中央、国务院高度重视文化建设，做出了一系列重大决策部署。十七届六中全会通过了《中共中央关于深化文化体制改革推动社会主义文化大发展大繁荣若干重大问题的决定》。十八大从实现"两个一百年"奋斗目标的高度，提出建设社会主义文化强国的战略任务。十八届三中全会将深化文化体制改革作为全面深化改革的一个重要方面

做出部署。十八届四中全会将文化法治建设作为全面依法治国的重要方面做出部署。特别是习近平总书记多次就文化建设做出重要讲话，为社会主义文化建设指明了方向，提供了遵循。这些都是实现"自由"必不可少的前提条件。

毕竟，在社会主义中国，广大人民是自由的主体，是参与市场经济活动的主体，也是建设自由中国的中坚力量。促进人的自由全面发展不仅需要进行政治、经济建设，还需要提高人民的文化素养、知识水平和创新能力。这就要求国家、社会、家庭高度重视教育，全面实施科教兴国战略，提高全民族的文化素质；培育和弘扬创新精神，不断进行文化创新，发展和繁荣文化事业；把加快发展文化产业作为调整产业结构、培育新的经济增长点的重要抓手，提高文化生产力和文化供给能力，多渠道、多方位地促进文化产业发展，努力实现文化大发展、大繁荣，满足人民群众日益增长的文化需求；积极推进公共文化设施建设，不断完善公共文化服务管理体制和运作机制，有效提升公共文化服务能力、提高公共文化服务质量；特别是文化基础建设投入和公共文化服务重点向农村和边远地区倾斜，努力消除"数字鸿沟"，缩小、解决文化发展的地区差距和城乡差距，使农村、边远地区及弱势群体都有机会享受文化发展的成果。

应该看到，近年来，特别是党的十八大以来，中国文化建设取得了重要成就：一是初步建成了包括国家、省、地市、县、乡、村和城市社区在内的六级公共文化服务网络。这个网络体系包括三大类：一类是群众走进来享受的公共文化服务，如博物馆、图书馆、美术馆、科技馆、文化馆等，保证群众的读书权、鉴赏权等基本权益；一类是群众坐在家里享受的公共文化服务，主要是通过农村广播电视村村通、户户通工程，让农村群众在家里免费听广播、看电视；一类是活跃群众文化生活的公共文化服务，主要是各级的文化馆和乡镇（街道）文化站、村（社区）文化室。二是农村公共文化服务能力大大增强。主要是通过农村广播电视村村通、户户通工程，乡镇综合文化站工程，农村电影放映工程，农家书屋工程，农村数字文化工程，迅速提升了农村公共文化服务能力。三是公共文化服务活力进一步增强。例如，针对公共文化机构活力不强的问题，探索建立公共文化服务机构理事会制度。针对公共文化服务适销不对路的问题，变政府"端菜"为群众"点菜"。针对基层文化站不懂管理、不会管理的问题，引入社会力量和专业公司进行管理。针对基层缺乏文化人才的问题，建立健全文化志愿服务制度，壮大文化志愿者队伍。目前，各地正深入贯彻落实中央《关于加快构建现代公共文化服务体系的意见》，进一步加大公共文化产品和服务的供给力度，进一步完善公共文化设施网络（特别是注重把文化资源向贫困地区倾斜，向边疆、少数民族地区倾斜，向特殊群体倾斜），进一步创新公共文化服务管理运行机制，更好地满足广大人民群众的精神文化需要，为广大人民群众的自由全面发展服务。

5. 解放思想，冲破教条主义的禁锢，通过具体的历史的社会实践实现自由

马克思把人类的自由和解放作为自己的最高理想时，并没有陶醉于最终获得自由之后的那个"真实的联合体"，而是把时间与精力倾注于如何在"实际地反对并改变现存事物"的过程中创造实现自由的现实条件上。毕竟，实践是自由的基础，是实现自由的根本途径。只有通过具体的历史的生活实践，才能实现人对客观世界的认识，从而按照人的目的和需要改造客观世界，推动人类社会从必然王国走向自由王国。

"实践出真知"。人的自由不可能从天而降，也不能寄托于虚幻的空想。"亲身下河知深浅，亲口尝梨知酸甜"。只有在不断的

社会实践中,不断突破既有的阻碍和极限,才能不断解放自己,逐步迈入自由之境。

  人的自由是在社会实践中生成、呈现和实现的。实践是认识的动力和源泉,只有在反复地改造世界的实践活动中才能真正认识必然;只有在改造世界的实践活动中,才能掌握和运用客观规律,真正获得自由权和主动权;只有在改造世界的实践活动中,才能使社会和自然的发展为人类服务。

第六章　平等：人类社会孜孜追求的合理状态

平等是人类社会长期孜孜追求的合理状态。从衣食住行的经济平等，到选举、管理、监督等政治权利平等，到教育、医疗、养老等社会权利平等，再到艺术欣赏、休闲娱乐等文化权利平等，人们无时无刻不渴盼、向往、追求着平等。千百年来，平等价值观就像一面旗帜，一直引导、推动着中国社会的变革和发展。

一、"平等"的巨大魅力之所在

作为社会主义核心价值观的基本内容，中国特色社会主义的平等观汲取了传统平等价值观、空想社会主义平等观和资本主义平等观的精华，舍弃了其腐朽、落后、保守、空想的内容，而进行了"创造性转化"和"创新性发展"。这使得社会主义平等价值观克服了历史的和思想的局限，超越了西方资本主义的平等观。特别是，社会主义的"平等"体现了社会主义的本质特征，蕴含着社会主义发展的内在要求，是中国特色社会主义的纲领和旗帜。

1. "平等"体现了社会主义的本质特征

把"平等"和共产主义运动进行有效结合，同时将其和社会主义的本质特征相联系，是马克思主义平等观的基本内容。马克思、恩格斯告诉我们，共产主义运动的根本目标在于消灭阶级，消灭剥削，使整个社会摆脱和超越资本主义制度所造成的人压迫人、人剥削人的现象，让全体人民共同占有生产资料、共同支配国家权力。在对人类社会发展规律和资本主义基本矛盾深入研究的基础上，马克思、恩格斯创立了实现这一价值目标的科学社会主义理论。恩格斯在《反杜林论》中明确指出："一切人，或至少是一个国家的一切公民，或一个社会的一切成员，都应当有平等的政治地位和社会地位。"①为了给"平等"的实现创造条件，"科学社会主义在诞生之始就将平等作为社会主义的本质要求"②。从根本上说，正是因为社会主义社会是以广大人民为主体的社会，社会主义制度是保证和实现人民当家做主的制度，平等和社会主义才具有如此密切的联系。

那么，为什么说平等是社会主义的本质特征，而不是其他社会形态的本质特征呢？

在宣扬"君权神授"、实行宗法等级制度的封建社会，农奴和农奴主是不可能存在"平等"的。凡是妄想与帝王将相、达官贵族平起平坐的普通百姓，都会被认为是"大不敬"，是在挑战人伦道德。一旦被发现，不仅难以达成这一愿望，而且农奴极有可能被冠以"大逆不道"之名，并由此招来祸端。尽管在一定程度上，封建社会也讲法制，如中国自古就有"王子犯法与庶民同罪"的说法，但是，在封建主义专制制度下，"法律"不过是稳固统治阶级的地位而建立的"王法"，这和社会主义的法治存在着本质的差别。在封建社会，普遍存在"刑不上大夫，礼不下庶人"的现象。正因为如此，平等被中国封建社会时期爆发的多次农民革命当作发动机，用来煽动广大农民揭竿而起。如陈胜、吴广起义，向着

---

① 《马克思恩格斯文集》第9卷，人民出版社2009年版，第109页。
② 王燕文主编：《社会主义核心价值观研究丛书总论》，江苏人民出版社2015年版，第233页。

第六章　平等：人类社会孜孜追求的合理状态

不平等社会制度发出"王侯将相，宁有种乎"的平等呐喊；还是宋代王小波、李顺以"吾疾贫富不均，今为汝等均之"为由发动起义，以及钟相、杨幺发起的，"法分贵贱，非善法；我行法，当等贵贱，均贫富"起义；明末李自成起义军提出的"等贵贱""均田免粮"，以及太平天国领袖洪秀全描绘的美好蓝图——"有田同耕，有饭同食，有衣同穿，有钱同使，无处不均匀，无处不饱暖"等，都可以看到"人人享有平等"本身所具备的神奇魔力。

资本主义以生产资料私有制为基础。在资本主义条件下，以生产资料私有制为基础的经济制度必然造成公民在经济地位上的对立和不平等，其中资产阶级作为统治阶级凌驾于占人口绝大多数的工人阶级之上，无偿占有他们所创造的剩余价值，从而使他们沦落为资产阶级的经济依附。这种不平等的经济关系必然在政治关系、法权关系上充分反映出来，资产阶级一定会利用经济上的优势谋求政治上的优势，奴役和压迫工人阶级。资本主义国家的政治和法律并不像社会主义国家那样，代表的是最广大人民群众的根本利益，而是代表占人口少数的资产阶级的利益诉求。虽然资产阶级从法权的角度提出了个人的平等权利问题，但是，由于坚持私有财产神圣不可侵犯，因而只能在法律上确立抽象的人人平等，而不可能在现实中实现它所允诺的真正"平等"。也就是说，从财产权方面来看，尽管西方法律一直主张人人平等，但在实践过程中，其对于财产权的态度使这一主张成了一张空头支票。此外，西方资本主义各国所重视的投票权的使用也早在最初就对财产权做了明确规定，更别说因为革命的妥协性，导致一些国家的贵族还一直享有部分政治特权。就连自称最平等的美国，在建国之后的很长一段时间，"投票权"也只是拥有财产的白种男人的特权，妇女和黑人直到20世纪初才争取到这项资格。事实上，在资本主义国家里，无论是政治上层建筑，还是观念意识形态，处于主导地位的永远是资产阶级，而广大工农群众由于受客观物质生活条件的限制，难以实现他们在法律意义上的平等权。

值得一提的是，尽管《解放宣言》通过后美国的奴隶获得了人身自由，但是战争过去一百多年后，南方各州仍抵制为黑人争取平等机会的行为。黑人依然没有土地，没有受教育的权利，甚至直到1870年，黑人的选举权才出现在美国宪法的第十五修正案中。20世纪50年代，当马丁·路德·金接掌黑人民权运动的领导权时，大多数黑人处于贫穷和低教育状态，运动的每一次进展都受到了很多阻碍。例如，虽然依据法律，黑人有权参与选举，但是在南方各州都普遍存在许多包括财产在内的限制性条件，这导致当时只有5%的黑人有资格参与选举。在今天的美国，依然存在着种族隔离的现象。倘若法律判定只对白人开放的饭店违法，饭店的老板则宁愿关门，也不愿意为此做出改变。而那些废除种族隔离的政府学校里大多都只有黑人学生，因为白人大多把自己的孩子送进了私立学校。①

与资本主义相比较，社会主义将平等建立在消灭资本主义私有制、确立社会主义公有制的基础之上，努力消灭剥削、消灭压迫、消除两极分化，并从经济、政治、法律等方面着手，全面保障全体人民享有各项平等权利，从而使"平等"的实现在人类历史上第一次有了真正的可能。只有在社会主义社会，平等才能成为一项普遍的原则，在立法和司法的具体实践中得到真实的贯彻。第一，社会主义公有制在经济基础层面保证了人人平等原则的贯彻落实。新中国成立以后，以生产资料公有制为主体的新型社会主义生产关系得以确立，广大工农群众成为生产资料的主人，他们平等地占有生产资料，平等地从事劳动，平等地享受

---

① 参见[美]瓦莱里·施勒雷特《马丁·路德·金传》，汪群译，上海世界图书出版公司1997年版，第20页。

劳动成果。人民群众在基本经济制度中的平等权利和地位，自然而然地在法律意识上反映出平等的公民意识。第二，人民民主专政的政治制度为人人平等原则的贯彻提供了政治保障。中国的人民民主专政制度保证了人民当家做主的政治权利。广大人民可以通过人民代表大会制度、中国共产党领导的多党合作和政治协商制度、民族区域自治制度等基本政治制度平等地参与国家和社会的管理。第三，以人为本的民生工程在社会制度层面上保障了人人平等原则的落实。民生工程通过对劳动就业、劳动保险、教育医疗、居住交通环境等社会保障条件的提供，通过对弱势群体的帮扶，把社会主义公平分配的原则和共同富裕原则兼容在权利平等的原则中，将人们的基本生存权和社会发展权提升到优先的地位，从而在制度层面上落实了公民的机会平等和结果平等的社会权益。

总之，历史与现实表明，只有以人民为主体的社会主义运动和社会主义制度，才能超越资本主义条件下资产阶级的垄断平等观和自然经济条件下农民阶级的狭隘平等观，开辟出一条实现真正平等的光明大道；也只有广大劳动人民真正掌握和支配生产资料，平等地参与国家、社会的建设和管理，才能让平等价值观从虚幻变为现实，从而内在地成为社会主义的本质特征。

2. "平等"是社会发展的内在要求

首先，"平等"是保障全体人民的利益、实现人民民主、依法治国的基本前提。法治是治国理政的基本方式。"法律面前人人平等"是法治的根本基础。虽然早在西方古希腊时期就有思想家提出"法律面前人人平等"，资本主义社会也声称遵循这一原则，但由于当时的私有制社会实行的是统治者对人民的专政，法律维护的是统治者的利益，法律恰恰充当了对人民专政的工具，因而所谓的"法律面前人人平等"不过是骗人的空谈。只有在社会主义公有制基础上,全体人民当家做主,实行人民民主专政制度,通过人民代表大会制度、政治协商制度以及多党合作机制、民族区域自治制度等基本政治制度平等地参与国家和社会的管理,并将立法权、司法权、行政权等牢牢掌握在自己手中,维护广大人民的根本利益和民主、平等权利,才能真正做到法律面前人人平等。如果没有社会主义制度和人民当家做主这一前提,法律就很有可能沦为强权或资本的工具,摇身变成封建社会或者资本主义社会的"王法",从而令法律的神圣性和权威性荡然无存。

习近平总书记在十八届中共中央政治局第四次集体学习时说:"任何组织或者个人都必须在宪法和法律范围内活动,任何公民、社会组织和国家机关都要以宪法和法律为行为准则,依照宪法和法律行使权利或权力、履行义务或职责。"[①]这是中共中央又一次重申法律适用平等原则的重要性。根据该原则,中国境内的任何社会成员只适用现行宪法和法律的同一标准,在法律面前不允许有任何特权存在,也不允许对任何成员有法律之外的歧视。法律适用平等原则是维护国家法律威严、实现社会公平正义的基本要件。如果缺失了这一基本要件,法治就很有可能沦为特权的借口,可能被滥用,从而导致法律失去权威性和神圣性。

其次,"平等"是完善社会主义市场经济体制,实现经济健康发展、构建社会主义和谐社会的不竭动力。新中国成立以后,以生产资料公有制为主体的新型社会主义生产关系,使广大人民群众成为生产资料的主人,在相当程度上享有平等的权利、机会和地位。但是,由于长期实行"左"倾政策和高度集权的计划经济体制,经济发展缓慢,分配上搞"平均主义",不仅教育、医疗、

---

① 习近平:《习近平谈治国理政》,外文出版社2014年版,第145页。

养老等民生问题突出，就是温饱也常常成为问题，广大人民的平等权利难以真正落实。改革开放、社会主义市场经济建设，令生产力极大发展，社会财富极大增加。改革开放40年来，实行以按劳分配为主体、多种分配方式并存的分配制度，建立以税收、社会保障、转移支付为主要手段的再分配调节框架，有力地推动了社会主义市场经济体制的建立，极大地促进了国民经济的快速发展，城乡居民人均实际收入平均每十年翻一番，家庭财产稳定增加，人民生活水平普遍提高。

尤其是改革开放40年来，中国发生了翻天覆地的变化，经济发展和社会建设都取得了举世瞩目的成就。例如，经济总量已位居世界第二，约占金砖五国经济总量的55%，对世界经济的影响力逐步增强；城乡居民收入成倍增长，人民生活质量大大提高，实现了从温饱不足到总体小康的历史性跨越，并确立了2020年全面建成小康社会的奋斗目标；已逐步建立健全覆盖城乡的社会保障制度，基本形成了"五险"社会保障体系框架，而且覆盖面还在不断扩大。联合国和世界银行认为，在消灭贫困方面，三分之二的成就应归功于中国，中国是发展中国家的典范。随着国家经济实力的逐步提升，随着经济社会文化等方面的进步，平等的内容在不断地发展，范围在不断地扩大。这一切，为中国进一步消除贫困、改善社会不平等奠定了坚实的基础。当然，社会进步总是表现为一个不断发展的历史过程，平等在社会主义中国的彻底实现，也必然是一个逐步发展、不断完善的历史过程。

实践证明，我国收入分配制度是与基本国情、发展阶段总体相适应的。但同时我们也要看到，收入分配不均衡，贫富差距、城乡差距等仍然是亟待解决的突出问题。这些问题都是在改革发展过程中产生的，因此，今后全面深化改革的方向，必须在"做大蛋糕"和"分好蛋糕"之间求得一个平衡，或者说，要在"效率优先、兼顾公平"方面取得实质性的突破。具体而言，就是要在继续解放生产力、发展生产力，坚持以经济建设为中心的前提下，通过完善社会主义市场经济体制，努力营造公平的社会环境，使发展成果更多更公平地惠及全体人民，让人们平等地占有生产资料，平等地从事劳动，平等地享受劳动成果，从而激发人们的积极性和创造性，为经济发展与和谐社会建设注入不竭动力。

最后，"平等"是文化民生建设、文化交流的核心要素。文化平等是民生之魂，是人民幸福指数的重要衡量尺度。一方面，近年来人民对文化生活的需求，随着经济生活的提高而不断增长。将"平等"融入文化建设之中，愈发成为改善民生的重要组成部分，成为提高人民生活质量的重要指标。另一方面，文化的交流应该是双方在平等的、多维的互动中，互相补充、互相促进，从而实现自身与整体的共同发展。正如费孝通先生所言："各美其美，美人之美，美美与共，天下大同。"[①]

近代以来，西方国家在世界文化格局中一直处于主导地位。我国在政治制度、文化传统等方面与西方国家存在较大差异，一些西方媒体至今仍惯用冷战思维，戴着有色眼镜看待中国，甚至从一些文化问题入手，频频向我们提出质疑、诘问。如何应对西方在文化上对中国的偏见、误解甚至挑衅，是推动中华文化"走出去"必须认真对待和解决的问题。我们应积极开展平等的文化交流对话，在与其他国家文化交流互动中阐明自己的观点主张，在回击无理指责、澄清误读误解中寻找共同点、增进共识。习近平总书记在许多重要外交场合发表讲话，勾画了中华文化的基本立场和轮廓，表达了对待西方文化和世界各种文化的态度。他指出："当代中国是历史中国的延续和发展，当代中国思想文化也是

---

① 费孝通：《"美美与共"和人类文明》，《甘肃日报》2010年12月9日，第7版。

中国传统思想文化的传承和升华,要认识今天的中国、今天的中国人,就要深入了解中国的文化血脉,准确把握滋养中国人的文化土壤。"这是对中国历史文化发展脉络的科学阐释,为推动中华文化"走出去"、为世界深入了解中华文化提供了基本立足点和视角。他还指出,"文化因交流而多彩,文明因互鉴而丰富",为不同文化进行平等交流提供了宽广视野和理论支撑。毕竟,文化建设是人类的共同事业,每个人都有表达文化思想、参与文化创造、享受文化成果的平等权利。只有人人平等,才有可能实现文化的"百花齐放,百家争鸣",文化也才可能大发展、大繁荣。

二、"平等"的基本含义

资本主义和社会主义有着本质的区别。前者的核心价值观主要体现的是资本主义制度的本质,维护的也是资产阶级的利益。而后者的核心价值观体现的是社会主义的本质特征,其所要维护的是广大人民群众的根本利益。这种差异的存在决定了社会主义核心价值观所倡导的"平等",尽管概念术语与资本主义核心价值观相同,但是内涵和外延却具有质的区别。

1. "平等"的内涵

从内涵看,"平等"作为社会主义的价值理念和价值目标,通常是指人们在政治、经济、法律、社会、文化等方面,具有相等的身份、地位、人格、尊严,拥有相等的权利、责任、义务,享有相等的机会、资源、成果。

在当代中国特色社会主义建设中,把平等作为社会层面的价值取向,就是要平等地尊重人的主体地位、平等地维护人的合法权利、平等地释放人的智慧才能、平等地发挥人的主体作用,最大限度地让全体人民共享改革发展成果,给广大人民带来更多机会、权利和利益。中国特色社会主义的这种"平等",是与现代化建设阶段相适应的平等,而不是照搬的、任何历史上的平等;是兼顾效率与公平的平等,而不是"不患寡而患不均"的绝对平均主义;是构成法律基石意义上实实在在的平等,而不仅仅是落在法律字面上的"形式上的平等";是人与人之间在社会领域的全面平等,而不仅仅是在周期性"投票权"上的平等。例如,以"凡天下田,天下人同耕"为原则的《天朝田亩制度》,主张把每亩土地按每年产量的多少分为上、中、下三级,将好田、坏田互相搭配在一起按人口平均分配。尽管这种"通天下皆一式"的经济方案,对于摧毁封建制度具有积极的影响。但是,由于它提倡的"人人平等"是建立在废除私有制的基础之上,因此它不得不以实现"平分一切社会财富"为基本前提。这种违反了社会发展规律的绝对平均主义不但不能推动社会生产力的发展,而且还会导致社会生产力的发展停滞在分散的小农经济水平上,使农业和家庭手工业相结合的自然经济理想化、固定化。

需要着重指出的是,社会主义平等价值观的内涵与近代启蒙意义上的资产阶级平等存在本质差别。资产阶级的平等要求,最初是在推翻封建社会的资产阶级革命实践中产生的,其内涵在于消灭封建特权和等级制度,使资产阶级拥有平等的经济权利、政治权利和社会权利。而无产阶级的平等要求则是在推翻资本主义的革命实践中产生的,其内涵在于消灭一切剥削和阶级,实现生产资料公有制,使全体人民当家做主成为国家的主人。资本主义的平等只在表面上消除了政治和法律上的阶级特权,却容许经济上的阶级剥削,甚至这种剥削还变本加厉。这种平等只是一种"形式上的平等",而且,它还试图掩盖有产者和无产者在财富、地位、生活前景等方面广泛而巨大的不平等。

目前,全球最富有的1%人口拥有的财富量超过其余99%人口财富的总和。据美国《福布斯》杂志2011年9月21日介绍，美国前400位富豪总资产达1.53万亿美元，超过印度、巴基斯坦和孟加拉三国GDP总和。当然，这种不平等不仅出现在西方发达国家和第三世界低收入国家之间，同时也出现在西方国家之间、西方国家内部、第三世界国家之间和第三世界国家内部。[①]

社会主义的平等价值观则要求消灭阶级本身，消灭由阶级分裂所造成的一切剥削和不平等。阶级分化是造成不平等的深刻根源。正因如此，恩格斯说："无产阶级平等要求的实际内容都是消灭阶级的要求。任何超出这个范围的平等要求，都必然要流于荒谬。"[②]马克思始终关注的是广大劳动者，是最广大的人民群众，资产阶级则始终盯着有产者和有产者阶级。社会主义取代资本主义实现平等的关键，是让广大人民群众当家做主，成为生产资料的拥有者，成为劳动的主体和劳动成果的享有者。

当然，在一些具体程序和具体规定方面，西方资本主义的平等观也有值得学习和借鉴之处，不能全盘否定。但是，我们绝不能对其简单输入，甚至是盲目照搬，否则，非但不会促进中国经济社会快速发展，反而还会导致大量的矛盾和冲突，给中国的发展带来灾难性后果。

2. "平等"的外延

从外延看，社会主义平等观包括政治平等、经济平等、法律平等、社会平等、文化平等，是指人人都能在政治上平等参与、经济上共同富裕、法律上一视同仁、社会上公平竞争、文化上共建共享。社会主义所倡导的平等不仅要求在政治、法律、社会的层面实现人的平等权利，而且要求在经济领域里建立生产资料公有制，实现实质的结果平等，使人民共同分享社会发展的成果。如通过建立

[①] 孙伟平、周丹等：《现时代的精神境遇》，黑龙江教育出版社2013年版，第179页。
[②] 《马克思恩格斯文集》第9卷，人民出版社2009年版，第113页。

健全平等的社会机制，保障每个人都能享有梦想成真、人生出彩的机会。可见，"社会主义比资本主义更真实、更广泛地在实现平等，社会主义的平等价值比资本主义的平等价值更为优越。"①

中国共产党执政为民，始终坚持"从群众中来，到群众中去"，在社会主义革命和现代化建设过程中，密切联系群众，为促进社会平等采取了一系列措施。例如，通过制定和完善民主选举制度保障各民族的基本政治权利。特别是改革开放以来，中国共产党积极维护人民的政治、经济、文化等各方面的权利，通过建立健全各项政策法规，创造日益公平、公正的社会环境；多措并举，致力于全体人民更多更好地平等参与国家的建设、平等享有社会发展的成果，以及在经济社会发展中平等竞争、平等发展。

中国共产党自成立之日起，就把实现和维护社会公正、平等作为始终不渝的价值目标。从"种田不交税、上学不交费"到义务教育全免费，从普及社保范围到启动新一轮医改、教改……人民群众感受着党和政府推进社会公平的实实在在的举措。自十六届四中全会提出"构建和谐社会"的目标以来，中国共产党再次把保障人们的平等权利摆到了更加突出的位置。十八大报告在"必须坚持走共同富裕道路"的论述中表明：国家要使发展成果更多更公平地惠及全体人民。例如，进一步加强建设保障公正、平等的制度，逐步建立保障体系，努力营造平等的社会环境，保证人民平等参与、平等发展权利。十八届六中全会报告中也表明：国家将建立更加公平更可持续的社会保障制度。例如，实施全民参保计划，实现职工基础养老金全国统筹；划转部分国有资本充实社保基金，全面实施城乡居民大病保险制度；推进健康中国建设，深化医药卫生体制改革；理顺药品价格，实行医疗、医保、医药联

---

① 郭建宁主编：《社会主义核心价值观基本内容释义》，人民出版社2014年版，第86—87页。

动；建立覆盖城乡的基本医疗卫生制度和现代医院管理制度，实施食品安全战略，等等。

当然，由于受到诸如生产力发展水平等因素的制约，目前尚处于社会主义初级阶段的中国，仍然存在着一定程度、一定范围的不平等现象。这是事实。但是，这些不平等不是由社会主义的本质所产生的，不是社会主义制度的必然产物，恰恰相反，这是与社会主义的本质相悖的，是社会主义必须解决的课题。在这里，我们需要明确两点：其一，真正理解、解决社会主义的平等问题，绝不能绕开中国正处于并将长期处于社会主义初级阶段这一基本国情的现状而下结论；其二，在中国特色社会主义建设中，不平等问题的解决必须通过全面深化改革、推进社会主义建设进程逐步加以实现。

三、如何才能实现"平等"？

尽管社会主义制度的优越性让平等成为一项普遍的原则，但要真正实现全面的平等，并非一蹴而就。正如社会主义只有通过不断地解放生产力、发展生产力，逐步地消灭剥削、消除两极分化，才能最终达到共同富裕。实现"平等"的目标、规范"平等"的行为、认同"平等"的理念、完善"平等"的规则，也要遵循社会发展的客观规律，根据实际情况分阶段、分步骤地实现，这无疑是一个漫长的历史过程。恩格斯指出，"社会阶级的消灭是以生产高度发展的阶段为前提的"[1]，马克思也认为，如果没有以发展生产力为前提，只会造成"贫穷、极端贫困的普遍化；而在极端贫困的情况下，必须重新开始争取必需品的斗

---

[1] 《马克思恩格斯文集》第9卷，人民出版社2009年版，第298页。

争，全部陈腐污浊的东西又要死灰复燃"①，这一点在早期社会主义实践中就已有过经验教训。因此，必须克服"不患寡而患不均"的观念，坚持以经济建设为中心，大力发展生产力，在把"蛋糕"做好做大的同时，将平等的原则在政治、经济、法律、社会、文化等各个层面加以落实，脚踏实地地向着平等的价值目标不断迈进。

1. 完善选举和监督机制，努力实现政治平等

扩大直接选举范围，努力实现基层政治平等。选举制度是全国人民代表大会制度的重要基础，是人民行使当家做主政治权利的重要途径，是落实政治平等原则的重要环节。早在革命战争年代，中国共产党在边区政府和根据地就实行了广泛的民主选举；新中国成立后，选举制度被确立为一种国家制度。1953年《中华人民共和国全国人民代表大会和地方各级人民代表大会选举法》的颁布，标志着中国的民主选举制度正式建立，这是第一次以法律形式确立人民代表的选举原则。改革开放后，为顺应社会主义政治建设的新要求，1979年颁布第二部选举法，之后该选举法经过了多次修订，特别是1995年和2010年有较大修改，对推动中国选举制度的发展起着重大作用。总之，60多年来，中国民主选举制度几经改革，始终坚持社会主义平等原则，鲜明地体现了中国特色。因为中国的人口众多、地区分布不均衡，经济、政治、文化和社会的发展水平差距较大，所以，中国的选举制度既包括直接选举，又包括间接选举。直接选举是选民与代表之间直接联系的最佳选举途径，也是贯彻落实社会主义政治平等原则的最好选举方式。由于中国人口众多且地区分布不均衡，经济、政治、文化和社会发展水平不高且不平衡，所以，目前中国的选举制度采

---

① 《马克思恩格斯文集》第1卷，人民出版社2009年版，第538页。

取的是直接选举与间接选举相结合的形式。间接选举层级过多,弊端明显。例如,选民厌选、弃选现象严重。目前,直接选举还仅仅限于选举县级和县级以下的人大代表。随着经济、政治、社会、文化的发展和选民素质的提高,扩大直接选举范围对提高人民参政热情、推进中国基层民主政治的发展有着重大意义,是中国今后选举制度建设的一个基本方向。

强化监督机制,努力实现党内政治平等。这既包括党内监督、各级人民代表大会及常委会的监督,也包括行政组织内部的监督和司法机关的监督,主要从"加强公民监督权力制度建设"和"强化国家权力机关之间的监督机制"两方面着手:一方面,不仅要拓宽和健全人民对权力的监督渠道,确保人民的监督更全面、更有效,而且要健全信访制度、举报制度,使人民的监督权力得到制度的有力保障;另一方面,可以统筹规划,建立健全相关机制。如通过改革行政权力体制,优化行政层级和行政区设置;通过完善行政决策、行政问责等制度,优化行政权力运行和监督的机制;通过严格要求各级人民代表大会、常委会按照质询、调查、罢免等流程办公,落实人民代表大会及其常委会的监督职能;通过改革司法财政保障机制,实行审判委员会去行政化的举措,保障司法独立。党的执政地位,决定了党内监督在党和国家各种监督形式中是最基本的、第一位的,只有以党内监督带动其他监督、完善监督体系,才能实现党内政治平等。党的十八届六中全会审议通过的《中国共产党党内监督条例》,对强化新形势下的党内监督做出顶层设计,为加强和规范党内监督提供了基本遵循。

2. 调节收入分配,努力实现经济平等

社会主义与资本主义的根本区别从来就不是贫富问题,而是基于生产资料的所有制,如何处理贫富差距的问题。邓小平在中国特色社会主义建设过程中强调,"社会主义的本质,是解放生产力、发展生产力,消灭剥削,消除两极分化,最终达到共同富裕"①。也就是说,"社会主义的平等不是共同贫穷,更不是平均主义,而是要实现全体人民的'共同富裕',更具体地说就是体现社会成员财富分配方式上的平等"②。在经济发展取得巨大成果的今天,国家越来越重视调节收入分配,更重视怎样让全体人民平等地共享发展成果。劳动者作为平等的社会成员,拥有着共同占有社会生产资料的权利。可是,由于受经济、社会发展水平的限制,劳动者在综合素质、劳动时间、劳动强度、劳动效益方面的差异性,决定了他们最终在分配上的不同。而社会主义的本质属性和根本目标是不允许贫富两极分化出现的。因此,仍处于社会主义初级阶段的中国,要实现经济平等,必须与社会主义市场经济相互依存,在公平与效率之间保持张力。这就需要以坚持实行按劳分配为主体、多种分配方式并存的收入分配制度为前提,完善初次分配机制,健全再分配调节机制,建立健全促进农民收入较快增长的长效机制,推进形成公开透明、公正合理的收入分配秩序。

完善初次分配机制,即"完善劳动、资本、技术、管理等要素按贡献参与分配的初次分配机制"③。具体地说,就是要实施就业优先战略和更加积极的就业政策,鼓励自主创业,创造平等的就业环境;提升劳动者的劳动技能,形成更高质量的就业模式;深化工资制度改革,完善企业、事业机关单位工资制度和增长机制;推动各种所有制经济依法平等使用生产要素,平等参与市场竞争,平等受到法律保护,形成主要由市场决定生产要素的价格机制。

---

① 《邓小平文选》第3卷,人民出版社1993年版,第373页。
② 袁银传、赵倩:《社会主义平等价值观及其培育路径》,《思想政治教育研究》2014年第5期。
③ 国务院:《关于深化收入分配制度改革的若干意见》,国发〔2013〕6号。

健全再分配调节机制,即"健全以税收、社会保障、转移支付为主要手段的再分配调节机制"①。具体地说,就是要健全公共财政体系、调整财政支出结构等,大力推进基本公共服务均等化;加大税收调节力度,减轻中低收入者和小型微型企业税费负担,形成有利于结构优化、社会公平的税收制度;全面建成覆盖城乡居民的社会保障体系,不断完善社会保险、社会救助和社会福利制度,增强公平性、适应流动性、保证可持续性,实行全国统一的社会保障卡制度。

建立健全促进农民收入较快增长的长效机制,即"坚持工业反哺农业、城市支持农村和多予少取放活方针,加快完善城乡发展一体化体制机制"。具体地说,就是要加大强农、惠农、富农的政策力度,促进工业化、信息化、城镇化和农业现代化同步发展。例如,促进公共资源在城乡之间均衡配置,生产要素在城乡之间平等交换和自由流动;促进城乡规划、基础设施、公共服务一体化;建立健全农业转移人口市民化机制,统筹推进户籍制度改革和基本公共服务均等化。

推进形成公开透明、公正合理的收入分配秩序,即"大力整顿和规范收入分配秩序"②。具体地说,就是要加强制度建设,健全法律法规;加强执法监管,加大反腐力度;加强信息公开,实行社会监督;加强基础工作,提升技术保障;保护合法收入,规范隐性收入,取缔非法收入。

当然,平等的实现首先需要依靠生产力的发展。贫穷不是社会主义,只有大力发展生产力,才能夯实共同富裕的物质基础。中国目前仍处于并将长期处于社会主义初级阶段,为更好地发展社会主义市场经济、建立良性激励机制,应当允许存在一定范

---

① 国务院:《关于深化收入分配制度改革的若干意见》,国发〔2013〕6号。
② 国务院:《关于深化收入分配制度改革的若干意见》,国发〔2013〕6号。

围一定程度的收入差距。在生产力还未达到条件允许的情况下，盲目追求平等和平均化，只会使人们丧失劳动积极性，使社会主义市场经济发展失去动力，阻碍生产力的发展，反而使平等更加难以实现。

3. 促进司法改革，努力实现法律平等

习近平总书记在中共中央政治局第四次集体学习时强调："要努力让人民群众在每一个司法案件中都感受到公平正义，所有司法机关都要紧紧围绕这个目标来改进工作，重点解决影响司法公正和制约司法能力的深层次问题。"司法改革涉及面广，改革力度大，改革标准高，是一项系统工程，主要包含"司法管理权体制改革、司法机关内部职能机制改革和人权司法建设"三个方面的内容。

司法管理权体制改革，包括法院检察院管理体制改革、案件管辖制度改革、司法人员职业化改革、司法职业保障管理改革等。这些改革举措基本指向一个目标，即去除地方行政干预，确保司法独立、公正。虽有明文规定，法院检察院有独立行使司法权，不受行政机关、社会团体和个人的干涉。然而，地方党政机关干部以权谋私、非法干预地方司法活动的现象仍然存在，这是对司法公正的极大困扰和挑战。因此，司法改革重在去除地方行政干预，确保司法独立、公正。

司法机关内部职能机制改革，即优化司法资源配置，强化司法人员问责制，促进公正执法。较地方行政的干预而言，司法机关内部的上下级关系更容易干预司法活动。现实生活中，由于顾及薪资或仕途的发展，司法人员在遇到问题时，极有可能为了规避风险而屈从上级指示，置公正司法于不顾。因此，司法机关内部职能机制改革必须被列为现行司法改革的重点。

人权司法建设，即促进司法民主改革，保障公民正常行使基本权利，维护公民的正当权益不受侵犯。其范围囊括了死刑制

度、国家司法救助制度、法律援助制度等多方面制度的改革。这些改革方案旨在保障公民正常行使知情权、表达权、平等参与权、平等监督权等基本人权。

值得指出的是,为顺利实现司法改革总目标,我们既要坚持党的领导又要保持司法机关的独立性。尤其是要认识到,党的领导主要是在政治、政策和思想组织上的领导,而不是包办和替代司法机关依法办案。毕竟,司法机关有独立行使其职能的义务。《中华人民共和国宪法》规定,中华人民共和国公民在法律面前一律平等,任何组织或者个人都不得有超越宪法和法律的特权。这表明,党组织和党员个人都需要遵守宪法和法律,依法执政、依法行政,司法机关对党组织和党员个人的行为有司法监督的权利与义务,而宪法和法律本身是党领导人民制定的法律法规。因此,党的领导与司法独立并不矛盾。

4. 建立健全社会保障制度,努力实现社会平等

社会保障制度是现代国家最重要的社会经济制度之一。建立健全与国情相适应的社会保障体系,是政治、经济、社会协调发展的必然要求,也是促进社会平等的必要前提。经过改革开放40年来的不懈努力,中国城乡基本养老保险制度已全面铺开;初步建立了城乡基本医疗卫生制度,基本实现了全民医保;提高了基本公共服务水平和均等化程度,全面实现了城乡免费义务教育。但是,社会保障工作目前还存在许多不足,需要从多个方面着手,进一步建立健全社会保障制度。

扩大社会保险覆盖面,即"将符合条件的各类群体纳入相应的社会保险制度"[1]。尤其是要做好农民工等灵活就业人员的参保工作,努力实现新农保、城镇居民养老保险、医疗保险制度全覆

---

[1] 吴晓云:《社会主义核心价值观·关键词:平等》,中国人民大学出版社2015年版,第92页。

盖；努力扩大失业、工商、生育保险覆盖面，使城乡残疾人和各类困难群体也能得到社会保障。

加快社会保障制度统筹，即"合理安排各保险项目的地市级统筹、省级统筹、全国统筹，稳步提高各项社会保险统筹层次"[①]。要努力完善各项社会保险关系跨区域转移、续缴办法，建立健全统筹城乡的社会保障管理体制，统筹城乡社会养老保险和基本医疗保险政策，逐步推进城乡居民养老、医疗保险一体化。

健全社会保障服务体系，即完善社会服务体系，保障公民在社会福利、教育、就业等方面的公平。要大力发展老、弱、病、残、孕的服务产业，健全弱势群体的服务体系；努力完善学前教育、义务教育等各阶段的教育服务体系；加强职业技能培训，健全就业服务体系；推进医疗服务、监管体制等综合改革，健全医疗保障服务体系。

当然，强化社会保险监管机制也是十分必要的。只有提升社会保险基金监管技术和能力，推进社会保险经办服务规范化、信息化、专业化建设，才能保障建立健全社会保障制度。

5. 保障人民群众的文化权利，缩小"数字鸿沟"和"文化贫富差距"

保障人民群众的文化权利、消除文化贫困是文化民生建设的重要内容，也是实现全面建设小康社会战略目标的必然要求。文化事业的繁荣发展，有利于提高文化供给能力，调动社会各方面的力量参与文化建设、关注文化建设，让人民群众成为文化的建设者和文化成果的共享者。

要高度重视文化建设，提高文化生产力，加大公共文化建设投入，尤其是要切实加大文化基础建设投入，保障人民群众的文化权

---

① 吴晓云：《社会主义核心价值观·关键词：平等》，中国人民大学出版社2015年版，第92页。

利,做好"以文化人""以文育人"的工作。具体来说,就是要紧紧抓住"文化民生"的工作主题,推动文化产业成为国民经济支柱产业的目标,把加快发展文化产业作为调整产业结构、培育新经济增长点的重要抓手,提高文化生产力和文化供给能力,多渠道、多方位地促进文化产业发展,努力实现文化大发展、大繁荣,满足人民群众日益增长的文化需求,建设社会主义文化强国。

特别是要积极推进公共文化设施建设,不断完善公共文化服务管理体制和运作机制,有效提升公共文化服务能力、提高公共文化服务质量,尤其是文化基础建设投入和公共文化服务要重点向农村和边远地区倾斜,努力消除"数字鸿沟",缩小、解决文化发展的地区差距和城乡差距,使农村、边远地区及弱势群体都有机会享受文化发展的成果。

此外,还要努力推动中国文化"走出去",实现文化交流平等。近代以来,西方国家在世界文化格局中一直处于主导地位。我国在政治制度、文化传统等方面与西方国家存在较大差异,一些西方媒体至今仍惯用"冷战"思维,戴着有色眼镜看待中国,甚至从一些文化问题入手,以"骂中国"为时髦。因此,中国应该增加文化自信,积极开展平等的文化交流对话,以多种形式向世界推介中华文化,增加中国的文化软实力,切实维护国家文化安全。

西方媒体向来喜欢戴着有色眼镜审视中国。英国广播公司(BBC)近期推出一部题为《中国的秘密》的纪录片再次印证了这一点。在这部纪录片中,记者精心挑选采访对象,并刻意引导其回答一些非中国独有的社会现象,以"超强的以偏概全能力",把中国一些非主流的社会观点和潮流冠以"中国秘密"的噱头推上荧屏,以赚取观众的眼球和收视率。该纪录片自诩通过一个个镜头向英国观众展示一个"你从未见过的中国"。然而,从镜头中负面素材的刻意选择与放大，到解说词中按照西方逻辑发挥的"合理想象"，都显示出貌似客观的纪录片中潜藏的人工痕迹。面对这种明目张胆却又并不高明的制作手法，中国网民普遍感到不满，他们愤怒地斥责：又开始"黑"中国了，BBC不是来探求真相的，而是带着结论过来的！

其实，在西方媒体报道中，类似BBC这部纪录片所反映出的西方偏见并非个案，而是随处可见政治立场、"双重标准"以及对中国和中国人根深蒂固的偏见。这类现象的发生，除了西方媒体某些从业人员的个人因素外，背后还潜藏着西方媒体乃至西方世界面对一个快速发展的中国感受到的焦虑和不安，中间还掺杂着对中国快速发展的羡慕和嫉妒，从而导致他们在看待中国时总是那么不淡定。[①]总之，若要在文化传播方面改变"西强我弱"的局面，推动文化平等交流，需要创新和发展中国特色的传播学理论，努力占据世界文化交流对话的制高点。这需要我们深入探究当今世界格局变化的文化背景与原因，探索建构既具有中国特色、又具有国际视野的文化话语体系，增强中国在世界文化发展中的话语权。

---

① 新华时评：《西方媒体对华固有偏见的又一例证》，《深圳特区报》2015年9月9日，A14版。

第七章　公正：社会主义的本质要求

"公正"自古以来就是人类追求的基本价值。罗尔斯甚至说："正义是社会制度的首要价值，正像真理是思想体系的首要价值一样。"[①] "公正"是任何一个社会健康运行的道德基础，反映了人类的共同生活形式所固有的矛盾和特征。一方面，个人存在是社会存在和发展的基本前提；另一方面，作为一种"社会性动物"，任何个人都处于一定社会关系之中。只有在社会中，个人的价值才能实现，个人自由、全面发展的需要才能得到满足。面对有限的社会资源和人类无限的占有欲望，如何公正地平衡、协调人们的利益、需求，有效地化解人与人之间、人与社会之间的矛盾和冲突，始终是一个难解的社会课题。

一、"公正"与社会主义的本质

建设一个公平正义的社会，历来为中华民族所向往，为世界上许多民族所追求。"老有所终，壮有所用，幼有所长，矜寡孤独废疾者，皆有所养"，是《礼记·礼运》对大同世界的描绘；"去人之私产""无国之争""人皆有乐而无忧"，是康有为在《大同书》中

---

① [美]约翰·罗尔斯：《正义论》，何怀宏等译，中国社会科学出版社1988年版，第1页。

的构想;"天下为公",是孙中山先生的愿景……建立人人平等、个个自由的公正新社会,则是以圣西门、傅立叶和欧文为代表的空想社会主义者的期盼。在全体人民当家做主的社会主义新中国,实现社会公正的意义更加重大,也更具紧迫性。

1. "公正"彰显社会主义本质

在社会主义核心价值观诸范畴中,"公正"最直接、最有力地彰显了社会主义的本质。社会主义是全体人民当家做主的社会制度,它的"发展为了人民、发展依靠人民、发展成果由人民共享"。在社会主义发展历程中,防止两极分化,实现共同富裕,维护社会的公平正义,是社会主义的本质要求,否则,就偏离了社会主义的航向。邓小平指出:"社会主义的目的就是要全国人民共同富裕,不是两极分化。如果我们的政策导致两极分化,我们就失败了;如果产生了什么新的资产阶级,那我们就真是走了邪路了。"[1]当今中国正处于社会主义初级阶段,至于如何在这样一个阶段防止两极分化,实现共同富裕,邓小平总设计师有一个颇具匠心的"设计":通过"先富"带"后富",逐步实现共同富裕的总策略,对"先富"采取必要的调控措施,对"后富"给予必要的扶持,是防止两极分化的必要手段。

> "农民要致富,办厂是条路。"这是浙江省杭州市萧山区瓜沥镇航民村原党委书记朱重庆的先见之明。1978年,经考察苏州、绍兴等地的一些集体企业后,朱重庆乘坐着改革开放的首趟"航班"创办了村级企业"航民漂染厂",带领群众发展集体经济、坚持共同富裕,把一个贫困村发展成了浙江省"首富村"。据朱重庆当时调研所知,航民村每天生产的被面(被褥和

---

[1] 《邓小平文选》第3卷,人民出版社1993年版,第110-111页。

第七章 公正：社会主义的本质要求

被套的面料）约有1500条，如果把这些被面的印染业务都承包起来，每天可以赚取1500元的加工费。于是，朱重庆想方设法凑齐了开办航民漂染厂的启动资金。1979年，航民漂染厂正式投入生产，并于第二年盈利14万元。回忆当年的创业历程，朱重庆说："我的胆子和闯劲越来越大。这个胆子，首先是党的政策给我撑腰，其次就是对市场的分析。"1980年，朱重庆找到当地某银行的领导，希望争取银行的支持。该银行允诺出资60万元，其中30万元算借贷，每年拿利息；另外30万元算入股，每年分红。1982年，航民漂染厂实现了利润超过100万元的目标。航民村也成了萧山第一个"百万富翁村"。后来，凭着朱重庆的这股闯劲，航民村的企业闯到了镇外、省外甚至海外，产业也从印染行业延伸到了纺织、染料、热电、宾馆等行业。随着集体经济的不断发展，航民村的村民生活水平也水涨船高：人人都有工资领、家家都通自来水、路路都成水泥道……朱重庆在1986年接受《浙江日报》采访时说："坚持共同富裕，是广大村民的朴素要求，也是航民村发展的一条经验。在农村，真正能做'老板'的有几个？绝大多数人的富裕必须依靠集体。"

20世纪90年代，产权制度改革风起云涌。航民漂染厂在改制中始终坚持"多劳多得、共同富裕"的原则（譬如，航民集团3亿多元的净资产中，集体占56%股份，其余44%以实际"村龄""工龄"和贡献大小量化到个人），既保证了企业发展的后劲，又使村民、职工、经营者与企业形成利益共同体，建立富有活力的共建共享机制。朱重庆与其他职工和村民一样量化股权，没有额外多得一股。2004年，"航民股份"顺利上市，浙江航民实业集团有限公司（简称"航民集团"）成为浙江省上市的第一家村级企业。如今，航民集团已拥有

社会主义的航标灯

21家企业、30亿元总资产，成了全省的"首富村"。朱重庆总会在回忆起往事时说："改革开放教会了我两个字，一个是'闯'，一个是'富'——没有'闯'，就没有'富'；一个人富不算'富'，大家富才算'富'。我们将进一步壮大集体经济实力，在社会主义新农村建设中继续发挥领跑和示范作用。"①

"我们提倡一部分地区先富裕起来，是为了激励和带动其他地区也富裕起来，并且使先富裕起来的地区帮助落后的地区更好地发展。提倡人民中有一部分人先富裕起来，也是同样的道理。对一部分先富裕起来的个人，也要有一些限制，例如，征收所得税。还有，提倡有的人富裕起来以后，自愿拿出钱来办教育、修路。当然，决不能搞摊派，现在也不宜过多宣传这样的例子，但是应该鼓励。"②正如邓小平所言："一个公有制占主体，一个共同富裕，这是我们所必须坚持的社会主义的根本原则。"③"公有制占主体"是掌握实现社会公平正义的"总阀门"；"共同富裕"是社会公平正义的愿景、目标。不搞两极分化，维护社会公平正义，努力实现共同富裕，这是社会主义的本质要求。

值得一提的是，在这个过程中，发展是硬道理，把蛋糕做大是前提和基础。"只有把蛋糕做大了，扩大就业、增加收入、改善居住、提高生活水平才是有源之水、有本之木，否则改善民生就变成了无米之炊。做大蛋糕意味着重视经济总量的增加和经济效率的提高，尊重'按要素贡献分配'原则，承认因个人的要素禀赋差异导致的社会收入差距。"④

---

① 《浙江日报》编：《感受30年：纪念改革开放30周年特别访谈录》，浙江人民出版社2008年版，第49—50页。
② 《邓小平文选》第3卷，人民出版社1993年版，第111页。
③ 《邓小平文选》第3卷，人民出版社1993年版，第111页。
④ 徐印州：《做大蛋糕与分好蛋糕同等重要》，《南方日报》2014年3月10日，第2版。

第七章 公正：社会主义的本质要求

在邓小平看来，社会主义同资本主义的本质区别，除了要比资本主义更快地发展社会生产力之外，还要消灭剥削，消灭压迫，消除社会不平等和不公正，实现共同富裕，使广大人民在政治、经济、社会、文化等方面享有平等的权利，逐步实现人与社会的自由全面发展。"从理论上看，社会主义最核心的价值，就是在尊重和保护自由的基础上进一步实现以平等为特征的公平正义，这是社会主义后于资本主义、高于资本主义的价值追求。"[①]如果说，资本主义实行的是"损不足以奉有余"，那么，社会主义则完全相反，它倾向于"损有余以补不足"。如果说，资本主义更关注自由竞争和效率，那么，社会主义则更强调公正和平等。社会主义承诺，必须创造切实的经济和政治条件，将社会建设得更加公正、合理，让全体人民享有更加平等的政治、经济和文化权利。这正如习近平总书记所强调的："我们推进改革的根本目的，是要让国家变得更加富强、让社会变得更加公平正义、让人民生活得更加美好。"[②]"全面深化改革必须着眼创造更加公平正义的社会环境，不断克服各种有违公平正义的现象，使改革发展成果更多更公平地惠及全体人民。如果不能给老百姓带来实实在在的利益，如果不能创造更加公平的社会环境，甚至导致更多不公平，改革就失去意义，也不可能持续。"[③]换句话说："做大的蛋糕必须分好，分好蛋糕可以为做更大的蛋糕营造和谐稳定的社会环境，提供持久不竭的发展动力。分好蛋糕强调的是公平公正，否则收入差距过大导致社会矛盾日益积累，危及社会和谐稳定，破坏经济增长的有利环境。分不好最终反成为做大蛋糕的严

---

① 李德顺：《谈社会主义核心价值"公正"》，人大复印报刊资料《思想政治教育》2015年第8期。
② 习近平：《国家主席习近平发表二〇一四年新年贺词》，《人民日报》2014年1月1日，第1版。
③ 习近平：《切实把思想统一到党的十八届三中全会精神上来》，《求是》2014年第1期。

重障碍，甚至使来之不易的发展成果毁于一旦，到头来祸及人民重归贫穷。"①

在社会进步的过程中，有时做蛋糕的问题突出，有时分蛋糕的矛盾尖锐，这是在前进途中难以回避的正常现象，既不意味着"做"与"分"二者对立，也不意味着"做"与"分"孰重孰轻。没有合理分配，增长会失去动力和环境，结果蛋糕无法做大，最终还是全民受穷。没有经济的持续增长，分配就没有可靠的物质基础，结果是没有蛋糕可分或者只能分小小的蛋糕，同样会激发社会矛盾。注重效率，努力把蛋糕做大，社会才能进步；强调公平，认真分好蛋糕，社会才能和谐。分蛋糕和做蛋糕是辩证关系——既要分好蛋糕，也要做大蛋糕；在做大蛋糕的同时分好蛋糕，在分好蛋糕的同时把蛋糕做得更大。也就是说，我们在社会主义市场经济条件下，要坚持"效率优先、兼顾公平"的原则，处理好公平与效率二者的关系，并明确二者真正应有的含义。所谓"效率优先"就是要坚持机会均等，在初次分配中贯彻按各种生产要素的贡献进行分配，如此才能做到人尽其才、物尽其用、地尽其利。所谓"兼顾公平"是指在收入再分配中，政府要通过税收和社会保障及社会福利政策的调节，使初次分配中形成的收入差距控制在社会成员所能接受或所能容忍的一定限度内。

当前，中国的改革和发展已经进入了"深水区"、关键期。随着改革和社会主义市场经济建设的深入，随着社会结构的变迁和人们的利益关系的多元化，社会公正问题已经变得越来越突出了。例如，社会发展条件千差万别，经济发展极不平衡，地区差距、城乡差距过大，贫富差距、贫富分化日益严重，在机会公正、规则公正、分配公正方面存在的问题也很多。公正问题是社

---

① 徐印州：《做大蛋糕与分好蛋糕同等重要》，《南方日报》2014年3月10日，第2版。

会大众极为敏感也极为关心的问题，上述不公正现象已经成为影响民众心态、影响改革、发展和稳定的首要问题。实际上，这也是关系广大民众利益和福祉的焦点问题。也正因为此，党的十九大报告中指出，我国社会主要矛盾已经转化为"人民日益增长的美好生活需要和不平衡不充分的发展之间的矛盾"。解决这一主要矛盾，有效整合各种社会资源，调节不同方面利益的冲突，促进全社会的团结协作，必须遵循社会公正原则，建设富强民主文明和谐美丽的社会主义现代化强国，使全体人民切实"共建、共有、共享"，增强获得感和幸福感。

2. "公正"促进政治、经济、法治、社会的发展

首先，公正是建立、完善社会主义市场经济体制的现实需要。当前，在中国的市场经济建设中，存在的不公正现象比比皆是，包括市场主体的地位不平等、机会不平等、规则不平等以及信用缺失等。在非常复杂的情况下，只有深化经济体制改革，切实公正地对待所有市场主体，同时，对广大市场主体进行公正观教育，用公正作为调节人们的经济行为的价值和道德规范，才能形成平等竞争、公平交易、等价交换、合理谋利等发展观念，形成维护公共利益、大众权益的经济秩序和社会秩序，推动社会主义市场经济健康、平稳发展。

其次，公正是推进社会主义政治文明建设进程的动力之源。社会主义的"政治文明"只能站在最广大人民的立场上，维护最广大人民的合法权益，让广大民众切实地"共建、共有、共享"。而实现这一目标离不开公正理念的支撑，需要广大人民特别是党员领导干部牢固树立公正、民主、廉洁、高效等价值理念。"在政治生活领域大力倡导公正观念，用公正作为调整社会成员政治伦理关系的最基本的规范，无疑会为民主政治提供强有力的思想道德支持，提高广大公民参政议政的政治素质，从而加快我国的政治

文明建设。"①

再次，公正是法治建设的生命线，促进社会公平正义是依法治国的核心价值追求。法律面前人人平等。令全体人民感受到公平正义是法治国家建设的基本准则。党的十八届四中全会着眼于依法治国与公平正义的有机统一，从立法公正、执法公正、司法公正、全民守法等方面，对以法治促进社会公平正义做出了全面部署。当然，正如我们下一节将要论述的，落实这一部署并不容易，以法治守护公平正义的核心价值，还有相当长的路要走。

最后，公正是社会和谐稳定的根基，是构建和谐社会的价值准则。改革开放以来，随着经济的快速发展，一部分人先富起来了，贫富差距却越拉越大；一些地区先发展起来了，地区差距却越拉越大；城镇化率不断提升，城乡差距却越拉越大……在社会运行过程中，人与人之间的机会不公正、规则不公正，许多人在教育、就业、医疗、养老等民生问题上存在困难，加上一些权力部门、一些管理和执法者在行政、执法过程中的偏私、不公正行为，导致一些人心理失衡，人际关系日趋紧张，社会矛盾日益激化，社会冲突也频频见诸媒体。在严峻的形势下，用公正价值观引领制度改革，平衡各方利益诉求，规范权力部门和官员的行为，营造公道、正派的社会风气，已经是和谐社会建设的必由之路。

二、七嘴八舌话"公正"

社会主义自诞生之日起就与公正紧密相联，一直把公正作为核心价值目标。然而，在日常生活和学术研究中，什么是"公

---

① 王春风：《公正的社会价值》，《光明日报》2014年11月5日，第13版。

第七章　公正：社会主义的本质要求

正",却众说纷纭,从来就没有一个权威的解释。此外,"公正"的含义有广义、狭义之分,"公正"与"平等"之间的区别有时也不甚明确。因此,科学地界定"公正"一词,弄清其丰富内涵,是培育和践行社会主义公正价值观的前提。

公正是公平、正义的简称,是社会的基本价值取向,它在很多情况下等同于公平或者正义。也许正是因为"公正"与"平等"之间的区别不甚明确,人们常常容易混淆二者。为了厘清"公正"与"平等"之间的区别,我们不妨援引罗尔斯《基本自由及其优先性》中的一段话:"每一个人对平等的基本权利和基本自由之完全充分的图式都有一种平等的要求。该图式与所有人同样的图式相容;在这一图式中,平等的政治自由能——且只有这些自由才能——使其公平价值得到保证。"①在这里,罗尔斯至少表达了三层含义:一是"对平等的基本权利和基本自由"(即普遍的正义)要求平等;二是只有在平等的基础上,才能有自由;三是只有"平等的政治自由"的实现,才能体现社会的"公平(公平正义)价值"。从"优先性"概念来讲,自由侧重于社会整体性条件下的个体性维度;公正(公平正义)则侧重于社会整体性维度;平等侧重于社会整体性和个体性的前提性维度。以平等为基础实现人的基本权利和自由的社会是公平正义的社会。

从狭义方面来讲,公正作为一个价值范畴,首先是指个体按同一原则或标准对待处于相同情况的人与事,其立场、态度、方式方法和效果等是客观的、公道的、正派的。中国传统文化着重强调的公正就是作为客观处理事务的原则出现的。譬如,要求公职人员做人办事要心底无私,处理问题要"一碗水端平",不偏不倚。春秋时期,楚国有一位令尹名叫子文,因办事公道、执法严

---

① [美]约翰·罗尔斯:《政治自由主义》,万俊人译,译林出版社2000年版,第5页。

明、正直无私而被人称赞。一次,子文的一位族亲因犯事被掌管刑狱的廷理(楚国官名)逮捕了。该廷理核实了该罪犯的身份后,自作主张将他放了。子文知道后,立即叫来这位廷理问明情况:"听说我的一个族人的案子是你审理的?"廷理笑着说:"是的,大人,不过我已经把他放了。"子文故作不解地问:"怎么回事?为什么放了?"廷理毕恭毕敬地答道:"原先下官不知他是您的族人,所以多有冒犯,请大人海涵。"子文听闻便生气地责备道:"你真糊涂啊!国家设置廷理这个职位,就是为处置违法犯罪的人。一个人明明已经犯了法,因为我的关系就放了他,这不是在告诉天下百姓,我子文是一个徇私枉法的人吗?一个正直的廷理应当秉公办案、执法如山。可你却违背法律,主动屈服于权势,无端地饶恕了犯罪之徒,你害人害己啊!"廷理被训得面红耳赤,只好把那个罪犯抓回来秉公办理。子文正直无私的口碑也因此传播开来。在古代,子文的做法就叫"公正"。因为在中国古代思想家看来,"公正"就是公平正直,且侧重点往往倾向于"正直"。《荀子·修身》谈到公正时说"是谓是,非谓非曰直",即客观地、实事求是地评判是非曲直,是为公正。宋代杨时则认为,好恶出于"公"便是"直",即以"公"为"直",立公废私。

其次,狭义的"公正"还意味着个体在拥有独立人格、平等尊严、自由时间等前提下,同等地行使社会所分配的权利、履行相应的义务。也就是说,"各个阶层的社会成员之间,全体公民之间,对人的权利、自由和平等的理性恪守"[①],包括"人格平等""性别平等""种族平等""代际平等""信仰和宗教平等",以及阶级阶层之间的平等,等等。"公正观念的本质是对一定的人

---

① 李德顺:《谈社会主义核心价值"公正"》,人大复印报刊资料《思想政治教育》2015年第8期。

际关系、权利和义务关系的反映,反过来它又作为评判标准和价值尺度影响和决定着人们的评价活动和价值活动。"①

从广义方面讲,公正作为价值范畴,指的是社会公正,是为了让个体所得到的与所付出的相称或相适应,依据公平、合理的尺度处理利益分配(如权利和义务、自由和机会、收入和财富等社会资源分配)的原则。例如,贡献与报酬、功过与奖惩之间,相适应的就是公正,不相适应的就是不公正。公正覆盖经济、政治、法律、道德、文化、教育、日常生活的各个领域,包括"机会公正""规则公正"和"分配公正",旨在通过政治、经济、法治,特别是通过社会政策来进行社会整合与调节,减缩存在于社会或社会成员之间的利益分配差距,从而使所有的社会成员都享受到社会发展与进步的成果。

以教育机会公正为例。《中华人民共和国教育法》第九条规定:公民不分民族、种族、性别、职业、财产状况、宗教信仰等,依法享有平等的受教育机会。第三十六条规定:受教育者在入学、升学、就业等方面依法享有平等权利。1997年10月27日,中国政府正式签署的《经济、社会和文化权利国际公约》第十三条规定:"高等教育应根据成绩,以一切适当方法,对一切人平等开放。"《中华人民共和国义务教育法》总则第二条规定:"国家实行九年义务教育制度。义务教育是国家统一实施的所有适龄儿童、少年必须接受的教育,是国家必须予以保障的公益性事业。实施义务教育,不收学费、杂费。"这些都以法律的形式保障了教育机会公正。在社会的经济、政治、文化等活动中,每个人都享有同等的机会,不因出身卑微而人为地减少机会,也不因出生高贵而人为地增加机会。这正如罗尔斯所说:"在社会的所有部

---

① 余成跃:《转型期中国社会公正问题研究》,复旦大学出版社2013年版,第27页。

分,对每个具有相似动机和禀赋的人来说,都应当有大致平等的教育和成就前景。那些具有同样能力和志向的人的期望,不应当受到他们的社会出身的影响。"①对于规则公正,罗尔斯也曾表示:"在纯粹程序正义中,不存在对正当结果的独立标准,而是存在一种正确的或公平的程序,这种程序若被人们恰当地遵守,其结果也会是正确的或公平的,无论它们可能会是一些什么样的结果。"②这大概就是罗尔斯对"规则面前人人平等"的判断吧。

正如恩格斯在《反杜林论》中所表明的,公平公正是对现实分配关系的一种评价,是一种价值判断。"它不仅仅是指个人的一种立场、态度和作风,而是指整个国家社会的一套制度观念、价值观念体系,是一套由价值取向、思想方法、制度体系和实践目标构成的系统。它要求体现在社会运行的各个环节上,如生产、流通、消费、分配、立法、行政、司法等。"③

"公正的核心是分配公正。依据政治哲学传统,公正的内涵在于'给予其所得'"④。"社会公正是对社会权利和社会义务的公平分配以及与此相适应的道德品质"⑤。其实,社会公正就是平等地分配社会资源,包括各种基本的社会权利、社会义务,以及其他社会公共产品的公平分配。20世纪50年代,全国著名劳动模范申纪兰是新中国农村争取男女同工同酬权益的第一人。新中国成立初期,申纪兰对妇女社会地位低的现状十分不满。因为当时有明文规定:男人劳动一天记10分,妇女劳动一天记5分。一天开工后,申纪兰特意偷偷地与队友互换了任务,干了"耙地"这种通

---

① [美]约翰·罗尔斯:《正义论》,何怀宏等译,中国社会科学出版社1988年版,第73页。
② [美]约翰·罗尔斯:《正义论》,何怀宏等译,中国社会科学出版社1988年版,第86页。
③ 李德顺:《谈社会主义核心价值"公正"》,人大复印报刊资料《思想政治教育》2015年第8期。
④ 郭建宁:《社会主义核心价值观基本内容释义》,人民出版社2014年版,第95页。
⑤ 万俊人:《社会公正为何如此重要》,《天津社会科学》2009年第5期,第4页。

第七章 公正：社会主义的本质要求

常由男人负责的活。事后，她趁记工员不留心的时候问："放牛和耙地这两种哪个得10分？"记工员头也不抬地说："当然是耙地。"申纪兰接话："那我今天耙了一天地，这工分怎么记？"记工员这才反应过来，他憋红了脸，与申纪兰争论了很久，最后才不情不愿地给申纪兰记了10个工分。在当时的社会，这是妇女劳动一天挣10个工分的首例，这消息很快就炸开了锅。1952年，《人民日报》刊发了《劳动就是解放，斗争才有地位——顺达农林牧生产合作社妇女争取男女同工同酬的经过》一文，在全国引起了轰动。正是申纪兰"首创"的这10个工分，促进了新中国《劳动法》关于男女同工同酬的修订。

虽然"公正"在概念上并不等同于"社会公正"，但是，公平正义最主要的意义在于公共平等，即建立起整个社会制度体系、思想文化体系、社会生活体系、司法保障体系。把作为价值观念和价值准则的"公平正义"拆开来说，"公"是指公共的、共同的、公开的、整个国家社会的、人民整体的事，而不是指个人的私事。"平"即讲平等，这并不是对私人生活领域的要求，而是针对国家、社会的公共领域实现平等的要求。"正"就是正道，"义"就是合乎人情道理，合乎理性。公平正义合起来，就是指"公平是最合情合理的秩序和道义"，和广义上的"公正"意思接近。"社会公正"就是要求在一定的社会共同体之中，或者在一定的社会共同体之间，建立一种"公共平等"，即建立一整套的思想文化体系、社会制度体系、社会生活体系、司法保障体系等，维护社会的"公平""正义"。当然，对正义的理解也有各种不同的说法，实践中存在各种不同类型的正义。例如，资本主义社会是自由型的正义，自由就正义，不自由就不正义；而社会主义则把正义归结为公平，认为公平是最高的正义，公平才正义，不公平就不正义。

总之，"公正"的含义虽有广义和狭义之分，但这里着重强调的是广义的公正——社会公正,即为了让个体所得到的与所付出的相称或相适应,依据公平、合理的尺度处理利益分配(如权利和义务、自由和机会、收入和财富等社会资源分配)的原则,包括"机会公正""规则公正""分配公正"。狭义的公正主要是指个体按同一原则或标准对待处于相同情况的人与事,其立场、态度、方式、方法和效果等是客观的、公道的、正派的;同等地行使社会所分配的权利、履行相应的义务,包括"人格平等""性别平等""种族平等""代际平等""信仰和宗教平等",以及阶级、阶层之间的平等。这里对于"公正"的用法采取的是两者兼顾,但以其广义为主。"我们可以在广义上把公正展开为公平正义的体系。当然,狭义的公正也要讲,但更多是在具体部门、具体领域、具体层面上。从整体上讲,特别是与社会主义相联系时,应该把它看作广义的公正。"[1]

三、怎么促进公平公正?

公平公正是中国共产党为人民服务的基本要求,也是中国共产党治国理政的一贯主张。改革开放40年来,虽然中国在物质文明建设方面成就斐然,为保障社会公平公正奠定了越来越坚实的物质基础,但同时也需要"解决社会公平公正问题……'蛋糕'不断做大了,同时还要把'蛋糕'分好。"[2]毕竟,"贫穷不是社会主义",社会主义更不属于某些个人或者某些利益集团,而应该由全体人民共建、共有、共享,必须将"做大蛋糕"与"分好蛋糕"统一起来。即是说,要在经济发展的基础上,着力维护全体人民的

---

[1] 李德顺:《谈社会主义核心价值"公正"》,人大复印报刊资料《思想政治教育》2015年第8期。
[2] 习近平:《切实把思想统一到党的十八届三中全会精神上来》,《求是》2014年第1期。

基本权利和自由，维护社会公平正义，最终实现共同富裕，普遍地增进全体人民的获得感和福祉。

1. 通过生产力的发展，为促进社会公平公正奠定坚实的物质基础

经济发展水平决定着社会物质财富的总量，从根本上制约着社会的公平公正。习近平总书记指出："实现社会公平公正是由多种因素决定的，最主要的还是经济社会发展水平。"[①]今天的中国仍然是一个发展中国家，还有绝对数比较大的贫困人口，绝大多数人的生活水平并不高，没有解决的基本民生问题很多，因此，构建公平公正的社会，必须牢牢抓住经济建设这个中心，进一步把"蛋糕"做大，奠定更加坚实的物质基础。其一，可以从完善市场体系，发挥市场在资源配置中的决定性作用入手。市场决定资源配置是市场经济的一般规律，建设统一开放、竞争有序的市场体系，是使市场在资源配置中起决定性作用的基础。只有抓紧建立公平、开放、透明的市场规则，完善主要由市场决定价格的机制，加快形成企业自主经营、公平竞争，消费者自由选择、自主消费，商品和要素自由流动、平等交换的现代市场体系，才能真正发挥市场在资源配置中的决定性作用。其二，可以调整经济结构，加快转变经济发展方式。例如，把推进经济结构战略性调整作为加快转变经济发展方式的主攻方向，以改善需求结构、优化产业结构、促进区域协调发展、推进城镇化为重点，着力解决制约经济持续健康发展的重大结构性问题；牢牢把握扩大内需这一战略基点和发展实体经济这一坚实基础，提高大中型企业的核心竞争力，支持小微企业特别是科技型小微企业发展。其三，可以实施创新驱动，依靠科学技术推动经济快速发展。在信息化、智能化时代发展经济，必须坚持"科技

---

① 习近平：《切实把思想统一到党的十八届三中全会精神上来》，《求是》2014年第1期。

立国"战略,实施创新驱动,依靠科技进步推动经济的快速发展。这需要坚持需求导向和产业化方向,坚持企业在创新中的主体地位;紧扣发展主题,坚持问题导向,大力集聚创新人才,建立健全体制机制,全面增强自主创新能力;增强科技进步对经济增长的贡献度,形成新的增长动力源泉。其四,需要坚持统筹兼顾,推动城乡一体化发展。例如,努力加快完善城乡发展一体化体制机制,促进城乡要素平等交换和公共资源均衡配置,形成以工促农、以城带乡、工农互惠、城乡一体的新型工农、城乡关系;以及全面提高开放型经济水平,增强农村发展活力,逐步缩小城乡差距,促进城乡共同繁荣。

做大"蛋糕"是首要前提。改革开放以来,中国共产党为了领导全国人民把经济总量这个"蛋糕"做大,坚持发展是硬道理和科学发展观,紧紧抓住经济建设这个中心,把发展当作第一要务,极大地促进了经济发展,提升了人民生活水平。据国家统计局公布的数据显示,从1979年到2013年,中国国内生产总值以年均9.8%的速度增长,远远超过了同期世界经济2.7%的年均增速,经济总量(GDP)由1978年的3 645亿元上涨到2013年的600 000亿元。2010年,我国经济总量超过日本,成为仅次于美国的世界第二大经济体。2011年至2018年,中国的经济总量在持续增长,人民生活水平在不断提高。但是,我们不能因此说我们的"蛋糕"已经做得很大了,已经满足了。因为"我国仍处于并将长期处于社会主义初级阶段的国情,决定了我们必须长期坚持以经济建设为中心不动摇,以全面深化改革和创新为手段,进一步促进经济发展,提高经济发展质量,把'蛋糕'做得再大一些,以满足人民群众日益增长的物质文化生活需求。"[①]正如习近平总

---

① 马晓途:《做大"蛋糕"分好"蛋糕"》,《内蒙古日报》2015年10月22日。

书记指出:"我们的人民热爱生活,期盼有更好的教育、更稳定的工作、更满意的收入、更可靠的社会保障、更高水平的医疗卫生服务、更舒适的居住条件、更优美的环境,期盼孩子们能成长得更好、工作得更好、生活得更好。人民对美好生活的向往,就是我们的奋斗目标。"①好的教育、稳定的工作、满意的收入、可靠的社会保障……这一切从哪里来?只能从做大"蛋糕"、分好"蛋糕"中来。

2. 促进社会公平公正,关键是做到分配公正

实现分配公正,需要发挥宏观调控职能,对社会财富进行二次分配和多次分配。"基本的'社会善'在广泛的意义上说就是权利和自由、机会和权力、收入和财富、个人的自我价值感……自由和权力是由主要制度的规范确定的,收入和财富的分配也是由它们调节的。"②皮凯蒂给资本主义社会收入不平等、两极分化开出的"药方"正是:通过国家"有形的手"对社会财富进行"再分配",具体办法是执行收入和财产的累进税制。十八届六中全会报告中明确表示:国家将坚持居民收入增长和经济增长同步、劳动报酬提高和劳动生产率提高同步,健全科学的工资水平决定机制、正常增长机制、支付保障机制,完善最低工资增长机制,完善市场评价要素贡献并按贡献分配的机制,进一步缩小收入差距。

中国自古以来就有分配公正的思想。"孔融让梨"的故事就是最好的证明,这个故事之所以流传至今,绝不仅仅是为了教育孩子遇事谦让、礼貌待人,它还体现了分配公正的传统思想:公平分配的顺序是要照顾到老幼尊卑,体现传统伦常,主持分

---

① 中共中央宣传部编:《习近平总书记系列重要讲话读本》,学习出版社、人民出版社2014年版,第108页。
② [美]约翰·罗尔斯:《正义论》,何怀宏等译,中国社会科学出版社1988年版,第93页。

配的人也应该是像孔融这样有道德的人。在当时社会,"家与国本是一体",如果把"孔融让梨"这个发生在家庭内部的故事放大到国家,公平分配的秩序体现的必定是儒家纲常。即皇帝作为"顺天承命"的道德化身,相当于最具权威的"家长",理应为天下"子民"进行公平分配。同理,在现代,实现分配公正也需要政府发挥宏观调控职能,对社会财富进行二次分配和多次分配。例如,取消农业税,提高个人所得税起征点,向中西部地区加大转移支付力度,国家对城乡的养老保险、医疗保险注入资金,下岗职工基本生活保障,失业救济,城镇居民最低生活保障,等等,都是基于平等自由和平等权利所进行的平等收入和平等财富的分配。

实现分配公正,特别是要妥善处理分配公正和效率的关系。追求公正与效率的统一,是社会主义的内在要求。效率是实现公正、推动公正发展的基本条件,效率的水平决定着分配公正的可能性程度。没有一定的效率,经济发展过慢,充其量只能实现低水平的有限的分配公正。同时,效率又依赖于分配公正。如果缺乏基本的分配公正,那么就难以调动人们的积极性,难以解决不断出现的社会矛盾和社会冲突,难以"消灭剥削,消除两极分化,最终达到共同富裕",最终也难以有效地提高效率。

在现代社会条件下,分配公正着力于调节结果的平等,人们讨论分配平等问题也主要是基于罗尔斯差别原则,从而寻找一种社会公正的调节机制。在资本主导的生产运营模式中,适当提高劳动者的劳动报酬(例如划定最低工资标准)是改善分配平等的重要方式。然而,市场经济是一个自我运行和自我增长的自主体系,"公正对效率和福利的优先"在实际的经济活动中不容易得到足够的体现。换言之,罗尔斯的差别原则在现实中难以克服效率原则。马克思告诉我们,只有实现共产主义,才能实现彻底的分配公正,"各尽所能、按需分配"。在共产主义的低级阶段,按劳分配"虽然有这种进步,但这个平等的权利总还是被限制在一个资产阶级的框框里。生产者的权利是同他们提供的劳动成比例的;平等就在于以同一尺度——劳动来计量。……这种平等的权利,对不同等的劳动来说是不平等的权利。"[①]

从20世纪90年代提出"效率优先,兼顾公平"的分配原则,到党的十八大报告提出"初次分配和再分配都要兼顾效率和公平,再分配更要注重公平",对于效率与公平的辩证关系,全党认识越来越深刻,把握越来越准确。实践表明,生产有效率,蛋糕越做越大,分配才有更大空间;分配讲公平,蛋糕惠及百姓,生产才有更强动力。因而,正确处理分配公正与效率的关系,既要避免社会差距过于悬殊,又要防止平均主义倾向。具体而言,就是要通过深化利益分配制度改革保证各种所有制主体依法平等使用生产要素、公平参与市场竞争、同等受到法律保护,以及通过深化利益分配制度改革清除市场壁垒,发挥市场在资源配置中的决定性作用,提高资源配置效率和公平性,从而使利益分配既避免社会差距悬殊,又防止平均主义倾向,推动经济更有效率、更加公平、更可持续地发展。

3. 建立健全社会保障制度,为社会公平公正的实现提供保证

建立健全社会保障制度,需要通过深化体制改革,建立健全反腐倡廉制度体系,规范权力的运作、监督、制衡,防止权力的滥用侵犯社会成员的权利;建立合理的利益分配制度,缩小贫富差距,避免因收入差距的过分扩大而导致两极分化;保障公民参与政治生活和监督的权利、从事经济和文化活动的权利;完善基本经济制度,促进市场的机会公平、规则公平;完善以宪法为核

---

① 《马克思恩格斯选集》第3卷,人民出版社1995年版,第304-305页。

心的中国特色社会主义法律体系，保障司法公正、执法公正；完善社会保障制度，保障全体社会成员能够共享教育、医疗、就业、福利等社会发展的成果；坚持统筹兼顾，推动城乡一体化发展，逐步缩小城乡差距，促进城乡共同繁荣。特别是制度改革的成果要狠抓落实，强化责任追究，增强制度执行力。

中国共产党自成立之日起，就把实现和维护社会公平正义作为始终不渝的价值目标。从"种田不交税、上学不交费"到义务教育全免费，从普及社保范围到启动新一轮医改、教改，人民群众感受着党和政府推进社会公平的实实在在举措。自十六届四中全会提出"构建和谐社会"的目标以来，中国共产党再次把保障社会公平正义摆到了更加突出的位置。十八大报告在"必须坚持走共同富裕道路"的论述中表明：国家要使发展成果更多更公平地惠及全体人民。例如，加紧建设对保障社会公平正义具有重大作用的制度，逐步建立以权利公平、机会公平、规则公平为主要内容的社会公平保障体系，努力营造公平的社会环境，保证人民平等参与、平等发展的权利。十八届六中全会报告中也表明：国家将建立更加公平更可持续的社会保障制度。例如，实施全民参保计划，实现职工基础养老金全国统筹；划转部分国有资本充实社保基金，全面实施城乡居民大病保险制度；推进健康中国建设，深化医药卫生体制改革；理顺药品价格，实行医疗、医保、医药联动；建立覆盖城乡的基本医疗卫生制度和现代医院管理制度，实施食品安全战略，等等。习近平总书记反复强调，"制度很重要，更重要的是抓落实"[1]，"不能让制度成为纸老虎、稻草人"[2]，要"提高反腐败法律制度执行力，让法律制度刚性运

---

[1] 中共中央纪律检查委员会、中共中央文献研究室编：《习近平关于党风廉政建设和反腐败斗争论述摘编》，中央文献出版社2015年版，第129页。
[2] 习近平：《在十八届中央纪委三次全会上的讲话》，《人民日报》2014年1月15日。

行"①。正如习近平总书记所言,"不论处在什么发展水平上,制度都是社会公平公正的重要保证"②,因而"要把促进社会公平公正、增进人民福祉作为一面镜子,审视我们各方面体制机制和政策规定"③。

4. 全面推进依法治国,为促进社会公平公正提供法律保障

"国无法则人无矩,法不公则国不稳"。需要从立法、执法、司法、守法方面入手,在社会主义法治建设实践中,实现科学立法、严格执法、公正司法、全民守法。

第一,以法治维护公平正义,科学立法是引领。在罗尔斯看来,"正义是社会制度的首要价值,就像真理是思想体系的首要价值一样。一种理论,无论它多么精致和简洁,只要它不真实,就必须加以拒绝或修正;同样,某些法律和制度,不管它们如何有效和有条理,只要它们不正义,就必须加以改造或废除。"④罗尔斯认为,一个公正的社会,一方面需要保证权利平等,即机会向所有的人平等开放;另一方面,又要重视差异性原则,即对弱势群体的利益予以特殊的关注。只有把公正、公平、公开原则贯穿于立法的全过程,完善体现权利公平、机会公平、规则公平的法律制度,保障公民人身权、财产权、基本政治权利等各项权利不受侵犯,保障公民经济、文化、社会等各方面权利得到落实,才能筑牢"人们共享人生出彩的机会"的坚实平台。这主要体现为加强对重点领域保护公民基本权利的立法。例如,完善社会主义市场经济法律制度,健全以公平为核心原则的产权保护制度,加强对各种所有制经济组织和自然人财产权的保护;推进社会主义民

---

① 习近平:《在第十八届中央政治局第五次集体学习时的讲话》,《人民日报》2013年4月21日。
② 习近平:《切实把思想统一到党的十八届三中全会精神上来》,《求是》2014年第1期。
③ 习近平:《切实把思想统一到党的十八届三中全会精神上来》,《求是》2014年第1期。
④ [美]约翰·罗尔斯:《正义论》,何怀宏等译,中国社会科学出版社1997年版,第1页。

主政治法治化,在坚持和完善中国特色社会主义基本政治制度的同时,加强社会主义协商民主制度建设,完善和发展基层民主制度,完善国家机构组织法,完善选举制度和工作机制,加快推进反腐败国家立法;加快保障和改善民生方面的法律制度建设,依法加强和规范公共服务,使人民在教育、就业、收入分配、社会保障、医疗卫生、食品安全、扶贫、慈善、社会救助方面享受平等权利和利益,使妇女儿童、老年人、残疾人合法权益得到充分的法律保障;强化对生态环境的法律保护制度,使人民在持续的经济发展中能够享受洁净的空气、纯净的用水、安全的食品、绿色的能源,等等。①

第二,以法治维护公平正义,严格执法是关键。盖勋是东汉末年著名的清官。他在汉阳任郡长时,有一次,梁州刺史梁鹄就一案件前来请示盖勋如何处理。梁鹄说:"武威郡的一个小吏苏正和告发当朝太后的内亲何太守贪赃枉法,草菅人命。"因苏正和曾与盖勋结下梁子,所以,梁鹄的本意是对苏正和的告发不予理会,或者找个借口把罪过推到苏正和头上。素来公正廉明、刚正不阿的盖勋听后厉声呵斥道:"苏正和本无过错,怎能因他与我有私人恩怨就如此草率断案?"梁鹄见盖勋动怒,只好秉公审理此案。当事人苏正和知情后,对以德报怨的盖勋感激不尽。他三番五次登门拜访,却屡屡遭拒。盖勋给他传话:"公是公,私是私。本官所做的一切仅仅是为了维护法纪。"这个故事从侧面反映了,只有重点解决执法不规范、不严格、不透明、不文明等问题,惩治执法腐败现象,"形成人们不愿违法、不能违法、不敢违法的法治环境,做到有法必依、执法必严、违法必究"②,才能确保法律公正、有效实施,牢牢树立起法治权威。

---

① 张恒山:《人民是依法治国的主体》,《光明日报》2015年1月4日,第7版。
② 人民日报社评论部编:《"四个全面"学习读本》,人民出版社2015年版,第211页。

第七章　公正：社会主义的本质要求

第三，以法治维护公平正义，公正司法是保障。习近平总书记指出："从一定意义上说，公平正义是政法工作的生命线，司法机关是维护社会公平正义的最后一道防线。"①只有深化司法体制改革，完善司法管理体制，构建系统完备、科学规范、运行有效的执法制度体系，坚持用制度管权、按制度办事、靠制度管人，才能确保执法工作始终在法治轨道和制度框架内运行，守住"维护社会公平正义"的最后一道防线。此外，"按照政治过硬、业务过硬、责任过硬、纪律过硬、作风过硬的要求，努力建设一支信念坚定、执法为民、敢于担当、清正廉洁的政法队伍"②，也是以法治维护公平正义的关键所在。

第四，以法治维护公平正义，全民守法是基础。法律面前人人平等。法治中国的建设，需要形成"全民尊法守法"的良好社会风气。只有使全体人民都成为社会主义法治的忠实崇尚者、自觉遵守者和坚定捍卫者，才能打牢法治中国建设的基础。一方面，各级领导干部要带头学习和遵守法律，在法治建设中有所担当；另一方面，国家要努力建设社会主义法治文化，弘扬社会主义法治精神，增强全社会厉行法治的积极性和主动性，形成守法光荣、违法可耻的社会氛围，使全体人民都成为社会主义法治的忠实崇尚者、自觉遵守者、坚定捍卫者。只有全民积极投身于推进全面依法治国，国家才能长治久安，人民才能幸福安康。

第五，践行社会主义公正价值观，需要坚决反对、有效防止特权主义。公平正义是社会的分配原则，和生产资料公有制一样，是驾驭和驯服资本、市场的"利器"。它与特权思维水火不容。特权主义与特权思维具体表现为以下两种类型。一是"官本

---

① 习近平：《在中央政法工作会议上的讲话》，《人民日报》2014年1月9日。
② 任仲文编：《深入学习贯彻习近平同志系列讲话精神　人民日报重要言论汇编》，人民日报出版社2014年版，第94页。

位"。中国经历了两千多年的封建宗法等级社会,在传统文化中深深烙下了"官本位"思想。它除了表现为体制内的官僚思想、官僚作风之外,还表现为普通民众竭力追逐权力、向权力献媚、奴性心理等。有些人看不见那些勤勤恳恳、一心为公的好榜样,只看见那些贪污腐败、以权谋私的坏典型。必须承认,当前的制度建设尚不完善,存在不少漏洞,也有不少人满口仁义道德,却一味盯着漏洞拼命"往里钻",一方面道貌岸然地批评潜规则,一方面又希望自己有潜规则的权利。这似乎成了他们的一种劣根性。因此,公务人员特别是领导干部必须坚守为人民服务的宗旨,坚决摒弃特权思想,带头学习和遵守法律,用实际行动争做表率,以产生良好的示范效应。二是"钱本位"。金钱是"钱本位"的"神",有钱就是成功,没有钱就是失败;钱可以交换一切,一切都可以用钱来解决,在这种腐朽思维的引导下,在一场财富和资本的大追逐中,很多人放弃了思想和灵魂的底线,彻底沦为了"金钱的奴隶",不择手段,巧取豪夺,恩将仇报,把公平正义忘得一干二净。迈入新时代,如果不彻底清除"官本位""钱本位"之类特权思想,特别是掌握权力和资本的人不彻底清除特权思想,就难以真正建成公平正义的社会主义社会,体现社会主义制度应有的先进性和优越性。

第八章　法治：现代国家治理的基本方式

"法治"是迄今为止人类社会经过实践检验、比较之后所选择的最佳的治国理政方式，是政治文明发展到一定历史阶段的标志。现代语境下的"法治"内涵早已突破了传统意义上的"法制"，而且外延已经延伸到经济、政治、社会、文化、生态等各个领域。党的十八大提出"要全面推进依法治国，加快建设社会主义法治国家"，并将"法治"作为社会主义核心价值观的基本内容之一，对"法治"的重视可谓前所未有。在新时代中国特色社会主义建设实践中，如何正确理解"法治"，弄清其内涵和基本要求，对于社会主义核心价值观建设和法治中国建设都具有重要意义。

一、"法令行则国治"

法治是政治文明发展到一定历史阶段的产物，是现代社会的基石，向来为世界各国人民所向往和追求。若论其重要性，必然要谈到"法治"对政治、经济、社会等的深远影响，以及其在"民主、自由、平等、公正"等核心价值观建设中的重要作用。

1. "法治"是政治体制改革的必然要求

现代民主政治是一种政党政治，执政党是政治活动中的真正主体。只有把执政党的行为纳入法治的轨道，才能使政党（尤其是执政党）的行为规范化、合法化，从而具有正当性和权威性；才能通过执政党约束执政者，使其严格地依法办事、依法治国。"把法治作为一种政治体制来理解……将使全面依法治国有一个明确的方向，即全面依法治国与政治体制改革有机结合起来，按照法治的要求去规划和制定法律……使依法治国建设的重点指向体制的转换上。"①

中国人很早就意识到了"法"的力量。据《史记·商君列传》记载：商鞅立法，令既具，未布，恐民之不信，已乃立三丈之木于都市南门，募民有能徙置北门者予十金。民怪之，莫敢徙。复曰"能徙者予五十金"。有一人徙之，辄予五十金，以明不欺。卒下令。令行于民期年，秦民之国都言初令之不便者以千数。于是太子犯法。卫鞅曰："法之不行，自上犯之。"将法太子。太子，君嗣也，不可施刑，刑其傅公子虔，黥其师公孙贾。明日，秦人皆趋令。行之十年，秦民大悦，道不拾遗，山无盗贼，家给人足。民勇于公战，怯于私斗，乡邑大治。故事说的是商鞅为了让人们相信新立的法律法规，特意在城南门立起一根"三丈之木"，并承诺将其搬到城北门的人将获得"十金"酬劳。可是，直到商鞅将酬金增至"五十金"时，才出现第一个"吃螃蟹"的人。此人揭榜、移木后便得到了这"五十金"。人们由此知道了商鞅令出必行的执政风格。有一次，太子触犯了新法，商鞅说"法之所以无法推行，是因为地位高的人不遵守法度"，于是依法惩处了太子傅和太子师。从那以后，人们就更加遵守法令了。新法持续推行了十年之后，社会风气明显有所好转，人们的生活也越来越幸福。

法治的力量到底有多强大？党的十八大以来的实践可谓最好的证明。例如，中共中央运用法治思维不断出台各类规章制度，

---

① 严存生：《法治的观念与体制》，商务印书馆2013年版，第11-12页。

第八章　法治：现代国家治理的基本方式

如"八项规定""六项禁令"、反对"四风"等，推动了"把权力关进制度的笼子里"的政治改革，反腐倡廉建设取得了实质性的进展，赢得了广大民众的赞誉；国务院取消和下放多项行政审批事项，让市场"法无禁止即可为"，让政府"法无授权不可为"，极大地释放了社会活力，从激活市场到简政放权再到调整结构，以结果为导向的全面深化改革在法治的轨道上渐入佳境——"凡属重大改革都于法有据"[①]，法治精神渗透在各个具体的改革领域中，按法治思维办事渐成常态。

2. "法治"是发展社会主义市场经济的客观需要

市场经济在相当程度上意味着法治经济。市场主体的活动，市场秩序的维护，国家对市场的调控，都离不开法律的规范、引导、制约和保障。在一定意义上，法治就像是指引"全面深化改革"这艘航船在风雨中不变方向的灯塔，是有效防御"市场经济之川"泛滥的堤坝，它坚强地守卫着改革开放40年的成果不被蚕食。以2015年度十大经济行政典型案例之一，德清莫干山蛇类实业有限公司诉浙江省食品药品监督管理局的行政监督案为例。

案件讲述的是浙江省湖州市食品药品监督管理局于2013年10月抽检德清莫干山蛇类实业有限公司（以下简称"莫干山公司"）生产的某批号三蛇粉胶囊一事。省食品药品检验研究院对送检样品出具的检验报告中汞含量为0.5mg/kg。该公司又将送检样品拿到省疾病预防控制中心复检，复检结果显示汞含量为0.45mg/kg。省食品药品监督管理局（以下简称"省食药局"）依据《保健（功能）食品通用标准》[②]（GB16740—

[①] 《人民日报》评论员：《用法治精神推进改革大业》，《人民日报》2014年10月23日，第1版。

[②] 《保健（功能）食品通用标准》规定，胶囊产品中有害金属及有害物质限量应≤0.3mg/kg。

1997)认定被检样品汞超标，属不合格产品。于是，省食品药品监督管理局于2014年8月向各市的市场监督管理局下发了《关于2013年度省级保健食品化妆品监督抽检结果的通报》(浙食药监稽〔2014〕15号文)，对抽检不合格产品予以通报(含上述胶囊)，并在省食品药品监督管理局的官网上予以公布。莫干山公司认为，检测报告在认定标准上存在错误，抽检样品应适用于已备案的企业标准，该局在网站上通报该公司产品不合格的行为严重影响其声誉。故诉诸法院，要求撤销浙食药监稽〔2014〕15号文中对其上述产品监督抽检不合格的通报。杭州市西湖区人民法院经一审认为，莫干山公司的诉争产品首次检测结果汞含量为0.5mg/kg，复检的汞含量为0.45mg/kg，仍不符合国家强制性标准，属不合格产品。原告莫干山公司提出其制定了诉争产品的企业标准并经备案，其产品符合该标准。但企业标准中关于汞含量的限量指标要求不符合国家标准，不能对抗国家强制性标准的效力。被告(省食药局)具有进行食品安全监测和评估、检验、公布食品安全信息的法定职责，有权向社会公布检验信息，在其网站上公布的名单并未扩大原告实际抽检产品范围，符合法定程序，因此驳回了原告的诉讼请求。

该案是维护市场安全、公众健康的典型案例。案中，虽然莫干山公司强调抽检产品应适用经备案的企业标准，但食药监督部门严格执法，认定抽检产品不合格，强调生产企业抽检产品必须按国家标准严格执行；法院对此予以支持，在判决中明确指出企业标准中关于汞含量的限量指标要求不符合国家标准，不能对抗国家强制性标准的效力。可以说，通过行政审判职能的充分发挥，对于维护市场安全、保护公众健康，促进行政机关依法严格管控食品、药品的生产、销售等各个环节具有积极的现实意义。多年的社会主义市场经济实践证明,在法治的框架内处理各种利益纠纷、利益矛盾,深化社会主义市场经济改革,寻求法治理念的最大共识,既是中国改革持续向前的制度保障,也是全体人民的福祉之所在。

3. "法治"是治理社会、维护国家长治久安的重要保障

众所周知,在实行"人治"的时代,统治阶级的主观意志左右着国家的一切,其中最明显的弊端是"朝代更替""人亡政息"引发的社会动荡、民不聊生。而法律具有"公开、公正、明确、稳定"的特性,这使得法治具有"公利性、稳定性和可预期性",为有效治理社会、维护国家长治久安提供了可靠的保障。在实行法治的社会中,一个国家的任何机关、团体和个人,包括国家最高领导人在内,都必须严格遵守法律,依法办事。"法治"的这种公正性、稳定性,对于今天剧烈变迁着的中国显得尤为重要。这不仅体现在出台决策必须于法有据,制定的政策不能朝令夕改,更体现在一个高速前行的转型社会中,对价值理念、社会心态和社会秩序所起的稳定作用。例如,用法治思维和法治方式深化改革、推动发展、化解矛盾、维护稳定,形成"办事依法、遇事找法、解决问题用法、化解矛盾靠法"的思维模式,可以提高党和政府的执政能力和执政效率,也可以通过法治引领和规范政府及官员的行为。

4. "法治"为社会主义所倡导的"民主、自由、平等、公正"价值观提供了可靠的制度基础

作为现代文明的标志,"法治"取"人治"而代之,不仅将民众从专制统治下解放出来,而且在政治上实现相对平等,推进了自由、平等和公正价值的实现。世界各国在古代人治环境下形成了"家天下"的观念,统治阶级将国家视为自己的私人财产,强制、压迫民众服从管束。这种一切以统治阶级的私利为宗旨的治国方

式，往往没有人性，对广大民众更是毫无公平正义可言。近代以来，随着工业革命和市场经济的发展，人类社会步入了发展的快车道。随着社会的进步和民主意识的觉醒，人们开始追求民主、自由、平等、公正的美好生活，开始用法治废除"刑不上大夫"，"法律面前人人平等"的原则逐步确立起来；人们开始学会用法律武器保护自己，向侵害自己合法权益的对象讨还公道。新中国成立后，当家做主的广大人民开始运用法律武器保障自己的权益，治理国家和社会，但由于中国历史上法治传统不彰，经济、社会发展水平不高，法治化进程步履艰难。"文化大革命"结束之后，中国开始拨乱反正，走上法治化轨道。近年来，法治的意义不断彰显，法治的地位不断提高，法治对"民主、自由、平等、公正"等核心价值的保障正在不断增强。

2015年度十大经济行政典型案例之一，江西省盐业集团公司吉安分公司诉吉安市工商行政管理局的行政处罚案，就是行政机关依法查处不正当竞争行为的典型案件。

案件讲述的是国务院授权的盐业主管机构——江西省吉安市盐务局和江西省盐业集团公司吉安分公司(以下简称"吉安盐业公司")，实际上是经工商部门注册登记并办理营业执照的同一个企业。该企业的经营范围是食盐、各类用盐、场地出租、日用百货等。为提高企业效益，吉安盐业公司以"停止供应食盐"为要挟，强制要求食用盐零售商在批发食盐时，搭配购买低钠盐、深井盐或食用油、白酒等商品。食用盐零售商王某因不满此种强制消费行为，特向吉安市工商行政管理局(以下简称"市工商局")投诉。该局先后两次向吉安盐业公司下达责令改正通知书。后经市工商局立案调查，做出行政处罚决定：责令吉安盐业公司停止违法行为，处以罚款16万元。吉安盐业公司申请行政复议后，复议机关仍维持上述处罚决定。于是，该公司诉诸法院，请求撤销市工商局的行政处罚决定。

吉安市吉州区人民法院一审认为，原告吉安盐业公司作为国家食盐专营企业，具有法定的独占经营权，与其他普通经营者对食盐零售商具有不同支配地位，但其经营主体、地位应当平等。原告在开启多种经营活动中，利用自身专营食用盐的批发、配送过程中的独占优势地位，向食用盐零售商强制搭售低钠盐及非盐商品食用油、洗涤系列产品、白酒等商品，其行为构成了限定他人购买其指定的经营者的商品，违反了《反不正当竞争法》第六条规定，遂判决维持被告吉安市工商局做出的行政处罚决定。该公司上诉后，吉安市中级人民法院判决驳回上诉、维持原判。

该案中，法院的裁判彰显了"法治"对公平竞争权益的有力保障，对行政机关严格执法的有力支持，对市场经济持续健康发展的有力推进。可见，建立平等自由、竞争有序的市场秩序，离不开法律对于广大经营者公平竞争权的充分保护。

党的十一届三中全会提出："为了保障人民民主，必须加强社会主义法制，使民主制度化、法律化，使这种制度和法律具有稳定性、连续性和极大的权威，做到有法可依，有法必依，执法必严，违法必究。"十五大将"依法治国，建设社会主义法治国家"确立为党领导人民治理国家的基本方略，并将之以宪法形式确定下来。十八届四中全会明确提出"全面推进依法治国"，努力实现"建设中国特色社会主义法治体系，建设社会主义法治国家"的总目标。基于"全面依法治国"，"民主、自由、平等、公正"等核心价值的实现才真正有了保障。

5. "法治"保障了广大人民的主人翁地位和各项民主权利

马克思、恩格斯在《共产党宣言》中指出:"工人革命的第一步就是使无产阶级上升为统治阶级,争得民主。"①毕竟,由人民享有国家主权,参与国家治理是人民主权理论的实现形式,是社会主义法治的前提和基础。与以往的"管理"或"统治"模式相比,"法治"最大的不同之处在于:"治理"的主体不再仅限于政府官员,个人、企业、NGO组织等多元主体也可以通过各种方式参与到依法治国过程中。在社会主义中国,人民民主专政的国体和人民代表大会制度的政体都是宪法规定的,这从法律上保障了人民的主人翁地位和各项民主权利,包括广泛参与国家政治生活的权利。当然,中国的法治实践也走过了曲折的历程。回顾历史,由最初的"统治"、发展到"管理",再到"法治",这俨然是一次政府、市场、社会由配置的结构性变化转为主体性变化的创新举措,象征着一场国家、社会、人民由对立、对抗的关系最终发展为合作关系的政治革命。

二、"法律是一种强制性秩序"

"法治"的含义比较复杂,社会上存在不少误解,主要表现在如下几个方面:第一,对"法治"做望文生义的理解,认为法治是按照成文法律规则治理国家;第二,对"法治"做形式主义的理解,不区分良法与恶法,认为恶法之治亦是法治;第三,对"法治"做工具主义的理解,认为法治只是一种治国方式,适合于任何政治体制,甚至把法治与法制混为一谈,任何法律体系健全的社会即法治社会,等等。显然,这些误解容易导致人们认为,"法

---

① 《马克思恩格斯文集》第2卷,人民出版社2009年版,第52页。

第八章　法治：现代国家治理的基本方式

治"是包罗万象、放之四海皆可行的灵丹妙药，任何政治体制都可以建构一个法治社会。了解什么是"法治"，往往必须结合历史进行梳理。正如霍姆斯认为："要了解法律是什么，我们必须知道它曾经是什么，以及将要变成什么。"①

就中国而言，论及"法治"，首先得从"法"谈起。在汉语中，"法"的古体为"灋"。中国历史上第一部字典《说文解字》解释为："灋，刑也，平之如水，从水；廌，所以触不直者去之，从去。"这里的"平之如水"象征着"法"的公平、公正。"廌"是传说中能明辨是非的一种独角神兽，据说审判时被廌触者即为败诉或有罪。这里的"廌"象征着"法"的"明断曲直"。"法治"一词很早就出现在中国古代典籍中：《晏子春秋·谏上九》中有"昔者先君桓公之地狭于今，修法治，广政教，以霸诸侯"；《淮南子·氾论训》中有"知法治所由生，则应时而变；不知法治之源，虽循古终乱"，等等。不过，当时的"法治"主要指的是法律制度，因与"法制"意思接近，因而在古汉语中二者常常被混为一谈。《辞海》中对"法治"的解释有二：一是先秦时期法家的政治思想，主张以法为准则，统治人民，处理国事；二是指根据法律治理国家。《管子·明法》中说："威不两错，法不二门，以法治国，则举措而已。"

公元前221年，秦始皇统一中国，建立了中国历史上第一个以中央集权为特征的、统一的专制王朝，确立了之后几千年的中国传统政治格局和政治模式。在指导思想上，秦代奉行的是法家学派的"法治""重刑"等理论，法律制度非常严密。汉代鉴于"秦二世而亡"的历史教训，把儒家思想引入法律制度当中，逐步形成了德法合治的传统。这一传统到隋唐时达到顶峰，以《唐律疏

---

① 转引自［美］哈罗德·J. 伯尔曼《法律与宗教》，梁治平译，中国政法大学出版社2003年版，第149页。

议》的制定为标志，中国古代道德与法律的融合过程基本完成。儒家学派的一些基本主张被精巧地纳入成文法典之中，中国传统社会的"法律道德化，道德法律化"的特征，在隋唐法律中得到了充分的体现。宋代以后，中国的法律制度在隋唐时期所确立的基本框架内，仍得到了进一步的发展，但是由于封建专制的进一步加强，法律制度越来越成为封建统治阶级维护自身统治的工具。

从管仲最早提出"以法治国"的法治思想萌芽，到商鞅厉行变法"垂法而治"，直至韩非构建法术势相结合的法治思想体系，先秦法家的法治思想不断发展，臻于成熟。法家主张"法者天下之至道也""法乃治国之根本"，强调法律的普遍性和统一性，认为"君臣上下贵贱皆从法"（《管子·任法》），"法不阿贵，绳不挠曲，刑过不避大臣，赏善不遗匹夫"（《韩非子·有度》）。而且，应当"以法为教"并严格执行，维护法律的权威性和稳定性。法家认为，"号令已出又易之，礼义已行又止之，度量已制又迁之，刑法已错又移之。如是则庆赏虽重，民不劝也，杀戮虽繁，民不畏也"（《管子·法法》），"法莫如一而固"（《韩非子·五蠹》）。这些思想虽然比较朴素，却对现代法治思想有所启迪，甚至在一定意义上闪烁着现代法治精神的光芒。

从总体上看，中国封建社会采取的是诸法合一、以"刑"为主的法制体系。当时的政治家、思想家所说的"法"主要是刑法，且"有生法，有守法，有法于法。夫生法者君也，守法者臣也，法于法者民也"（《管子·任法》）。统治者的统治方略以君权神授、君临天下、专制独裁、权大于法为核心，强调国家至上、君本位、官本位和义务本位，漠视个人的人格、尊严、权利及其保护；往往依靠刑讯逼供屈打成招，甚至通过迷信、神明等进行裁判。这决定了中国封建社会的法制本质上属于统治者维护皇权统治、实施专制独裁的工具，实质上还是"人治"的一种补充。换句话说,没有摆脱"君主专制工具"这一命运的古代"法制思想",与强调人民权利的现代法治理念存在着本质的区别。邓小平曾经深有感触地说:"旧社会留给我们的专制的传统比较多,民主法制的传统比较少。"①在社会主义法治建设中,清除封建专制的残余,全面依法治国,建设"法治中国",是我们面临的十分艰巨的任务。

历史是一部内容丰富、启迪深刻的教科书。汲取中国传统法制思想文化的精华,扬弃其制度基础和糟粕性内容,是社会主义法治价值观建设的必由之路。中国具有深厚的"德治"传统,大多数时候占主导地位的儒家历来重视道德教化的作用,主张"正心、诚意、修身、齐家、治国、平天下""以修身为本""为政以德"。这种"德治"传统也具有一定的合理性和借鉴意义。在新时代中国特色社会主义建设中,当人们意识到德治是以其说服力和劝导力提高社会成员的思想认识和道德觉悟,法治则是以其权威性和强制性规范社会成员的行为后,治国理念有了创新与发展——将法治与德治有机地结合起来,使法律的外在力量和道德的内在力量相互配合,相互弥补,相得益彰。

西方社会的法治文化也经历了一个漫长的历史演进过程。早期西方的法律并不是一种独立的社会规范,它往往与神话、宗教、道德融为一体。在荷马时代,法律"据说"是由神颁布的,人只有通过神的启示才能获知法律;在罗马时期和中世纪,法律的权威主要源于神学或宗教的神圣性理念,上帝的权威是至高无上的,作为上帝意志的法律自然拥有不证自明的权威。

古希腊思想家亚里士多德最早提出和阐述了具有现代意义的法治思想。他在实证分析古希腊城邦制度的基础上,得出了"法

---

① 《邓小平文选》第2卷,人民出版社1994年版,第332页。

治优于人治"的结论。他在《政治学》中指出:"若要求由法律来统治,即是说要求理智来统治;若要求由一个个人来统治,便无异于引狼入室。因为人类的情欲如同野兽,虽至圣大贤也会让强烈的情感引入歧途。惟法律拥有理智而免除情欲。"①亚里士多德的这段话包含三个推论:良好的统治应当免除情欲,即免除任意和不确定;而人的本性使任何人都不能免除任意和不确定;法治则可以免除任意和不确定。显然,这段话既表明了"法治优于人治"的缘由,也道出了法治在宇宙秩序论、人性论等方面的哲学原理。亚里士多德还指出:"法治应该包含两重意义:已成立的法律获得普遍的服从,而大家所服从的法律又应该本身是制定得良好的法律。"②第一重意义强调的是法治形式的规定性,第二重意义强调的是法治内容的规定性。其中,"良法"内容更具有实质意义,只有良法才具有权威性;"恶法"根本无法构成法治之法,更不可能实现法治。他认为,"公民们都应遵守一邦所定的生活规则,让个人行为有所约束,法律不应该被看作(和自由相对的)奴役,法律毋宁是拯救"③。

西方的法治传统应该说还是比较深厚的,不少精英很早就意识到了法治的重要性。例如,柏拉图指出,人类社会要获得和平与繁荣,必须诉诸法律,"若法律支配着权力,权力成为法律驯服的奴仆,那么人类的拯救和上苍对社会的赐福也就到来了"④。亚里士多德认为,"凡不能维持法律威信的城邦都不能说它已经建立了任何政体。法律应在任何方面受到尊重而保持无上的权威,执政人员和公民团体只应在法律(通则)所不及的'个别'实例上

---

① 参见夏勇主编《公法》(第2卷),法律出版社2000年版,第2页。
② [古希腊]亚里士多德:《政治学》,吴寿彭译,商务印书馆1965年版,第199页。
③ [古希腊]亚里士多德:《政治学》,吴寿彭译,商务印书馆1965年版,第276页。
④ [古希腊]柏拉图:《柏拉图全集》第3卷,王晓朝译,人民出版社2003年版,第475页。

第八章 法治：现代国家治理的基本方式

有所抉择，两者都不应该侵犯法律"①。梭伦认为："国家最需要的是法律制度，没有法律和发生内乱是最大的灾难，而法律和秩序则是城邦的最大幸福。"②从亚里士多德的法治定理到文艺复兴时期的人权和物权理念，从资产阶级依法治国的启蒙思想到数百年来的治国理政理论，演绎出了以"自然正义原则"③和"自然权利原则"为核心的法治精神，以自由主义、理性主义、民主主义等为主要形态的法治理论体系。哈贝马斯等人还特别强调了立法程序的民主性。哈贝马斯认为，在现代社会，道德和法律已经分离开来，道德不再是法律的摹本，法律的正当性亦不能从道德中获得，它的权威只能源于商谈的民主立法程序。也就是说，"法律获得充分的规范意义，既不是通过其形式本身，也不是通过道德内容，而是通过立法程序，正是这种程序产生了合法性"④。西方法治精神和法治理论铸就了西方近代法治文明，对西方社会发展的意义不容低估。

当然，我们也应该看到，资本主义法治是建立在生产资料私有制基础上的，实质上体现和维护的是资产阶级的根本利益，具有明显的阶级局限性，并不是真正意义上的民主的法治。这是因为，现代资本主义法治是在继承资本主义法治的"阶级统治和阶级压迫"功能的基础上进一步形成的。马克思曾经深刻地揭露道：资本主义的"代议制是以资产阶级在法律面前平等和法律承认自由竞争为基

---

① [古希腊]亚里士多德：《政治学》，吴寿彭译，商务印书馆1965年版，第192页。
② 参见[苏]涅尔谢相茨《古希腊政治学说》，蔡拓译，商务印书馆1991年版，第22页。
③ 罗尔斯在《正义论》中重申，法律的规范有效性源自道德中的正义原则或正义制度："公正是社会制度的首要品格，正像真理是思想体系的品格一样。一种理论，无论它多么精致和简洁，只要它不真实，就必须加以拒绝或修正；同样，某些法律和制度，不管它们如何有效率和有条理，只要它们不公正，就必须加以改造或废除。"（[美]约翰·罗尔斯：《正义论》，何怀宏等译，中国社会科学出版社2009年版，第3页）
④ [德]尤根·哈贝马斯：《在事实与规范之间：关于法律和民主法治国的商谈理论》，童世骏译，生活·读书·新知三联书店2003年版，第167页。

础的"①。"如果认为在立法者偏私的情况下可以有公正的法官,那简直是愚蠢而不切实际的幻想!既然法律是自私自利的,那么大公无私的决判还能有什么意义呢?法官只能一毫不苟地表达法律的自私自利,只能够无条件地执行它。在这种情况下,公正是裁判的形式,但不是它的内容。内容早被法律所规定。"②"现代的国家政权只不过是管理整个资产者阶级共同事务的委员会罢了。"③当然,经过几百年的发展,特别是通过广大人民的奋起抗争,现代资本主义法治也取得了一定的进步——在一定程度上赋予了人民基本的权利,同时看似越来越顾及公共利益了。不过,在资本主义私有制和"资本的逻辑"运作过程中,它的本质并没有什么改变,即资本主义法治所包含的阶级统治和阶级压迫的实质并没有改变,只不过被包装得更加精巧、更加冠冕堂皇罢了。

现代意义上的社会主义法治与英文"rule of law"相对应,指的是人类社会的一种新型的治国理政模式。人们常常把"法治"与"法制"混为一谈,但事实上两者的区别是巨大的。法制是指一个国家的法及其法律制度,而法治强调的是一个国家处于依法治理的状态之中。法制可以存在于非人性的奴隶社会、专制的封建社会、按"资本的逻辑"运作的资本主义社会,也可以存在于人民当家做主的社会主义社会,可以存在于几乎一切社会形态之中,但法治则只能存在于民主政治的社会形态之中。与其说"法治"是要求所有人尊法守法,毋宁说它实现了对政府权力的控制和制约。

法治作为社会主义核心价值观的基本内容,具有鲜明的"中国特色""中国风格"。中国特色社会主义法治包含"法律制度、法治体制、法治文化"等方面,是马克思主义法律思想同中国具体

---

① 《马克思恩格斯全集》第4卷,人民出版社1958年版,第362页。
② 《马克思恩格斯全集》第1卷,人民出版社1956年版,第178页。
③ 《马克思恩格斯全集》第4卷,人民出版社1958年版,第468页。

实际相结合的产物,是政治文明发展到一定历史阶段的标志,也是人类文明发展到一定阶段的产物。目前中国正走在"全面依法治国"的轨道上,"法治"的价值正在逐步彰显出来。

三、齐心共建法治中国

党的十八届四中全会提出了"全面依法治国"的总目标,即"建设中国特色社会主义法治体系,建设社会主义法治国家"。但由于中国历史上封建传统根深蒂固,法治传统不彰,法治建设的时间不长,因而在新时代建设"法治中国",必然会是一个长期的、渐进的历史过程。在现阶段,依法治国不能脱离中国在政治、经济、社会和文化等方面的具体国情,不能简单照搬任何一种西方模式。全面推进依法治国至少必须从以下几个方面着手,并注意紧密配合,以建设全体人民当家做主、风清气正、秩序井然的"法治中国"。

1. 加强和改进党的领导,坚持依法执政

依法治国是党领导人民治理国家的基本方式。党的十九大报告在八个"明确"中指出:"全面推进依法治国,总目标是建设中国特色社会主义法治体系、建设社会主义法治国家。"把党的领导贯彻到依法治国全过程和各方面,是我国社会主义法治建设的一条基本经验。中国特色社会主义法治的表征是"党的领导、人民当家做主和依法治国"三者的有机统一。习近平总书记指出:"坚持中国特色社会主义法治道路,最根本的是坚持中国共产党的领导"[1]"党的领导是中国特色社会主义最本质的特征,是社会主义法治最根本的保证。"[2]这是因为,中国共产党

---

[1] 习近平:《坚定不移走中国特色社会主义法治道路》,《求是》2015年第1期。
[2] 《习近平谈治国理政》第2卷,外文出版社2017年版,第114页。

的根本宗旨是"全心全意为人民服务",党领导下的依法治国归根结底是为了实现全体人民当家做主、治理国家;"只有在党的领导下依法治国、厉行法治,人民当家做主才能充分实现,国家和社会生活法治化才能有序推进"①。建设"法治中国",首要任务是必须抓好党的建设,中国共产党怎样依法执政直接关系到"法治中国"建设的成败。一方面,要坚持党总揽全局、协调各方的领导核心作用,统筹依法治国各领域、各方面工作,确保党的思想贯穿到法治的全过程和各方面;另一方面,要加强和改进党对依法治国的领导,不断提高党领导依法治国的能力和水平,努力做到"三统一",即"把依法治国基本方略同依法执政基本方式统一起来,把党总揽全局、协调各方同人大、政府、政协、审判机关、检察机关依法依章程履行职能、开展工作统一起来,把党领导人民制定和实施宪法法律同党坚持在宪法法律范围内活动统一起来",和"四善于",即"善于将党的主张通过法定程序转化为国家意志,善于通过法定程序选举国家领导机关的成员,善于通过国家政权机关贯彻落实党对国家和社会的领导,善于运用民主集中制原则维护中央的权威,维护全国全党的团结统一"②。

2. 坚持依法治国、依法执政、依法行政共同推进

中国共产党能否坚持依法治国、依法执政、依法行政共同推进,直接关系到"法治中国"建设这一大局的成败。其中,依法执政是建设法治中国的重中之重。共同推进依法治国、依法执政、依法行政的首要任务是加强党内制度建设,特别是要求党员干部发挥模范带头作用。

---

① 《习近平谈治国理政》第2卷,外文出版社2017年版,第114页。
② 参见中共中央文献研究室《全面依法治国,开启中国法治新时代——学习〈习近平关于全面依法治国论述摘编〉》,《人民日报》2015年5月5日,第6版。

首先，党员干部要带头尊崇法治、敬畏法律。在社会主义体制中，党员干部是一个特殊的群体，必须将自己与封建社会的"官老爷"、资本主义社会的"资本代言人"之类角色区分开来，牢固树立"法律面前人人平等""权由法定、权依法用"等基本法治观念，彻底摒弃人治思想和长官意识，全心全意为人民服务。就像列宁所认为的那样，"按照我们工农共和国的法律，他们（党和国家机关工作人员）应该是苏维埃的代表，是勤恳工作和严格按法律办事的模范"[①]，应该心中有法、心中有戒，带头尊崇法治、敬畏法律。

其次，党员干部要做学法的模范，带头了解法律、掌握法律。学法懂法是守法用法的前提。党员干部必须带头了解法律、掌握法律，做到"心中有法"。习近平总书记强调："首要的是学习宪法，还要学习同自己所担负的领导工作密切相关的法律法规。各级领导干部尤其要弄明白法律规定我们怎么用权，什么事能干、什么事不能干，心中高悬法律的明镜，手中紧握法律的戒尺，知晓为官做事的尺度。"[②]

再次，党员干部要做守法的模范，带头遵纪守法、捍卫法治。作为"人民的公仆"，党员干部必须牢固树立"法律面前人人平等"观念，杜绝以言代法、以权压法。习近平总书记强调："任何组织和个人都必须尊重宪法法律权威，都必须在宪法法律范围内活动，都必须依照宪法法律行使权力或权利、履行职责或义务，都不得有超越宪法法律的特权。任何人违反宪法法律都要受到追究，绝不允许任何人以任何借口任何形式以言代法、以权压法、徇私枉法。"[③]实际上，党纪严于国法。对于任何政党，特别是执政党来说，党的规章制度和纪律原则要高于国家的一般法

---

① 《列宁全集》第43卷，人民出版社1987年版，第102页。
② 《习近平谈治国理政》第2卷，外文出版社2017年版，第127页。
③ 《习近平谈治国理政》第2卷，外文出版社2017年版，第115页。

律。也就是说，党员身份意味着较之普通人必须让渡一部分权利，比对普通人的要求必须更高。

最后，党员干部还要做用法的模范，带头厉行法治、依法办事，要善于用法治思维看问题、做决策、办事情，在依法执政的过程中捍卫法治，彰显法治的威严。此外，政府也要努力拓宽民主监督的渠道，提高权力运行的透明度，把民主监督、党组织监督、法律监督、行政监督和新闻舆论监督有机结合起来，形成中国特色的社会主义监督体系。

为了共同推进依法治国、依法执政、依法行政，近年来，中国共产党十分注重党内法规同国家法律的有机衔接，譬如，通过在实践中提高党内法规的立法技术，使其在制度设计、规范内容、制定技术方面与国家立法配合衔接。自十八大以来，中国共产党发布了《中国共产党党内法规制定条例》和《中国共产党党内法规和规范性文件备案规定》等党内"立法法规"，迈出用制度约束权力的重要一步；第一次发布了《中央党内法规制定工作五年规划纲要（2013—2017年）》，对中央党内法规制定工作进行统筹安排，提出了指导思想、工作目标、基本要求、主要任务和落实要求，确定了一批党内法规重点制定项目，对党内法规建设进行了统筹规划、顶层设计。这些都标志着党内法规制定工作进入一个新阶段。

3. 坚持法治国家、法治政府、法治社会一体建设

坚持法治国家、法治政府、法治社会一体建设，促成国家法治主导下的政府法制、地方法制功能互补、协调发展的局面是建设法治中国的重中之重。十九大报告深刻地指出，全面依法治国是国家治理的一场深刻革命，必须建设法治政府，推进依法行政，严格规范公正文明执法，必须"深化司法体制综合配套改革，全面落实司法责任制，努力让人民群众在每一个司法案件中

感受到公平正义",必须"增强依法执政本领,加快形成覆盖党的领导和党的建设各方面的党内法规制度体系,加强和改善对国家政权机关的领导"。

正所谓"奉法者强则国强,奉法者弱则国弱"。法治的重心在于用法律规范权力、制约权力。坚持法治国家、法治政府、法治社会一体建设的关键在于将法治落实到国家治理、政党执政、政府行政各个层面。这是推进国家治理体系和治理能力现代化的必然要求,是国家长治久安、人民幸福安康的根本保障。

现实地看,尽管法治国家、法治政府、法治社会一体建设不可能一蹴而就,但只要下大气力解决执法领域存在的"有法不依、执法不严、违法不究"和"以权压法、权钱交易、徇私枉法"等突出问题,就极有可能建成职能科学、权责法定、执法严明、公开公正、廉洁高效、守法诚信的法治政府,从而推进法治国家、法治政府、法治社会的一体建设。

4. 坚持有法必依、执法必严、违法必究

全面依法治国是国家治理的一场深刻革命。全面依法治国,厉行法治,具体必须落实到科学立法、严格执法、公正司法、全民守法各个环节,做到有法必依、执法必严、违法必究。

首先,推进科学立法,关键是提高立法质量、完善立法体制,深入推进科学立法、民主立法,以良法促进发展、保障善治。"要优化立法职权配置,发挥人大及其常委会在立法工作中的主导作用,健全立法起草、论证、协调、审议机制,完善法律草案表决程序,增强法律法规的及时性、系统性、针对性、有效性,提高法律法规的执行力和可操作性。要明确立法权力边界,从体制机制和工作程序上有效地防止部门利益和地方保护主义法律化。要加强重点领域的立法,及时反映党和国家事业发展要求、人民群众关切期待,对涉及全面深化改革、推动经济发展、完善社会治理,保障人民生活、维护国家安全的法律抓紧制定、及时修改。"①

其次,加大执法力度,着力解决执法不规范、不透明、不文明、不作为、乱作为等突出问题。一方面,应该"以建设法治政府为目标,建立行政机关内部重大决策合法性审查机制,积极推进政府法律顾问制度,促进机构、职权、程序和责任的法定化,促进各级政府事权规范化、法律化"②。另一方面,"要全面推进政务公开,强化对行政权力的制约和监督,建立权责统一、权威高效的依法行政体制。要严格执法资质、完善执法程序,建立健全行政裁量权基准制度,确保法律公正、有效实施"③。

再次,推进公正司法,重点是要优化司法职权配置,确保司法权力机关既能各司其职,又能相互协调、相互制约。譬如,竭力避免出现领导干部利用职权干预司法的现象。

最后,推进全民守法,必须着力增强全民的法治观念。习近平总书记在十九大报告中强调,全面推进依法治国必须"加大全民普法力度,建设社会主义法治文化,树立宪法法律至上、法律面前人人平等的法治理念"。这即是说,要采取有力措施加强法制宣传教育,坚持把全民普法和守法作为依法治国的长期基础性工作。例如,把法治教育纳入国家教育体系和精神文明创建当中,坚持法治教育从娃娃抓起,逐步增强青少年的法治意识。此外,还可以采取"健全组织单位和人民群众遵纪守法的信用记录""完善守法、诚信的褒奖机制和违法、失信的惩戒机制"等措施,营造守法光荣、违法可耻的社会氛围,使全体人民自觉遵纪守法。

---

① 《习近平谈治国理政》第2卷,外文出版社2017年版,第120-121页。
② 《习近平谈治国理政》第2卷,外文出版社2017年版,第121页。
③ 《习近平谈治国理政》第2卷,外文出版社2017年版,第121页。

第九章 爱国：对祖国的诚挚情感和基本义务

"爱国"是历史地形成的忠诚和热爱自己祖国的思想和感情；爱国主义是凝结民族力量的核心纽带。千百年来，无数仁人志士、英雄儿女为了祖国的安危，独立奔走呼号、抛洒热血，为了祖国的繁荣昌盛勤勉劳作、无私奉献，支撑着中华民族渡过一个又一个劫难，逐步走向伟大复兴。

一、为什么爱国是公民基本的职责？

为什么必须爱国？在大多数人那里，这似乎并不成为一个问题。作为一个中国人，生活在具有悠久爱国传统的中国，爱国似乎是天经地义、毋庸置疑的事情。然而，放眼历史和现实，我们却不难发现，损害国家利益的言行，甚至卖国求荣的"汉奸"，似乎也并不鲜见。他们中的有些人甚至振振有词，颇有些自己的"大道理"（例如"世界主义"者的"人类利益至上"）或者"小道理"（例如个人的欲望、利益和"特殊情况"）。因此，我们还是应该冷静下来，对为什么必须爱国进行一番理性的论证。

1. 个人的生存发展离不开国家的独立强盛

人是一种"类存在物"，是一种需要归属感的"社会动物"。国家正是人可以寄寓归属感的地方。"国家"是由她的一个个国民——"个人"——组成的社会共同体。"国家"与"个人"之间相互依存，不可分离。如果没有"个人"或者一个个国民，那么，也就无所谓"国家"。如果国家不能给个人提供一个独立、和平、安定的环境，那么，个人就会像"没娘的孩子"一样，没有归属，没有依靠，一切都无从谈起。诸如"国破家亡""城门失火，殃及池鱼"，讲的就是这个道理。

放眼世界，爱国并不仅仅只是中国人的专利，而是世界各国永恒的主题。实际上，没有哪个国家不提倡爱国价值观，不提倡爱国主义，不进行祖国的历史、语言和文化价值观教育。例如，俄罗斯每五年就会专门颁布《爱国主义教育国家纲要》，引导广大人民坚定热爱祖国、建设国家的决心和信心。在美国国家庆典时，人人背诵"我爱这个国家，保卫这个国家"的誓词，肯尼迪所说的"不要问国家能为你做些什么，要问你能为国家做些什么"是美国人推崇的名言。新加坡的中小学每天早晨都要进行全校朝礼，通过升国旗、唱国歌、齐声朗诵爱国誓文等活动，对广大学生进行爱国主义教育。

在中国历史上，古代中国人对于爱国有着非常深刻的认识、深情的感悟。这从大量充满爱国情怀的著名诗句中表现出来。如曹植的"捐躯赴国难，视死忽如归"，杜甫的"国破山河在，城春草木深"，陆游的"位卑未敢忘忧国"，杜牧的"商女不知亡国恨，隔江犹唱后庭花"，文天祥的"臣心一片磁针石，不指南方不肯休"，顾炎武的"天下兴亡，匹夫有责"，林则徐的"苟利国家生死以，岂因祸福避趋之"，徐锡麟的"只解沙场为国死，何须马革裹尸还"……从这些众口传诵的著名诗句中，我们不难品味出其中内蕴的"爱国、忧国、兴国、报国"之深情！

中国是一个古代辉煌灿烂却在近代遭遇了空前劫难的国家。一部鸦片战争以来的近代史，几乎就是一部中华民族饱受欺凌、受尽磨难的屈辱史，当然也是中华儿女抗敌御侮、救亡图存、争

第九章 爱国：对祖国的诚挚情感和基本义务

取民族独立和国家解放的斗争史。在近代以来的救亡图存历程中，中国人的爱国情怀体现得淋漓尽致。当遭遇外敌侵略、欺凌时，民族、国家的命运和个人、家庭的命运更加紧密地联系在一起。面对西方列强的洋枪洋炮、侵略欺凌、变态歧视，例如德国皇帝威廉二世提出的臭名昭著的"黄祸论"，1919年《巴黎和约》把东亚民族确定为"不能自我统治的民族"，以及广泛流传的将国人蔑称为"东亚病夫"……试图通过变法图强的康有为警示人们："吾中国四万万人，无贵无贱，当今日在覆屋之下，漏舟之中，薪火之上，如笼中之鸟，釜底之鱼，牢中之囚，为奴隶，为牛马，为犬羊，听人驱使，听人宰割，此四千年中二十朝未有之奇变。"[①]柏杨在《中国人史纲》一书中充满感情地写道："一些中国人曾经听说过或从未听说过的弹丸小国，在过去就是前来进贡也不够资格的，现在排队而来。昨日的辉煌，今日的屈辱，形成巨大的反差，几千年的文明之邦似乎在一夜之间沦为'劣等民族'。那些浩气贯长空、英雄垂千古的铁血将领以及无数普通的战士，以临危不惧、誓死抗争的精神，谱写了悲壮赤诚的民族颂歌，成为鞭笞和激励中华儿女不忘国耻、自强不息的精神丰碑。"[②]

鸦片战争失败之后，清政府腐败透顶，亡国灭种的阴云一直笼罩着我们这个已经辉煌了数千年的文明古国。爱国的仁人志士忧心如焚，发出了愤怒的吼声，并为救亡图存呕心沥血，奋斗不息。洋务运动、戊戌变法、太平天国反清农民起义、义和团运动、资产阶级的辛亥革命，各种救亡图存的尝试都以失败告终了，但是，中国人民仍然没有屈服，一直在黑暗中孜孜不倦地探索救国救民、伟大复兴的道路！

---
① 汤志钧编：《康有为政论集》（上），中华书局1981年版，第237页。
② 参见宋鲁郑《只有去中国才能看到未来——中国正迎来自信时代》，《红旗文稿》2013年第3期。

社会主义的航标灯

1917年,伴随着"十月革命"一声炮响,马克思主义从苏联传入了中国,中国的命运开始发生历史性转折。在中国这块古老的土地上,终于出现了一股全新的力量——领导全国人民推翻"三座大山"、实现民族解放、国家独立的中国共产党。为了抵御外来侵略,推翻"三座大山",争取民族独立和解放,中国共产党领导广大民众抛头颅、洒热血,建立了不朽功勋。

中华人民共和国成立之后,为了国家的主权独立、领土完整和和平统一,一代又一代的共产党人前赴后继,甘洒热血,不惜牺牲;为了国家的经济发展、繁荣昌盛和伟大复兴,一代又一代的中华儿女辛勤劳动,锐意创新,拼搏不息。从此,中国人民终于"站起来"了,并且正在开始"富起来""强起来"!那段任人鄙视、愚弄、欺凌、宰割的历史终于结束了!中国人民终于可以扬眉吐气,以主人翁的姿态生活在自己的国土上了!这种主人翁意识以及民族自豪感,于身处战乱环境或栖身国外的国人而言,往往会有更加深刻的感触。

2. 个人的生存发展与国家的发展息息相关

人是一种社会性的"类存在物"。个人的发展植根于祖国的土壤,个人的利益与国家的利益紧密关联。国家的自然地理环境、经济发展状况、政治法律制度和思想文化条件等直接影响着人们生存发展的可能性。如果一个国家贫穷落后、黑暗腐败、动荡不安,国人就可能穷困潦倒、卑微低贱、民不聊生;如果一个国家开放昌明、稳定富强、兴旺发达,国人则可以安居乐业、富裕安康、美满幸福。这也就是个人、家庭与祖国同呼吸、共命运的道理。如此说来,个人热爱祖国,关心祖国的前途和命运,实际上就是关爱自己,关心自己的前途和命运。

历史悠久、文化灿烂、幅员辽阔、地大物博,是古老中国优越于世界上许多国家和地区的特色。正是这种优势,给中国人带来了

第九章　爱国：对祖国的诚挚情感和基本义务

无上的荣耀感，也提供了更多更好的发展机会。譬如，对于身处穷乡僻壤、希望改变命运的孩子而言，囿于家乡环境和家庭条件的限制，可能难以实现"出国求学"的愿望，但是，仍然可以通过自身的不懈努力，考取发达地区或大城市的知名学府，从而通过求知改变自己的命运；对于那些希望在市场中求发展的企业家来说，巨大的中国市场提供了十分广阔的舞台，令人颇有"天高任鸟飞、海阔凭鱼跃"的感觉。身为一个中国人，一出生就能无条件享有伟大祖国带来的这些"福利"，无疑是一件值得庆幸和自豪的事情。

个人的成长离不开国家，个人的才能也应该奉献给国家建设。每个人都应该树立明确的国家观念，将自己的利益与民族、国家的利益协调起来，将自己的奋斗、牺牲与祖国的前途、命运联系起来。也只有这样，个人才能获得民族和国家的认可，赢得广大同胞的尊重和爱戴。如果因为个人的原因伤害了民族、国家的利益，牺牲了全体同胞的福祉，那么，即使个人利益得到了满足，取得了所谓的"成功"，也难免受到舆论的谴责，得不到历史和人民的认可。因此，一个人所取得的成功的"果实"，往往"挂结"在"爱国"这棵常青树之上。古往今来，彪炳中华民族史册、受到广大国民爱戴的，无一不是忠诚担当、奉献牺牲的爱国者。他们之所以能够成就一番事业，令自己名垂青史，根本原因就在于对祖国和人民怀有一颗滚烫的赤子之心，怀有一种强烈的义务感和责任意识。

3. 热爱祖国是每个国民需要履行的义务

家人须爱家，国人须爱国。如果说"祖国"扮演的是"母亲"的角色，那么，14亿中国人民就都是她的孩子，都有关心她、爱护她以及"赡养"她的责任与义务。如果说国民拥有无条件在中国"求生存、谋发展"的权利，那么，自然也拥有与之相应的"保卫国家安全和领土完整"的义务。如果说个人的一切都依存于祖国，那么，祖国的主权独立、繁荣昌盛更加需要全体国民的群策群力、敬业奉献。

广大爱国华侨曾为祖国的独立、自由、和平和统一做出不可磨灭的贡献。抗日战争胜利后，美国一意孤行，支持国民党与共产党打内战，暗中增援国民党军队，帮助蒋介石抢夺抗日胜利的果实。广大华侨对美国的这种行为极为愤慨。"纽约华侨衣馆联合会"致电美国总统杜鲁门，要求停止干涉中国内政。

1946年7月7日，新加坡50多个华侨团体聚集一处，强烈要求美国政府"尊重中国独立主权，迅速撤退驻华军队，停止一切援蒋活动""在中国民主联合政府未成立之前，不要借款给中国"。当美国驻华大使司徒雷登大言不惭地称其为"美国对华的援助"时，华侨司徒美堂当场对其严加痛斥，揭露了"美国助蒋介石掀起内战，是在与中国人民为敌，而非所谓'援助'的事实"。著名华侨领袖陈嘉庚提出，美国干涉中国内政和军事、经济援助国民政府，是中国内战发生和扩大的根源。1946年9月，他代表南洋华侨打电报给杜鲁门、马歇尔、司徒雷登和美国参众两院议长，劝告美国立即撤走驻华军队，停止一切对华援助，彻底改变其助蒋内战的政策，并称中国解放区是"中国新生的希望"。陈嘉庚的这封电文，"引起国际舆论的震动"，得到广大爱国华侨的支持和声援。

1946年12月24日夜，美国海军陆战队伍长皮尔逊等2人在北平强奸北京大学19岁女学生沈崇，再一次引起了全国学生、各阶层人民和海外侨胞的强烈抗议。北平、天津、上海、南京、武汉、重庆等数十个城市的学生和各界人士约50万人，相继举行了声势浩大的示威游行，抗议美军暴行，要求美军撤出中国，废除《中美商约》等。海外各地爱国侨胞义愤填膺，愤怒声讨美国士兵的恶行。例如，"新加坡华侨各界促进祖国和平民主联合会"提出了"维护主权，责无旁贷"的思想。他们在通电中愤怒地控诉道："美军驻华，妨害主权，助长内战，威胁世界和平，祸患无穷，不堪想象。今则北平女学生竟可强奸，且诬为娼妓，中华民族儿女岂能容其视同奴隶？"①

爱国是国民对自己祖国的一种深厚、诚挚的感情。正如诗人舒婷在《祖国啊，我亲爱的祖国》中深情地吟唱道："我是你的十亿分之一/是你九百六十万平方的总和/你以伤痕累累的乳房/喂养了/迷惘的我、深思的我、沸腾的我/那就从我的血肉之躯上/去取得/你的富饶、你的荣光、你的自由……"与其说作为社会主义核心价值观的"爱国"是国家对个人的要求，不如说它反映的是生活在社会主义新中国的人民对国家的建设和发展拥有"主人翁"意识的体现。在社会主义新中国，"小康社会的全面建成""中华民族的伟大复兴""中国梦的实现"都离不开这种"主人翁"意识，都离不开蕴藏在广大国民之中的磅礴力量。

从伦理道德的角度说，"爱国"是非常基本的道德要求，甚至是每一位国民的基本素质和道德底线。如果一个人连"爱国"都做不到，仅仅关注自己或者家人的一己私利，那么，就根本不配做一个"中国人"！无论是在战争环境中，还是在和平年代，这种爱国情感不坚定的人很容易被人收买、利用，很容易丧失最基本的职责，甚至走上叛国、卖国的不归路，沦为令人不齿的国家败类。在中国历史上，特别是自近代以来出现的大量汉奸和民族败类，给我们提供了鲜活、却发人深省的反面例子，广大爱国者应该引以为戒。

二、"爱国"范畴的丰富内涵

社会主义爱国价值观建立在中国传统的"爱国观念"和"爱国主义精神"的基础之上，是二者融合、升华之后的产物。作为社会主义核心价值观的"爱国"与个人层面的其他"核心价值"一

---

① 刘月丽编：《爱国主义历史故事100个》，晨光出版社1995年版，第177-178页。

样，不仅代表着国家对个人的道德要求，而且代表着新型人际关系在社会主义新中国发展的必然趋势。

就内涵而言，"爱国"是个人对祖国的一种诚挚、热烈、积极的情感，是对国家的一种基本的责任和义务意识。从外延上说，"爱国"包括"民族自尊心""民族责任心""民族自豪感"，集中体现为个人热爱祖国的历史文化、地理环境、风土人情，坚决捍卫国家的主权独立、领土完整和核心利益，为民族国家的生存、建设和发展做出自己应有的贡献。

1. 坚决捍卫祖国的主权独立和领土完整

领土是国之为国的根本，是国民生存、生活的物质依托。一旦国家的领土沦丧，国民便失去了生存、繁衍、发展的基本条件。所谓"国破家亡"就是这个道理。因此，坚决捍卫祖国的主权独立和领土完整，是每一个生在中国、长在中国的中国人肩负的光荣责任，也是社会主义爱国价值观的核心精神。凡是涉及侵犯国家主权、割裂祖国疆土、影响民族团结的行为，每一位国民都有责任和义务与之坚决抗争到底。

台湾自古以来就是中国的领土。台湾位于中国大陆东南海中，距厦门300公里，南接海南岛及南海诸岛，北连马祖、大陈、舟山群岛，被称为"七省之藩篱，东南之锁钥"，战略位置极为重要。郑成功收复台湾，是历史上捍卫祖国的主权独立和领土完整的经典案例。

> 早在230年，吴王孙权便派将军卫温、诸葛直，率甲士万余，航海到达台湾。元代期间，政府在澎湖设立了巡检司，用以管理台湾和澎湖列岛。17世纪上半叶，荷兰殖民主义者大规模侵略亚洲，开始屡犯台湾岛。1642年，荷兰大举进犯台湾，很快就占领了鸡笼、淡水等地。之后，为了在台

第九章 爱国：对祖国的诚挚情感和基本义务

湾实行军事管制，荷兰专门在台湾岛上修建了基地。

郑成功因早年曾多次跟随父亲郑芝龙与荷兰军队交战，对其战况较为熟悉，便下定决心要收复台湾。1661年4月，郑成功计划进军的当天赶上了风暴，为了不错过涨潮的时机，他率领军队冒着暴风雨起航，顺利抵达荷兰军队疏于防守的"鹿耳门港"。鹿耳门地势十分险要，外围有几十里的浅沙滩。郑成功的军队驶入"鹿耳门港"后，沿着台江直趋台湾北港，在距赤崁城北约5公里的地方迅速上岸。荷兰军队原以为郑成功的军队必从南航道驶入，却没料到从鹿耳门驶入了台江，避开了炮火的拦截。面对着浩浩荡荡的大队舰船，荷兰军队惊得目瞪口呆，顿时束手无策。郑成功的军队登陆后迅速包围了赤崁城。荷兰将领贝德尔很快率领几百名士兵向他们反扑。于是，他们迅速兵分两路，前后夹击荷兰军队。不久，贝德尔腹背中箭，荷兰军队立刻落荒而逃。他们乘胜猛攻，将残余势力一举歼灭。郑成功攻下赤崁城后，转攻台湾城。

台湾城是荷兰殖民者在台湾的统治中心，城堡坚固，防御设施完备。城周长1 000多米，高20多米。城垣坚固如石，上置大炮数十门，而且城中有荷兰军队1 000余人。1661年5月5日，荷兰将领揆一表示：只要郑成功退兵，荷兰愿意拿出10万两白银换取双方的"和解"。这一提议遭到了郑成功的拒绝。考虑到当时的情况——强攻台湾城一时难以得手，为了减少伤亡，郑成功决定在城墙周围修筑土台，将荷兰军队围困在城中。之后，荷兰将领雅科布·卡宇率舰船12艘、士兵800余人前来增援，还给荷兰军队带来了大量的军需补给。但是，荷兰援军行驶到台湾外海时突遭暴风雨袭击，只好退至澎湖。此时，郑成功率领军队趁机对荷兰援军发起进攻。激战了一个多小时后，郑成功的军队成功地击败了荷兰援军。其中,2艘荷兰战舰被击沉,150余名荷兰士兵阵亡。11月初,郑成功的水师再次击败了荷兰的第二批援军。

1662年1月26日,在台湾城被围困8个月后,荷兰又派出了一大批援军。经过郑成功的军队与其数次的殊死搏斗后,荷兰军队损失惨重,终于无力再战。2月2日,荷兰将领揆一代表荷兰在投降书上签字,并率领500多名残兵撤往巴达维亚。至此,被荷兰殖民者侵占了38年之久的台湾岛才重新回到祖国的怀抱。

郑成功收复台湾后,废除了荷兰殖民者的制度,进行了各种改革,兴办学校,大力发展海外贸易,同时号召大陆人民移居台湾开荒种地,使台湾的经济、文化得到迅速发展,在台湾的开发史上写下了重要的一页。

自古以来,在国家遭受外敌入侵、民族面临生死存亡的危急时刻,像郑成功这样挺身而出,为保家卫国而浴血奋战,坚决捍卫祖国的主权独立和领土完整的英雄人物,在中国历史上还有很多,可谓数不胜数。除了郑成功之外,屈原、岳飞、文天祥、戚继光、林则徐、左宗棠、邓世昌、杨靖宇、彭雪枫、赵尚志、左权、王伟……他们用自己的鲜血和生命诠释了"天下兴亡,匹夫有责"的民族大义,诠释了"宁死不做亡国奴"的英雄气概,诠释了"我以我血荐轩辕"的壮士情怀。他们面对侵略者的铁蹄和利刃,"抛头颅,洒热血",针锋相对,不屈抗争,寸土必争,展现了"捐躯赴国难,视死忽如归"的民族大义,形成了可歌可泣、气吞山河的爱国传统。

2. 热爱祖国的历史文化、地理环境、风土人情

家是国的缩影,国是家的后盾,国就是由无数的家组成的。中国自古就有大量关于"恋家""思乡"的诗词。汉代有"日暮途且远,游子悲故乡",唐代有"举头望明月,低头思故乡",清代

有"鸟近黄昏皆绕树,人当岁暮定思乡"。这些诗词表达的不仅仅是诗人对亲人的思念,更是诗人对故乡的历史文化、地理环境、风土人情的热爱、留恋。艾青在诗歌《我爱这土地》中深情地说:"为什么我的眼里常含泪水?因为我对这土地爱得深沉……"这种恋土思乡之情,所蕴含的也正是对祖国的历史文化、地理环境、风土人情的热爱。

热爱祖国的历史文化重点体现在个人拥有文化自觉,对祖国的历史文化高度自信、高度认同。历史文化是一个民族的根基和灵魂,是一个民族的精神血脉和精神家园。文化自觉是指一个民族、国家及其人民在文化上的觉醒和觉悟,包括对文化在社会生活中的地位和作用的深刻认识,对文化的发展条件和发展规律的客观把握,对文化发展权力和责任的主动担当。个人拥有文化自觉,是民族、国家文化繁荣发展的思想基础和先决条件。

在诺贝尔文学奖颁奖仪式上,莫言深情地讲述了四个内蕴中国传统文化优秀品质的成长故事:

> 我记忆中最早的一件事,是提着家里唯一的一个热水瓶去公共食堂打开水。我当时因为饥饿无力,失手将热水瓶打碎了。我因极度害怕被责罚就钻进了草垛,一天都没敢出来。傍晚的时候,我听到母亲呼唤我的乳名,便从草垛里钻了出来。没想到母亲既没有打我,也没有骂我,她只是抚摸着我的头,口中发出长长的叹息。

> 我记忆中最痛苦的一件事,是有一次跟着母亲去集体的地里捡麦穗。其间,看守麦田的人来了,人们纷纷逃跑,只有我的母亲跑不快(曾被裹小脚),被抓住了。那个身材高大的看守人将我们捡到的麦穗全部没收之后,还扇了她一个耳

光。她摇晃着身体跌倒在地,母亲嘴角流血,脸上那种绝望的神情让我终生难忘。多年之后,当那个看守麦田的人在集市上与我再次相遇时,他已经白发苍苍。我冲上去想找他报仇,母亲却拉住了我,平静地说:"儿子,那个打我的人,与这个老人,并不是一个人。"

我记得最深刻的事,是某个中秋节的中午,我家难得地包了一顿饺子,每人只能吃上一小碗。当我正吃着饺子时,一个乞讨的老人来到了家门口。我将半碗红薯干给他,他却气愤地说:"我是一个老人,你们吃饺子,却让我吃红薯干,你们的心是怎么长的?"我被他这句不识好歹的话给激怒了,气急败坏地说:"我们一年也吃不了几次饺子,一人只有一小碗,连半饱都吃不了!给你红薯干就不错了,你要就要,不要就滚!"母亲却走过来制止了我的无礼,然后端起自己的半碗饺子,倒进了老人的碗里。

我最后悔的一件事,是有一天早上跟着母亲去卖白菜,有意无意地多收了一位买白菜的老人一毛钱(当时可谓"巨资")。"作案"之后,我就去了学校。当我放学回家时,第一次看到母亲在我面前流了泪。当看到母亲床边放着早上卖菜时用来收钱的盒子时,我才知道原来母亲流泪是因为发现了我的"恶行"。可是,她没有出言责备我,只是很伤心地说:"儿子,你让娘丢了脸。"

在这些看似平常的故事中,"母亲"的形象可谓中国优秀传统文化的化身。正是出于对体现在"母亲"身上的仁爱、宽容、诚信、友善等中国传统价值观的认同和反思,莫言才会在如此重要

第九章 爱国：对祖国的诚挚情感和基本义务

的场合讲出这些深藏在他心底的故事，最终让全场为之震撼、动容。其实，拥有共同的文化，特别是接受和认同该文化中的核心价值观，往往是民族认同、社会认同的基础。钱穆说："欲知其国民对国家有深厚之爱情，必先使其国民对国家以往历史有深厚的认识。"①梁启超说："史学者，学问之最博大而最切要害者，国民之明镜也，爱国心之源泉也。"②龚自珍更是明确指出："灭人之国，必先去其史。"可见，对祖国历史文化的高度自信、高度认同，在爱国情感中占据着非常重要的地位。

3. 为国家的建设和发展辛勤劳动、无私奉献

国家的前途、命运与国民的前途、命运息息相关；国家的发展、繁荣昌盛，也有赖于每一位国民的努力。中华民族在历史上曾经创造了辉煌，为人类文明的进步做出了巨大贡献。这是无数爱国仁人志士长期不懈艰苦奋斗的结晶。迈入新时代，当代中国人肩负着中华民族伟大复兴的历史重任，能否怀着一颗忧国忧民之心，将个人梦实质性地融入中国梦之中，为国家的建设和发展添砖加瓦，是判断一个中国人是否真正爱国的重要依据。

被誉为"油田铁人"的王进喜，是新中国辛勤劳动、无私奉献的一面火红的旗帜，为中国石油事业立下了汗马功劳。

> 王进喜是新中国第一批石油钻探工人。1959年，王进喜到北京参加群英会，看到大街上的公共汽车，对于车顶上背个大气包感到很奇怪，经询问才得知是缺乏汽油所致。"北京汽车上的煤气包，把我压醒了，真真切切地感到国家的压力、民族的压力，忽地一下子就落到了自己肩上。"他说道，"一个人没有血液，心脏就停止跳动。工业没有石油，天上

---

① 钱穆：《国史大纲》，商务印书馆1979年版，《引论》第2页。
② 梁启超：《梁启超史学论著三种》，林毅校点，香港三联书店1980年版，第3页。

社会主义的航标灯

飞的、地上跑的、海上行的，都要瘫痪。没有石油，国家有压力，我们要自觉地替国家承担这个压力，这是我们石油工人的责任啊！"

1960年春，我国石油战线传来喜讯——发现了大庆油田。随即一场规模空前的石油大会战在大庆展开。王进喜从西北的玉门油田率领1205钻井队赶来，加入了这场石油大会战。一到大庆，呈现在王进喜面前的是许多难以想象的困难——没有公路，车辆不足，吃和住都成问题。

钻机到了，吊车不够用。王进喜说："一刻也不能等，就是人拉肩扛也要把钻机运到井场。有条件要上，没有条件创造条件也要上。"他们用滚杠加撬杠，靠双手和肩膀，奋战3天3夜。要开钻时，水管还没有接通。王进喜就带领工人到附近水泡子里破冰取水，用脸盆、水桶，一盆盆、一桶桶地往井场端了50吨水。经过连续5天5夜的苦干，他们终于打出了大庆的第一口油井。在随后的10个月里，王进喜率领1205钻井队和1202钻井队，以"宁可少活二十年，拼命也要拿下大油田"的顽强意志和冲天干劲，在极端困苦的情况下，克服了重重困难，创造了年进尺10万米的世界钻井纪录。

王进喜处处从国家利益着想，在工作中十分重视调查研究，严把油田质量关，还建立了工作责任制。他留下的"铁人精神"和"大庆经验"，是中国特色社会主义建设的宝贵财富。[1]

"铁人"王进喜的故事告诉我们：在当今和平建设年代，或许不需要震撼一时的牺牲，但能否站在国家长远发展的立场上，让自己的个人利益服从国家的发展，想方设法让国家建设取得实质

---

[1] 《人民日报》编辑部：《永远的丰碑：新中国石油战线的铁人王进喜》，《人民日报》2005年4月30日，第2版。

性突破,也是考验每一个人爱国情怀的试金石。

需要强调指出的是,党的十一届三中全会以来,中国拨乱反正、改革开放,实行社会主义市场经济,只用短短40年,就把积贫积弱的中国建成了世界第二大经济体。这与广大人民心系国家、辛勤工作、无私奉献是分不开的。然而,我们必须看到,中国与世界发达国家的差距仍然很大,面临的各种问题和挑战甚至越来越多,越来越尖锐。目前,中国的全面深化改革已经进入了攻坚阶段,"容易的、皆大欢喜的改革"已经完成了,"好吃的肉"都已经吃掉了,剩下的都是一些难啃的"硬骨头"。这其中,有的牵涉复杂的部门利益,有的要触动一些人的"奶酪",有的需要多方面配合、多措并举……面临的这些问题越多、涉及的矛盾越大,全面深化改革就越是艰难,也就越需要全党全国人民将智慧和力量投入其中,创造性地加以推进。例如,全面深化改革需要全国人民共同增强勇气,坚定信心,敢于用先进的理念攻坚克难;敢于向积存多年的顽瘴痼疾开刀;敢于触动某些特定利益集团,将公正价值观全面付诸实践;敢于啃"硬骨头",在诸如民主体制设计、核心技术研究等方面取得全面突破。总之,国家的发展仍然需要我们胸怀大局、无私奉献,仍然需要群策群力。

三、怎么做才算是"爱国"?

虽然爱国是一种忠诚和热爱自己祖国的思想和感情,但爱国绝不仅仅只是体现在思想和感情层面。爱国从来就不是空洞的口号,口头上的"表达型爱国者"根本就不是真正的爱国者。培育和践行社会主义爱国价值观,囊括的范围极为广泛,大到"慷慨赴国难",小到"支持国产""爱用国货",体现在人们日常生活的大小事务之中。

1. 抵制外国的军事侵略、经济掠夺、文化渗透和政治颠覆

中国拥有五千年的历史文化,既是世界文明的摇篮之一,也是世界的文明大国之一。几千年来,在中国这块神奇的土地上,曾经发生过许多次外敌入侵,在每一场保家卫国的战争中,都涌现出了大量可歌可泣的爱国志士。这些爱国志士用鲜血和生命鲜活地诠释了爱国行为:誓死维护祖国的统一、民族的团结和社会的稳定。由于这些爱国行为气壮山河,极具"显性",因而人们很容易就能将其内化于心、外化于行。

相对而言,抵制外国的经济掠夺、文化渗透、政治颠覆的爱国行为发生在"没有硝烟的战场",往往更具"隐蔽性"。因为经济掠夺、文化渗透、政治颠覆没有军事战争那么血雨腥风,当人们被卷入其中时,有时连自己都难以察觉,更别说理智地对其进行抵制了。也正因为此,人们需要提高警惕,重新认知经济掠夺、文化渗透、政治颠覆等的危害性,并从日常生活实践着眼,注意发现、识别敌对势力的各种侵略行径,进行有效的抵制、有力的反抗。

自第一次鸦片战争起,西方列强利用不平等条约对中国进行经济掠夺和文化渗透。例如,在经济上,通过控制中国的通商口岸,剥夺中国的关税自主权,对中国实行商品倾销和资本输出,进而操纵中国的经济命脉;在文化上,在华大力发展传媒事业,通过创办《六合丛谈》《中外新报》《教会新报》等刊物,制造大量对西方有利的殖民主义奴化思想舆论,从而麻痹中国人的精神和心理。改革开放以来,一些西方国家仍然在研究如何对中国进行经济掠夺和文化渗透,企图对中国的国家利益巧取豪夺,将中国文化解构、"西方化",从而瓦解中国人的民族自豪感和抵抗意志,达到和平演变、不战而胜的目的。

我们不妨以文化渗透为例。一般而言,民族、国家的强盛总是以一定的文化繁荣为支撑的。认同国家的优秀传统文化、民族

第九章　爱国：对祖国的诚挚情感和基本义务

精神以及核心价值理念，是每一个中国人拥有文化自信的关键所在。而近年来，西方发达国家一直在利用自己的信息技术优势和对传播媒体的垄断，掌控话语权，推销西方资本主义的政治制度，推广"自由、民主、人权"等"普世价值"，并对与其文化价值观不同的国家（包括中国在内）进行攻击和责难；借助广播、电影、电视、书籍、报刊、动漫、电子游戏等，公开或隐蔽地推销其政治理念、意识形态和社会管理方式；借助跨国企业和对外贸易，在大肆推销商品和服务的同时，附带推销其国家的消费文化和生活方式。这一切，在相当程度上影响了中国人（尤其是年青一代）的世界观、人生观和价值观，造成了文化价值观的迷惘、混乱、冲突和无序。例如，在当代中国，有些人盲目崇外，偏激地认为中国的一切都不如外国，甚至"月亮也是外国的圆""空气也是外国的甜"；有人立足现代化的西方看中国，宣称中国的传统文化"一团糟"，主张彻底抛弃文化传统，实行"全盘西化"；有人甚至站在敌视中国和中国文化的一方，利欲熏心，背祖求荣，不惜干一些"亲者痛，仇者快"的勾当。在一定意义上，说这些人已经沦为"文化汉奸"毫不为过。与这些人的卖国行径进行坚决斗争，有效抵制外国的文化渗透，是新时代爱国的新特点，也是对广大国民的新要求。

2. 坚定中国特色社会主义信念，为中国的繁荣昌盛贡献力量

近代中国落伍之后，曾在西方列强的侵略欺凌之下，陷入半封建半殖民地的悲惨境地。如同俗语"虎落平阳被犬欺"所说的那样，当时被侵略者蔑称为"东亚病夫"的中国人毫无人格和尊严可言。鸦片战争之后，面对千年未有之难局，无数仁人志士曾经强忍悲愤，孜孜探索救国救民的真理，书写了无数可歌可泣的悲壮故事。

今天，中国人民已经摆脱了落后挨打的难堪窘境，早已经"站起来了"。改革开放之后，通过勤劳的双手，在各个领域都

社会主义的航标灯

取得了突出成就,"富起来"的速度令世界刮目相看。回顾历史,咀嚼现实,人们应该清楚地直面一个事实:是社会主义启蒙了中国,是社会主义拯救了中国,是社会主义发展了中国;是高举社会主义旗帜的中国共产党领导全国人民推翻了帝国主义、封建主义和官僚资本主义"三座大山";是中国共产党建立了社会主义新中国,确立了中国特色社会主义制度,使人民的生活水平逐步实现了从温饱到小康的历史性跨越,没有共产党就没有新中国,没有中国特色社会主义就没有中国的发展。

邓小平1992年南巡时,曾和身边的人有过这样一段对话:"大家今天也见到深圳了,这才是中国改革开放的方向,也是中国今后生存发展的希望。我想跟你们聊另一个问题。你们猜猜,促使我这次出来(南巡)的直接原因是什么?或者说这几个多月来,最让我揪心的事情是什么?"

"是对国家命运的忧虑?"飞飞迟疑着说道。

"有点对,但还不够直接。朴方,你说呢?"邓小平继续问。

朴方犹豫地说道:"我想……是苏联垮台?"

邓小平听后点点头,说道:"对,是苏联问题!"

他接着说:"离开北京前两天,瑞林给我讲了一个镜头,让我夜不能寐。那就是苏联垮台时,叶利钦宣布苏共在俄罗斯停止活动。叶利钦一宣布,在苏共中央大厦前自动聚集起成千上万的老百姓,当那些在中央委员会工作的人撤出大楼时,人们自动让开一条路,让这些人通过。但伴随着这些工作人员的是什么呢?是老百姓们的口水和垃圾!"

他痛心疾首地说:"一个执政了七十年、号称有几千万党员的庞然大物,就这么一夜之间垮了!要知道,苏联的住房、工资、资源、生产力和社会发达程度,都比我们国家好

第九章 爱国：对祖国的诚挚情感和基本义务

得多呀！在六十年代中期，我们在和苏联吵架的时候，新上台的勃列日涅夫就宣称苏联已经建成了发达的社会主义，按他的描述，苏联距共产主义也仅有一步之遥了。而共产主义，也是我们这代人过去的终生追求呀！"[1]

邓小平的话引人深思。我们到底需要建设一个什么样的党、怎样建设党？这是中国共产党自成立以来一直在探讨的问题。在南方谈话中，邓小平就"什么是社会主义，怎样建设社会主义""如何加强和改进党的领导，如何推进党的建设""实现什么样的发展、怎样发展"一系列问题做了更深入的思考，提出了许多新观点。譬如，他明确提出"中国要出问题，还是出在共产党内部"，提出围绕党的基本路线加强党的建设，提出"在整个改革开放过程中都要反对腐败"，提出要加强干部队伍建设，提出"要坚持四项基本原则，反对资产阶级自由化"。邓小平的这番话也启发了我们，要建设好国家建设好党，就要坚定中国特色社会主义理论自信、道路自信，并自觉为国家和社会贡献力量。这是中国人践行社会主义爱国价值观的思想觉悟。

目前，中国所选择、实践的中国特色社会主义，在本质上是马克思主义经典作家创立的科学社会主义。科学社会主义有实践、理论和制度三个层面。因为中国注重将成功的实践上升为理论，又以正确的理论指导新的实践，并将实践中已见成效的方针政策及时制定为党和国家的制度，所以中国形成了中国特色社会主义道路、中国特色社会主义理论体系、中国特色社会主义制度。中国特色社会主义道路是实现途径，中国特色社会主义理论体系是行动指南，中国特色社会主义制度是根本保障，中国特色

---

[1] 《邓小平南巡时的讲话》，《华夏文摘》增刊第1期，1992年3月30日版。

社会主义文化是精神根基,四个方面相辅相成,统一于中国特色社会主义的伟大实践之中。

中国特色社会主义道路是实现社会主义现代化的必由之路,是创造人民美好生活的必由之路;中国特色社会主义理论体系是指导党和人民沿着中国特色社会主义道路,实现中华民族伟大复兴的正确理论,是立于时代前沿、与时俱进的科学理论;中国特色社会主义制度是当代中国发展进步的根本制度保障,是具有鲜明中国特色、明显制度优势、强大自我完善能力的先进制度;"中华优秀传统文化、革命文化和社会主义先进文化,是中国特色社会主义道路、理论体系和制度形成的深厚土壤"[①]。只有坚定道路自信、理论自信、制度自信、文化自信,才能坚定中国特色社会主义自信。

3. 让爱国行为着眼于大处,着手于小处

根据马克思主义哲学认识论,人的认识一旦形成,就会反作用于实践,指导实践的全过程,并在实践中得到检验。一个人在情感上、思想上有了"爱国"的认知之后,无疑需要身体力行,将之付诸具体的历史的生活实践。

空谈误国,实干兴邦。喊破嗓子不如做出样子。真正的爱国者不会空喊口号,而是会把爱国之情、报国之志自觉地融入具体的报国行动之中。东汉时有一个少年名叫陈蕃,自命不凡,一心只想干大事业。一天,其友薛勤来访,见他独居的院内龌龊不堪,便对他说:"孺子何不洒扫以待宾客?"他答道:"大丈夫处世,当扫天下,安事一屋?"薛勤当即反问道:"一屋不扫,何以扫天下?"陈蕃无言以对。从这个故事中,我们可以看到:陈蕃欲"扫天下"的胸怀固然不错,但错的是他没有意识到"扫天下"包含了"扫一屋","扫天下"正是从"扫一屋"开始的。将爱国付诸

---

① 参见陈亚联《坚定中国特色社会主义自信》,《光明日报》2016年10月6日,第6版。

第九章 爱国：对祖国的诚挚情感和基本义务

行动同样如此，也必须着眼于大处，着手于小处，从做好自己身边的小事、履行好自己分内的职责开始。

或许爱国价值观所囊括的范围十分广泛，任何一个人都无法面面俱到；但同时，这也意味着人们有更多的机会，从我做起，从小处着手，做出自己力所能及的贡献。譬如，心系祖国安危，维护国家尊严，与一切贬损祖国的言行进行抗争，通过各种方式为国争光；将个人梦融入中国梦之中，立足自己坚守的岗位，爱岗敬业，乐于奉献，做一个对社会有用、有所成就的人；心系祖国的经济安全，不盲目崇洋，支持民族产业的发展，爱用国产品牌，夯实国家的经济基础；热爱祖国的大好河山，节约自然资源，保护家园环境，为建设"资源节约型、环境友好型"社会默默奉献；善待祖国同胞，向发生自然灾害或遭遇其他困难的同胞伸出援手，帮助其早日渡过难关……

"中国现代数学之父"华罗庚就是爱国奉献的楷模。华罗庚是中国解析数论、矩阵几何学、典型群、自守函数论与多元复变函数论等多方面研究的创始人和开拓者，曾创造性地提出"华氏定理""华氏不等式"。他的名字载入了国际著名科学家史册。他向全世界展示中国数学家超凡智慧的同时，也为中国赢取了至高无上的荣耀。

1946年，华罗庚曾应邀到美国讲学。当时，美国的伊利诺伊大学以"年薪1万美元，配备小洋楼、多名助手、打字员"的优渥待遇聘请华罗庚为该校终身教授。于是，他留在了美国。1949年，当华罗庚从报纸上看到新中国宣告成立的消息时，饱受思乡之苦的他立即着手准备回国事宜。次年，他毅然放弃伊利诺伊大学给予的优厚待遇，冲破重重阻碍，携全家回到了祖国。途经香港时，他写下了一封《致留美学

社会主义的航标灯

生的公开信》。他在信中深情地写道:"梁园虽好,非久居之乡。归去来兮……为了抉择真理,我们应当回去;为了国家民族,我们应当回去;为了为人民服务,我们应当回去;就是为了个人出路,也应当早日回去,建立我们的工作基础,为我们伟大祖国的建设和发展而奋斗!"从海外归来的华罗庚受到了祖国和人民的热烈欢迎。他回到曾经执教的清华大学,肩负起了数学系主任的重担,之后又被任命为中国科学院数学研究所所长。回国之后,他不但做出了一系列令世界瞩目的突出成绩,还为祖国的发展倾注了大量心血。他培养了一大批数学人才,让"爱国"的薪火传承了一代又一代。

早在《致留美学生的公开信》中,华罗庚就抒发了他献身祖国的热情,并极力动员海外华侨归国共同参与到社会主义新中国的建设中。1979年5月,华罗庚在英国回答记者的提问时,再次表达了自己对祖国的热爱。他说:"回到自己的祖国,我一点也不后悔。我回国,是要用自己的力量,为祖国做些事情,并不是为了图舒服。活着不是为了个人,而是为了祖国……"

华罗庚就是这样从大处着眼、小处着手,成为践行爱国价值观的楷模。当然,我们爱国不仅要自己"笃行"(包括"慎独"),而且还要坚决地与一切损害国家利益的行为(特别是那些出卖民族、国家利益的汉奸行为)做斗争。尽管今天的我们处在和平年代,但世界并不太平,民族、国家之间的竞争、斗争一直都很激烈。反观广大国民的言行,在日常生活实践中,为了一己之私损害、出卖国家利益的,仍然并不鲜见。这就需要中华儿女提高警惕,擦亮眼睛,勇于并善于跟损害、出卖国家利益的行为做斗争,为祖国的主权完整、和平安宁、繁荣昌盛贡献自己的力量。

第十章　敬业：人民当家做主的"主人翁精神"

"敬业"是中华民族的传统美德。作为个人层面的社会主义核心价值观，"敬业"和"爱国""诚信""友善"一样，表征着社会主义新中国的新型的人际关系以及个人与国家之间的新型关系。"敬业"的现实意义在于，引导和激励人们以主人翁的姿态参与中国特色社会主义建设，恪尽职守、辛勤劳动、扎实奉献，从而为实现中华民族伟大复兴的中国梦做出实质性的贡献。

一、敬业与敬业精神的意义

敬业是劳动、奋斗的具体体现，是创造幸福生活、美好未来的不二法门。人们的幸福生活、美好未来，都只能从辛勤的劳动中来，从不懈的奋斗中来。习近平总书记曾深刻地指出："敬业是一种美德，乐业是一种境界。朱熹说：'敬业者，专心致志以事其业也。'对待本职工作，应常怀敬畏之心，专心、守职、尽责，干一行、爱一行、钻一行，尽心竭力、全身心地投入。"[①]

---

① 习近平：《之江新语》，浙江人民出版社2007年版，第177页。

1. 安身立命需要敬业精神

敬业精神体现的是人的劳动态度。社会主义敬业价值观之所以重要,首先是因为劳动对于人类的意义非常重大。

人同一般动物一样,需要占有和消耗资源,维持自身的生命。同时,人又区别于一般动物,是一种有思想意识的生命体。在马克思看来,劳动是人的自我实现方式,是"自由生命的表现",是"生活的乐趣",是"真正的活动的财产"[①]。劳动是人创造价值、获得成就感的方式,每个人依靠自己的劳动能力创造社会财富,并分享劳动成果。在共产主义社会,劳动甚至成为人的"第一需要"。马克思曾这样描绘共产主义的图景:"在这样的组织中,一方面,任何个人都不能把自己在生产劳动这个人类生存的必要条件中所应承担的部分推给别人;另一方面,生产劳动给每一个人提供全面发展和表现自己的全部能力即体能和智能的机会。"[②]恩格斯还曾经指出,劳动甚至在人类的进化中也起着至关重要的作用。他认为,"人类语言的产生"和"人类直立着行走的方式"都受到了劳动的影响。劳动的意义不仅仅在于加工自然材料,成为一切财富的源泉,而且"在某种意义上不得不说:劳动创造了人本身"[③]。

在现实生活中,社会个体参加劳动的首要意义是安身立命。这是人类生存的必然需求。千百年来,勤劳勇敢的中国人坚守着"劳动致富"的信念,凭借着自己的体能和智能不断开拓,创造了辉煌的文明。每个人的人生价值在一定程度上都需要通过职业劳动来实现。个人的生活品质的提高和家庭生活条件的改善也需要

---

① 《马克思恩格斯全集》第42卷,人民出版社1979年版,第38页。
② 《马克思恩格斯文集》第9卷,人民出版社2009年版,第311页。
③ 《马克思恩格斯文集》第9卷,人民出版社2009年版,第550页。

第十章 敬业：人民当家做主的"主人翁精神"

借助于劳动所得的经济报酬。中国现阶段实行的是以按劳分配为主体、多种分配方式并存的分配制度。这意味着劳动所得和劳动时间、劳动能力等直接挂钩，即越是敬业的人，所做出的贡献越大，得到的经济回报也越丰厚。一个人努力工作的基本出发点，是在竞争激烈的现实社会中求生存，谋发展。任何人生目标的实现都离不开敬业精神。大多数工作态度不端正、职业定位不准确的人都需要经历无数挫折后，才能回到"正轨"，通过努力拼搏才能成就一番事业。

在中国历史上，敬业一直是人们推崇的价值观。例如，禹的敬业精神就一直为世人所称颂。

> 尧在位期间，长江流域洪灾泛滥，民不聊生。舜继位后，亲自到现场考察，花了九年时间造堤筑坝，但没能从根本上解决问题。后来，禹负责治水。为了治水，禹新婚不久就四处奔波。其间，他多次路过家门，准备进屋歇口气时，都因公事缠身被人叫走了。为了把洪水引向大海，禹带领人们开渠排水、疏通河道，开展了一系列治水工程。

经过十三年的不懈努力，他们终于成功地完成了治水的使命。为了感激禹为治水倾注的十几年心血，后人尊称禹为"大禹"，意为"伟大的禹"。正是因为有了这种敬业精神，禹才成功地解决了那个时代的治水难题。总之，"敬业"是人们在现实社会中的生存之道。一个人在工作中如果缺乏敬业、乐业精神，习惯于敷衍了事，得过且过，"做一天和尚撞一天钟"，就极有可能被时代的列车淘汰，陷入难以生存的困境，其职业发展也就无从谈起了。

2. 自我提升需要敬业精神

对个体而言，敬业是自我提升的重要途径。随着现代社会的发展，个人实现自我、提升自我、超越自我的方式，越来越集中到自己的职业活动中。敬业精神作为个体与社会、个体与内在意识领域的融合，在很大程度上有助于个人提升自我、实现自我价值。因为敬业精神会极大地提升人的主体性，使人更真切地感受到生命的意义，从而促进人的发展。大多数人的能力都不是与生俱来的，需要通过后天培养。而能力的后天培养，依赖于人在工作和生活中不断学习、积累和实践。因此，越是敬业的人，生活实践的经历越丰富，得到锻炼的机会就越多，其能力提升的速度也就越快。

在现实生活中，人与人之间存在着巨大的差距。在一定意义上，这种差距不会因为任何个人的主观意愿而消失。有人因此抱怨社会的不公，但抱怨解决不了任何问题。其实，我们不妨换个角度看待问题。例如，在这种差距中看到自我提升、自我超越的机会。哈伯德曾说："不要总说别人对你的期望值比你对自己的期望值高。如果有人在你所做的工作中找到了失误，那么你就是不完美的，你也不需要去找一些理由。当我们可以选择卓越时，为何要选择平庸呢？"[①]试想，如果一位竞技运动员习惯于甘心"认命"，在平时训练的过程中松松垮垮，从不挑战自己的极限，那么，他大概永远也不可能取得过硬的成绩。

"挑战极限、超越自我"是敬业的必然要求。只有在不断的自我提升中追求卓越，才能激发自己最大的潜能，从而摆脱平庸，突破自我，取得成功。

戴尔·卡耐基曾在《超越自我》中谈到一个关于跳蚤的故

---

① ［美］阿尔伯特·哈伯德：《阿尔伯特·哈伯德全书》，张其金译，中国商业出版社2014年版，第11页。

事。跳蚤因具有极强的弹跳能力，而被誉为动物王国里的"跳高冠军"。故事说的是：

> 如果把一只跳蚤放进玻璃杯中，它会立即跳出来。如果把一只跳蚤放进玻璃杯中，再给杯子上加一个玻璃盖，它就会"碰壁"。刚开始时，跳蚤在碰壁后会勇于尝试跳出不同的高度，尽最大努力试图逃脱。可是，多次尝试无果后，跳蚤开始给自己设限，甚至在很长一段时间内，它跳起的高度都始终维持在同一水平。这时候，即使有人拿掉杯盖，跳蚤也跳不出去了。

在现实生活中，不乏在工作和学习上主动给自己设限的人，就像故事中的那只跳蚤，原本有机会可以跳出"杯具"，却因受限于心中的"盖子"而始终无法逾越障碍到达更远的目的地。只有那些在工作和学习上兢兢业业、从不给自己设限的人，才可能占有更多的机会，拥有不可估量的前途。

3. 人生幸福需要敬业精神

从哲学上说，幸福不是既定的存在，不是等待的享受，而是人们现实的创造、奋斗的追求。劳动创造是幸福的唯一源泉。只有通过敬业、乐业的具体劳动，挥洒自己的汗水，一个人才能发掘自己的潜能，不断实现自己的价值——包括自我价值和社会价值。

劳动不仅为幸福的实现提供物质条件，而且，劳动创造的具体过程，本身就是一种真实的幸福体验。

> 古希腊时期，一群精力充沛的年轻人曾经到处寻找幸福。可是，折腾来折腾去，他们不仅没有找到幸福，反而让自己陷入了烦恼、忧愁和痛苦的深渊。于是，他们请教哲

学家苏格拉底幸福到底在哪里。苏格拉底没有直接回答他们的问题,而是对他们说:"你们还是先帮我造一条船吧!"于是,这群年轻人开始造船,不再费尽心思寻找幸福。他们先是锯倒了一棵又高又大的树,然后又挖空了树心,七七四十九天之后,终于造出了一条大船。船下水的当天,他们和苏格拉底一起荡双桨、一起歌唱。苏格拉底问他们:"孩子们,你们幸福吗?"他们不假思索地齐声回答:"幸福极了!"苏格拉底意味深长地说:"幸福就是这样,它往往在你为着一个明确的目标忙得无暇顾及其他的时候就突然来访。"

这个故事深刻地昭示人们:世界上根本没有天造地设的"幸福"。幸福不在所谓的"天国",不可能靠上帝的恩赐而得来;幸福也不是空洞的畅想,不可能通过冥思苦想、靠纯粹的思辨而得来;甚至,幸福也不是自然的"恩赐",不能依赖他人的"施舍",不能依赖父母的"营造",总之,它不可能从天而降,不劳而获,坐享其成。此外,他人的幸福也不可能变成你的幸福,不管你如何强大,如何有力量,都不可能通过尔虞我诈或弱肉强食,将他人的幸福剥削、掠夺过来。幸福不在任何别的人那里,不在任何别的地方,它就在人们自己当下的火热的生活中!

人,包括现实生活中的你、我、他,是自身幸福的唯一创造者,也是自身幸福的唯一享受者。一个人只有在劳动创造活动中勤勤恳恳、兢兢业业,心甘情愿地洒下自己的智慧和汗水,才能收获幸福的体验。离开了人们勤勤恳恳、兢兢业业的劳动创造活动,幸福就成了无源之水、无本之木。梁启超在《敬业与乐业》一文中说:"敬业主义,于人生最为必要,又于人生最为有利。"歌德说:"你若喜爱自己的价值,你就得给世界创造价值。"

达·芬奇说:"勤劳一日,可得一夜安眠;勤劳一生,可得幸福长眠。"在现实生活中,只有当我们以敬业、乐业的"工匠精神"对待工作时,这个过程本身才会让我们感受到内心的充实和精神的愉悦。

4. 实现中国梦需要敬业精神

劳动是一定的社会正常、良性运转的基础,敬业是实现中国梦的动力之源。任何一个民族、国家,如果停止了劳动,只要几个星期就会灭亡,更不用说建设公正的社会,让人民过上幸福的生活了。开创祖国的美好未来,必须紧紧依靠人民的辛勤劳动、诚实劳动、创造性劳动。

培育社会主义敬业价值观,不仅是社会个体自身发展的需要,而且是国家发展的大势所趋。譬如,想要将中国建成现代化强国,必定需要作为社会主体的劳动群众将个人梦融入中国梦,在劳动创造中,以主人翁的自觉姿态,充分发挥主观能动性,为国家的建设、发展添砖加瓦。

> 北宋科学家、政治家沈括46岁时,接到宋神宗要求他绘制全国地图的谕旨。沈括当时正在担任三司使,主管全国财政,公务繁忙。但即使再繁忙,在每天处理完案头工作后,沈括总要查阅相关资料,并记好笔记,为绘制地图做准备。沈括53岁那年被人诬告,被贬到丘陵起伏的随州。到了随州后,沈括找了个寺庙定居。自此,他开始着手绘制全国地图。在绘制的过程中,他每日对自己积年累月记下的几箱笔记资料加以详细考订、研究,一点一点地绘制。知命之年的沈括像个刻苦的小学生,每天都严格要求自己按照任务计划表执行,不完成当天的绘制计划就不休息。直到3年后,朝廷又三番五次对其工作进行调动。即便是驻守边疆时,沈括也

总是不忘将这部图稿随身携带,一面考察地理,一面修订地图,尽管时绘时辍,却从未放弃。就这样,在他长达12年之久的坚持下,他最终完成了《天下郡守图》(当时最准确的一套全国地图)的绘制。《天下郡守图》包括一幅全国总图和十几幅分路图,该图绘制精详,内容翔实,深受宋神宗喜爱。

尽管沈括一生担任过很多职务,但无论在什么岗位上,他总是勤勤恳恳地工作,精益求精地对待,最终在天文历法、算学、工程技术等古代科技领域都做出了杰出贡献。在当今中国,实现中华民族伟大复兴的中国梦是全体人民的共同追求。这一宏伟目标的实现,需要全体人民团结一心、群策群力、攻坚克难。例如,每一个社会个体都认真做好自己的本职工作,恪守自己的职责,为实现中国梦奉献自己的光和热。而如果法律工作者不尽其责,则社会公正、法治社会难以实现;如果科教工作者不尽其责,则文化素质、社会文明难有进展;如果服务行业人员不尽其责,则社会诚信、友善难以蔚然成风……

习近平总书记多次强调:"空谈误国,实干兴邦""实干才能梦想成真"。改革开放以来,中国所取得的一个个成功,所创造的一个个奇迹,无一不是广大人民爱岗敬业、真抓实干、艰苦奋斗的结果。中国今后的发展,中华民族伟大复兴中国梦的实现,也只能寄希望于广大人民诚实劳动、敬业奉献。

二、"敬业"的核心要义

"敬业乐群""忠于职守"是中华民族的传统美德。先哲们在论及工作态度、职业精神时,首倡一个"敬"字,专注一个"敬"字。早在春秋时期,孔子就主张"执事敬""事思敬""修己以敬"。他视"居处恭,执事敬,与人忠"为仁德的基本要求,认为做事的精义就在于"敬事"。韩愈在《进学解》中提出了"业精于勤,荒于嬉;行成于思,毁于随"的思想。朱熹曾明确界定"敬业者"一词的含义:"敬业者,专心致志以事其业也。"后来,梁启超在《敬业与乐业》一文中又对"敬业精神"做了进一步阐述:"凡做一件事,便忠于一件事,将全副精力集中到这事上头,一点不旁骛。"

社会主义敬业价值观是在传统敬业美德的基础之上形成的。作为一个价值观范畴,从内涵方面说,"敬业"指的是人在劳动创造和履行工作职责时的一种认真的态度和负责的精神。它不仅是个人对其所从事工作的认知,以及态度和信念的外在表现,而且是对构建中国特色社会主义新型人际关系的内在反映。因为在全体人民当家做主的社会主义新中国,每个人作为平等的一分子,都是社会的主人,都应该以主人的姿态、以负责的态度对待工作,尽心尽力、保质保量地完成工作职责。从外延方面看,"敬业"主要包括"怎么理解工作的价值和意义""有没有价值追求和职业理想""是否遵循包括'敬业'在内的职业道德规范"等多方面的含义。

1. "敬业"以"职责、职权、利益"关系为基础

"敬业"是以现实的"职责、职权、利益"关系为基础而产生的。这体现在如下几个方面:

个人在工作中履行职责是敬业的基本要求。每种职业都需要承担相应的职责。职责通常包含以下几方面要领:其一,发挥本职业和岗位的职能,不能使它失去作用。例如,司机一定要保证出车,医生一定要救死扶伤,教师一定要"传道授业解惑",领导干部一定要担责任。其二,保持本职工作的目标和方向,不能随意改变工作性质。如果服务员不但没有努力地满足顾客的需要,

而且还嫌顾客麻烦，这即意味着该服务员放弃了本职工作的目标和方向，改变了工作性质。其三，熟悉并严格遵守职业规则，按规行事。其四，按计划完成工作任务，并承担自己职责范围内的后果。例如，如果职工因为自己的原因没能完成工作任务，或者在质量和服务上出现了差错，给他人和集体造成了损害，职工就需要赔偿甚至接受惩罚。其五，努力实现本岗位、本职业与其他岗位、职业之间的有序合作。这些都是职业产生和存在的基础，是其社会职能的具体化表现。

个人在职业活动中享用"职权"是敬业的基本前提。每种职业都意味着享有一定的职权。一般来说，职工通常享有如下几种基本权力：其一，使用、操作、管理或支配自己岗位上某些社会资源的权力。"资源"有很多种，包括有形的，如人、财、物；也包括无形的，如知识、信息、名誉等。一方印章、一支笔、一杆秤、一台机器、一把钥匙、一张票，这些对于它们的支配者来说，都是资源。其二，要求保证职业活动所必需的安全条件、保障条件和行动自由的权力。职业行动的自由是指在职务的特定范围内，个人有权合理地支配自己的行为。它实际是人的劳动权力、在劳动中充分发挥个人创造性的权力的具体体现。其三，履行职责时要求他人予以尊重和合作的权力。凡是合法的职业，就意味着它的职业行为受到社会的承认和法律的保护，因此也就享有这份权力。其四，通过职务报偿获得收入、分享社会财富等的权力。不同性质和不同岗位的职权有大有小，但职权不论大小都来自社会，是社会整体和公共权力的一部分，而不同于来自个人、家庭或他人相授的某些私权。正因为如此，在人们如何承担自己的职责和行使自己的职权上，必然更多地联系着工作态度、职业道德等方面的问题。

个人在职业活动中创造"利益"是敬业的必然结果。每种职

第十章 敬业：人民当家做主的"主人翁精神"

业都体现了一定的利益关系。在实现了职业分工的社会里，职业劳动是为社会创造经济、政治、文化效益的主要渠道，同时也是个人生活资料的主要来源。一般地说，个人在职业活动中产生的价值会创造出相应的利益。这些利益直接关系着社会上的多种利益。例如，售货员在工作中产生的价值直接关系着社会整体或国家的利益（为国家创造的利税）、职业服务对象的利益（广大消费者的权益）、本行业群体的利益（营业额和总体效益）、岗位从业者的利益（个人的工资、津贴、奖金等），等等。

2. "敬业"的主要表现

在一个人的生命历程中，职业生涯大致占据二分之一，而且是生命力最旺盛的一段时间。这令工作在很长一段时间里成为人生的主基调。"如何对待自身所从事的职业"和"以什么样的精神状态投入其中"，是衡量一个人是否敬业的关键所在。在现实生活中，"敬业"主要体现在以下几个方面：

首先，"敬业"集中体现在个人对待工作的态度方面。衷心热爱自己的职业，专心致志地对待工作，为了工作乐此不疲，一天不工作就感到若有所失，甚至达到废寝忘食的地步。"敬业"也集中体现在个人对待工作的"钉子"精神和奉献精神方面。例如，对待工作持之以恒，甚至主动放弃节假日的休息时间，尽心竭力地攻坚克难。甚至视劳动创造、自我奉献为个人责任和个人义务，通过在工作中实现自我价值达到为国家建设添砖加瓦的目标。

1963年12月28日，兰考县第四届人民代表大会召开，焦裕禄所做的《形势报告》让全县人民为之振奋。代表们望着主席台上憔悴的焦书记——眼窝深陷、颧骨高耸、面色灰青，不足一年时间，整个人看起来瘦了一大圈——无不潸然泪下。这背后，是他们的好书记夜以继日的操劳和筚路蓝缕的开拓。为了除"三害"(内涝、风沙、盐碱),与深重的自然灾害进行顽强斗争,改变兰考的面貌,他几乎耗尽了全部心血。

一天,焦裕禄在开封地委参加会议,犯了肝病,疼得从椅子上跌下来。张申书记命令他住院治疗,他悄悄从医院离开。一个老中医给他开了个方子,焦裕禄看到每服药那么贵,舍不得买;县委的同志背着他买了3服。他说:"咱兰考是个灾区,群众生活很苦,这么贵的药,我哪能咽得下去?"3服药吃完,他执意不再服第4服了。后来,焦裕禄的肝疼得越来越频繁,越来越厉害。他只能用笤帚、刷子、茶缸盖、钢笔杆等随手能抓到的东西顶在肝的部位以缓解疼痛,他的办公椅甚至因此被顶得磨损严重。

一天晚上,焦裕禄的妻子徐俊雅看着桌上被咬断的烟嘴叹了口气,随后又从被窝里摸出一个茶缸盖,就担忧地问他:"老焦啊,你要疼得厉害,我去找医生给你打一针吧?"焦裕禄连忙摆了摆手说:"深更半夜的,吵醒人家多不好,没多疼啊,你睡吧。"徐俊雅哽咽地说:"你不看看你瘦成啥样了。铁打的人也要歇一歇,有病的人,哪有不治病的?你什么都知道,就是不知道疼自己。"焦裕禄安慰妻子说:"反正睡不着,不如做点事情,还能把疼痛忘了。这样也好,工作的时间反倒多了。还有篇文章得赶一赶,省委领导同志认为咱兰考除'三害'搞得很好,让《河南日报》给兰考搞个专版。咱们正好借这个机会给群众鼓劲儿呢!"徐俊雅顺着焦裕禄的目光看过去,摊开的稿纸上写了一个文章的标题——"兰考人民多奇志,敢教日月换新天"。

医生胡佩兰也是因为具有这种奉献精神,而被人们铭记。胡佩兰医生从郑州铁路中心医院退休后,先后去到几家工厂的职工医院义务坐诊。她爱岗敬业,乐于奉献,几十年

第十章 敬业：人民当家做主的"主人翁精神"

如一日地坚持按时出诊。甚至在心脏病发作抢救成功后的第二天，依然"雷打不动"地坚持出诊。她拥有多年的临床经验，开药时也会为患者着想，尽可能地选择同种类中性价比最高的药。胡佩兰工作的地方总是有许多患者慕名而来。她说："医患关系搞不好是因为交流不够，医生只要对患者认真负责了，患者也自然会对医生极力配合，不管面对哪一位患者，都要把对方当成自己的第一位病人来对待。"

焦裕禄和胡佩兰的故事告诉我们，兢兢业业、乐于奉献是敬业之本，只有正确对待工作，才能立足岗位为社会做贡献。"三百六十行、行行出状元"，中外古今，凡在各行各业成就一番事业者无不是"干一行、爱一行、精一行"。正是由于具有这种"钉子"精神，他们才找到了施展拳脚的用武之地。梅兰芳在舞台上顾盼生辉、流光溢彩，却很少有人知道，为了让眼神活起来，眼睛近视的他曾在无数个早晨通过紧盯着放飞的鸽子来苦练眼功。邓亚萍打球"快、准、狠"，也很少有人知道，身材娇小的她为了增强手腕的力量，曾用铁做的球拍练球。所谓"书痴者文必工，艺痴者技必良"。成功没有捷径，只有不断地学习、刻苦钻研，在一次次"试错"中，努力将工作做好、做精，才能在工作中有所成就。

其次，"敬业"体现在领导干部行使职权时的公私分明、奉公守法方面。一切以党和人民的利益为重，兢兢业业做好人民的"勤务员"是敬业的体现，在各种诱惑面前坚守底线，不假公济私，不以权谋私，完成自己的工作职责不讲条件更是敬业的象征。

克己奉公的焦裕禄，终生视己为人民公仆，从不滥用职

社会主义的航标灯

权。他的大女儿焦守凤初中毕业时,有不少当地的单位主动向她抛来了橄榄枝。对此,焦裕禄全部谢绝了。事后,他开导女儿说:"你是县委书记的女儿……跟上我这个当县委书记的,咱家里的人都得受委屈。"年轻的焦守凤还不能理解父亲的大义,她委屈地说:"县委书记的女儿怎么啦?爸,我从小穿的衣服是同学中最破的,我这县委书记的女儿,就该谁也不如?"

后来,一次偶然的机会让不甘心的焦守凤凭着自己的实力(录取前完全未向单位透露自己的家庭信息)考取了县邮电局的话务员。当她穿着邮电局的工作服兴高采烈地站在父亲焦裕禄面前时,焦裕禄没有立即给予回应。他沉默良久后,问道:"守凤,你去邮电局上班了?怎么不告诉我一声?"焦守凤无奈地答道:"爸,上哪儿去告诉你啊,你一走十来天不回家。这是我自个儿考上的,我们同学里就我和小娟被录用了。考完试当时就宣布了结果,第三天就去上班了。"焦裕禄听后,缓缓地说:"你凭借自己的能力得到了邮电局的工作机会,这固然是家里的喜事。可是,你从小缺乏劳动锻炼,没有基层工作经验,爸爸认为这份工作暂时还不适合你……相对而言,县食品厂这样的基层单位更需要你。"听到这里,一向支持焦书记的徐俊雅也没法理解他的苦心。她着急地说:"放着好好的邮电局不干,让孩子上食品厂干啥?"焦裕禄就此事给母女俩做了大量思想工作后,焦守凤去了县食品厂最艰苦的酱菜组。焦裕禄交代厂长:"不要因为她是我的女儿,就要另眼看待。应该让她在最艰苦的地方锻炼,在思想、工作上对她严格要求,这对她的成长有好处。"上班后,焦守凤每天不但要肩挑四五十斤酱菜送往县城里十来家门市,而且还要做许多包括推磨、洗辣椒、挑水在内的脏活、累活。

第十章 敬业：人民当家做主的"主人翁精神"

这位年轻女工并没有因为是干部子女而享受到不同于旁人的待遇。

焦裕禄行使职权时的公私分明、奉公守法，是人民的好公仆，敬业的好榜样。焦裕禄精神集中体现了中华民族精神和中国共产党优良传统作风的基本要求，是党的全心全意为人民服务根本宗旨和社会主义核心价值理念在基层干部身上的集中体现。早在2009年，习近平就曾把焦裕禄精神概括为"亲民爱民、艰苦奋斗、科学求实、迎难而上、无私奉献"；2014年3月，习近平总书记在兰考调研指导党的群众路线教育实践活动时，再次强调要"学习弘扬焦裕禄同志'心中装着全体人民、唯独没有他自己'的公仆情怀，凡事探求就里、'吃别人嚼过的馍没味道'的求实作风，'敢教日月换新天'、'革命者要在困难面前逞英雄'的奋斗精神，艰苦朴素、廉洁奉公、'任何时候都不搞特殊化'的道德情操"。焦裕禄精神是中国共产党永远的宝贵财富！

最后，敬业的最高境界体现在"乐业"方面。在社会主义初级阶段，很多人对待职业仅仅采取工具性态度，职业被当作实现自己人生价值的阶梯，不少人"这山看着那山高"，甚至视自己的职业为一种"折磨"或"苦役"。一个社会主义国家的公职人员能否敬业且有自我满足感，取决于自己的人生追求和精神品质。

1999年8月，刘俊华在下岗之后干起了公交车乘务员的工作。她每天穿梭在北京的东南部和西北部之间。为了给乘客提供快速、详细、准确的出行服务，在公交新线路开通前，刘俊华常常主动到居民区走访调查，听取人们的意见和建议，并及时向公司反馈，确保公交政策越来越便民。为了精准地计算出人们步行到达指定目的地的时间和距离，刘俊华甚至利用休息时间亲身测量。最难能可贵的是，为了满足外国乘客的需求，刘俊华不惜花费大量业余时间自学了多种语言为乘客报站。人们总能在公交车上看到刘俊华热情地为外地游客介绍沿途的景点，总能看到她鼓励同事、乘客学习英语。在她的影响下，312位同事熟练掌握了"奥运常用英语100句"；在她的带领下，她所在的车组收到了800多封来自乘客的表扬信；在她的努力下，她先后荣获了"北京市优秀共产党员""北京市十大杰出青年""全国劳动模范""优秀共产党员十大英才"等荣誉称号，获得了"全国五一劳动奖章"，等等。

其实，每种工作都有不易之处，如果不能从中看到和实现自己的人生追求，那他（她）自然也无法"乐业"。故事中的刘俊华正是因为懂得立足岗位做贡献，实现自己的理想，所以才安居乐业。如果一个人只把职业当作谋生致富的手段，那么他就只会考虑一点：为了追求收入而尽职或不尽职，或者为了追求更高的收入随便离职弃职，而不会对自己和他人、社会的全面发展有更多的考虑。但这样一来，人在职业活动中仿佛只是个被动的工具，或者"挣钱机器"，而体会不到职业的价值和乐趣。只有树立富有时代精神、积极向上的人生目标，才能懂得"敬业、乐业"的前提是：充分认识并努力追求个人与社会主义价值立场之间的一致，个人的发展与社会需求的相互依赖，以及人的自我价值与社会价值的统一，而不是把它们分离或对立起来。

三、怎么让"敬业"成为自觉？

培育和践行社会主义敬业价值观是一个长期社会实践的过程，需要从"国家、社会、个人"三方面着手，即实现"三位一体""三管齐下"。

1. 对于个人而言，关键在于树立"职业责任感"

"职业责任感"体现的是一种积极、负责的工作态度。它包括政治家在岗为民的服务精神，科学家勇于探索的创新精神，学者埋头苦干的钻研精神，教师教书育人的奉献精神，以及普通劳动者在岗爱岗的认真精神。一个人如果没有"职业责任感"，就很难完成工作任务。因此，对于个人而言，树立"职业责任感"是践行社会主义敬业价值观的关键。

"职业责任感"的树立需要个人能够专注地工作，能够为达成工作目标持之以恒地努力付出；同时需要有"人不知而不愠"的胸怀，甚至还需要有"受得了诱惑、耐得住寂寞"的顽强意志。美国戴尔电脑公司的总裁戴尔·迈克尔在一次职工大会上告诫其职工时说："专注，具有神奇的力量。它是一把打开成功大门的钥匙！它能打开财富之门，也能打开荣誉之门，还能打开潜能宝库的大门。在这把神奇的钥匙的协助下，我们已经打开了通往世界所有各种伟大发明和成功的秘密之门。"[1]美国前总统老布什在一次演讲中也谈道："比其他事情更重要的是，你们需要知道怎样将一件事情做好；与其他有能力做这件事的人相比，如果你能做得更好，那么，你就永远不会失业。"[2]

当一个人树立了强烈的"职业责任感"，他在工作时就会比一般人更专心致志，更有耐力，也更乐于迎难而上，取得突破。

"感动中国"人物——许振超是集装箱码头的一名装卸工，后来被评为"全国劳动模范"。他自小笃信好学，长大

---

[1] 转引自张卉妍《北大管理课》，天津科学技术出版社2015年版，第311页。
[2] 转引自郑书敏《让敬业成为一种习惯》，中国言实出版社2012年版，第117页。

后更是苦练技术，凭着一股韧劲自学成才，练就了"一钩准""一钩净""无声响操作"等绝活，并带领团队打造了"王啸飞燕""显新穿针""刘洋神绳"等一大批具有社会影响力的工作品牌，先后8次打破了集装箱装卸的世界纪录，"振超效率"名扬四海，"10小时保班"服务品牌享誉世界航运市场。许振超说："工作上要有责任心，心系装卸桥，有故障吃不香，睡不好，眼珠子发直。整天觉得不放心，工作才能搞上去。"

刘正国也是因为树立了强烈的"职业责任感"，所以对待工作丝毫不马虎。刘正国是济南工务段东莱线K49号道口的一名"道口工"。外人看来，"道口工"是一项简单的工作。但对于刘正国来说，他的工作并不简单。毕竟，铁路道口安全无小事，K49号道口每天有近30趟货物列车通过，"道口工"的责任重大，丝毫不能马虎。为了防止自己在值夜班时因犯困而误了工作，左腿做过2次股骨头置换手术的刘正国，不顾自己的腿伤，坚持把靠背椅换成方凳"提神"。白天值班时，刘正国总会提前联系车站，在确定暂时不会有列车通过后，一遍又一遍地检查道口铺面、轮沿槽和道口两端50米的线路。道口的"轮沿槽"凹得深，刘正国就动手制作了一个小铁铲清理"轮沿槽"内的煤土。他严格要求自己"坚持标准不走样"，努力当好岗位安全的第一责任人，他坚守的K49号道口自开通运行以来从未发生过事故。

在现实生活中，很多人之所以没能在事业上取得成就，并不是因为自身缺乏才干，而是因为没有足够的"职业责任感"，对待工作常常三心二意，也没有足够的耐心和勇气去克服"事业瓶颈期"的困难。这类人的状态通常是"得过且过""三天打鱼，两天晒网""这山望着那山高"，尽管每个人的能力和精力都是有限

第十章 敬业：人民当家做主的"主人翁精神"

的，无法要求自己多才多能，甚至完美超能；但是，一个人如果想要真正成就一番事业，就必须树立强烈的"职业责任感"，并将"专心致志""持之以恒"付诸行动。

2. 个人需要勤学苦练，提高工作能力

在当今社会，学习态度和能力直接代表着一个人的职业素养和发展潜能。判断一个人是否敬业，不仅要从工作态度、工作能力等主观层面出发，而且要从工作业绩、社会贡献等客观层面对其进行考量。工作是否能够产生切实的成果，不仅需要工作热情和时间投入，而且需要个人具备一定的工作能力。无论一个人多么爱岗敬业，如果自身的条件（包括素质、能力在内）达不到岗位要求，就不可能完成工作职责，取得什么实质性的成就。

"打铁先要自身硬"。当一个人不具备相应的素质和能力，完成工作任务感到吃力时，就需要勤学苦练，切实提高工作能力。一般而言，只有不断学习，一个人才能跟上时代的步伐。特别是在当今信息时代，知识更新的速度不断加快，人们更需要树立终身学习的观念，不断提升专业素养和业务水平，以满足相应的工作要求。

模范工人邓建军之所以能在平凡的职业生活中铸就了非凡本领，正是因为他爱岗敬业，不断学习。曾出现在中国个性化邮票上的他，不仅曾获包括"全国青年岗位能手""全国职工职业道德建设十佳标兵"在内的众多殊荣，还曾受到原国家主席胡锦涛的两次接见。很多人认为邓建军身怀"绝技"，认为同行里没有他修不好的设备！邓建军却表示自己其实天天生活在"本领恐慌"中。

> 学习就是邓建军的一种生活态度。每天早上7点多，邓建军上班，先下车间"诊治病号"。再回到办公室一头扎进设备商网站。于邓建军而言，公司每添置一台洋设备都是一场

考试。他说:"老外搞技术封锁,只告诉你'进去什么,出来什么'。其他的信息全得靠自己去破译'黑匣子',去跑展览会,去搜集前沿技术……"因此,即便是晚上回到家,他也要完成几个小时的学习后才会休息。邓建军的好学感染了整个团队。科研组同事姜永强每次遇到难题,都会去翻邓建军的资料库。姜永强说:"当他(邓建军)弄懂一项技术,马上丢给我们,自己去追更新的……搜集信息,翻译资料,画图纸,编程序……我们没有八小时之外的学习。"原中国棉纺织行业协会理事长徐文英称赞他:"邓建军的可贵之处在于他有强烈的学习意识。多年来,邓建军以坚韧不拔的毅力,坚持学习,以自身的成长历程揭示了知识改变命运的深刻含义。他的学习紧扣企业发展脉搏,企业发展需要什么,他就学习什么;企业发展到哪里,他钻研的课题就前移到哪里。他善于学习——向书本学,向实践学,向同行学,向经验学,甚至向失败学……绳锯木断,水滴石穿,他攀上了人生的新高度。"

对于邓建军的这种"本领恐慌",习近平总书记一直在警醒全党。他在论及领导干部加强学习、增强本领的重要性时着重强调:"全党同志,特别是各级领导干部,都要有本领不够的危机感,都要努力增强本领,都要一刻不停地增强本领。只有全党本领不断增强了,'两个一百年'的奋斗目标才能实现,中华民族伟大复兴的'中国梦'才能梦想成真。"[①]这是对中国共产党人的要求,对各级领导干部的要求,也是对每一位普通劳动者的要求。

敬业不是一句简单的口号,不是随便说说就能实现的。一个

---

① 习近平:《在中央党校建校80周年庆祝大会暨2013年春季开学典礼上的讲话》,《人民日报》2013年3月3日。

人想要做好自己承担的工作，履行好自己肩负的职责，必须刻苦学习工作所需的各项技能，努力成为行家里手、业务骨干，争创一流业绩，在平凡的岗位上书写非凡的人生篇章。这是当代社会主义敬业价值观所蕴含的一个基本要求。

3. 从用人单位来说，需要完善聘用、提拔和薪资福利制度

用人单位首先需要牢固树立以人为本的理念，加强制度建设，提高组织管理水平，创造敬业、乐业的良好工作氛围。用人单位需要适应社会主义市场经济的要求，按照"政事职责分开、单位自主用人、个人自主择业、政府依法监管"的要求，不断完善人事制度，提高职工的工作积极性。例如，在单位建立健全"聘用制""岗位管理制""绩效考核制"等一系列人事制度。尤其是需要完善聘用制度，建立公正、公开的人才招聘机制。如果用人单位在招聘过程中没有坚持"公平、公正、公开"的原则，任凭"萝卜招聘""暗箱操作"的不正之风肆虐，那么就会给单位的协调运转和整体绩效带来负面影响。例如，极大地挫伤那些没有"裙带关系"的职工的工作积极性，影响职工之间的团结协作关系，从而降低整个团队的战斗力和工作效率……

近几年，各地方事业单位的用人制度明显在完善。譬如，为了杜绝"萝卜招聘"①，《安徽省事业单位公开招聘人员暂行办法》专门提出了"公开招聘不得设置与岗位要求无关的报考资格条件和歧视性条件"等要求。对于学历、证明等材料造假的情况，也做出了具体规定："资格审查时，应逐人查验核实有关证书、证件、证明等材料。凡因弄虚作假或与应聘资格条件规定不符的，一经查实，即取消考试、聘用资格。"同时，为了确保用人质量，

---

① "萝卜招聘"指的是用人单位为达到让"关系户"成功应聘的目的，特意为其"量身定制"招聘条件或特设的工作岗位。安徽省人力资源和社会保障厅相关负责人表示，"有些单位为了保障本地就业设置户籍限制、有的单位设置了性别限制……"。

《安徽省事业单位公开招聘人员暂行办法》要求有关主管部门在事业单位公开招考前,根据实际设置最低控制合格分数线,避免个别考生因他人的"滥竽充数"而获利。如果事业单位急需引进高层次人才、紧缺专业人才,具有高级专业技术职务或博士学位的人员,经过设区的市级以上政府人力资源和社会保障部门批准后,事业单位也可以简化程序进行招聘。

其次,完善提拔制度,即"建立严格的人才选拔规范体系,完善以能力或绩效为导向的评价机制,尤其是破除各种形式的垄断和特权,消除人才选拔过程中的不正之风"。所谓"用一贤人则群贤毕至,见贤思齐则蔚然成风"。在任何单位,"领头羊"的重要性都不容小觑。能否将德才兼备的人任用为"领头羊",在很大程度上决定着一个团队的成败。推动人才选拔工作科学化、民主化、制度化,确立"按需设岗""竞聘上岗"的原则,既允许对优秀人才"破格提拔",又严格规范人才选拔标准,并严格把关人才选拔的整个过程,确保单位职工"能进能出""能上能下"。

曾任中共中央政治局常委、中央纪律检查委员会书记的吴官正在《民贵泰山》一书中提出了许多聘用、选拔人才的想法。他认为,为政要廉,用人要当,作风要实,办事要公,品德第一。对于年轻干部的选拔与任用,他提出了"四破四敢"原则:其一,破"论资排辈",敢于破格提拔一代新人;其二,破"经验不足",敢于起用有知识的中青年;其三,破求全责备,敢于起用有争议的具有开拓精神的干部;其四,破"一刀切",敢于从实际出发选人用人,既讲学历,又讲水平,不拘一格选拔人才。

最后,推进收入分配体制改革,确立"以岗定酬"的原则,切实提高职工的劳动报酬,缩小同行的收入差距,同时,进一步加强职工的社会保障力度，确保单位职工"同工同酬"。完善薪资福利制度，即"充分保障并改善单位职工的工资收入、福利待遇、民主权利等基本权益"。在"以按劳分配为主体，多种分配方式并存"的社会主义经济制度下，用人单位和职工达到"多劳多得"的共识，不仅能激发全体职工的积极性，而且能极大地促进单位的发展。

此外，从单位的角度说，还需要打造以"爱岗敬业"为核心的单位文化，营造积极向上的工作氛围，特别是强化职工的责任感和使命感，提升职工的职业荣誉感和自豪感。如果单位没有一定的向心力、凝聚力，广大职工没有使命感、积极性，不讲职业道德，是绝不可能取得长期、稳定的实绩的。

4. 从政府部门看，需要建立"责权利"相统一的制度体系

建立"责权利"相统一的制度体系，将责任、权力与自己应该享有的利益紧密对应起来，对于培育和践行社会主义敬业价值观尤为关键。由于历史上根深蒂固的不讲效益的平均主义文化传统的影响，更由于长期以来"责权利"脱节的管理体制机制的影响，以及事实上存在的腐败官员滥用权力、失职渎职以及不作为，建立"责权利"统一的制度体系仍然任重而道远。

邓小平曾精辟地指出："制度问题更带有根本性、全局性、稳定性和长期性。"[1]党的十八届三中全会对强化"权力运行制约和监督体系"提出了新任务和新要求："坚持用制度管权管事管人，让人民监督权力，让权力在阳光下运行，是把权力关进制度笼子的根本之策。"《中共中央关于加强党同人民群众联系的决定》指出："对各级领导机关和领导干部必须加强监督。要建立和完善党内监督与党外监督，自上而下的监督与自下而上的监督的制

---

[1] 《邓小平文选》第2卷，人民出版社1994年版，第333页。

度。"①在这一过程中,我们既要铲除"官本位"、官僚主义、形式主义等痼疾,也要破除平均主义"大锅饭"、不负责任"混日子"等现象,从而解放思想,通过全面深化改革,令"敬业精业、创业乐业"成为时代强音,成为广大人民的自觉行动。

在当今信息时代和大数据背景下,充分发挥民主监督、舆论监督与党内监督、司法监督的合力作用,有助于政府公共权力长期公正、有效地运行。据人民网的一项网民调查显示:"87.9%的参与者非常关注网络监督,93.3%的网民选择网络曝光。"②这表明:一方面,舆论的监督促使权力的规范化运行,进一步推动政府职能的透明化、公开化;另一方面,也保障了人民的知情权、表达权、参与权和监督权。例如,近年来,网络的举报线索"迫使"有关部门高度重视并快速做出回应。据上海交通大学新媒体与社会研究中心的《2012年微博年度报告》统计,其搜集的影响较大的2012年15个真实的网络反腐案例,政府已公布处理结果的有13个,举报时间与政府公布结果的时间差平均约为28天。③

由此可见,只有建立"责权利"统一的制度体系,才能在全社会营造"敬业精业、创业乐业"的氛围。毕竟,一方面,"责权利"统一的制度体系既限定了职权的适用范围,有助于把"权力关进制度的笼子里",又细化了岗位职责,使分工变得明确,能够有效地约束和制裁个人不负责任的行为;另一方面,个人享有与其权力、责任统一的利益,也有利于调动个人的积极性,兢兢业业地做好自己的本职工作。

---

① 《十三大以来重要文献选编》(中),人民出版社1991年版,第935页。
② 刘素华:《学会从网络上听取民意》,《新湘江评论》2009年第3期。
③ 田享华:《2012年网络反腐较大案例超六成被证真实》,《第一财经日报》2012年12月26日。

第十一章　诚信：社会主义社会人际交往的纽带

近年来，透过"三聚氰胺""地沟油""问题疫苗"等食品药品安全事件，以及"老人跌倒'扶'不起"等"道德难题"，诚信价值观经受了前所未有的考验。因为诚信往往涉及人际交往，因而每一次诚信失守事件都会对受害者造成损害，并在社会上掀起舆论的轩然大波。实际上，诚信是社会文明进步的核心要素，是维系正常社会程序的主要规范，是公民个人与社会关系的基本价值准则。将诚信作为社会主义核心价值观的一项基本内容，是对中华民族传统美德的继承和发展，是社会主义新型人际关系的重要体现，也是对社会主义先进文化建设的必然要求。那么，什么是社会主义诚信价值观？为什么要倡导社会主义诚信价值观？怎么培育和践行社会主义诚信价值观、建设诚信中国？这些问题都值得我们认真思考。

一、为什么要讲诚信？

诚信是中华民族自古以来的传统美德，也是现代社会的黏合剂，是社会主义市场经济的基石。习近平强调："企业无信，则难求发展；社会无信，则人人自危；政府无信，则权威不立。"[①]

[①] 习近平：《之江新语》，浙江人民出版社2007年版，第18页。

社会主义的航标灯

当代中国正处在全面深化改革的关键期，处在完善社会主义市场经济体制的攻坚期。随着改革、特别是市场经济建设的深入，当代中国正从"熟人社会"向"陌生人社会"急剧转型，诚信传统受到了个人主义、利己主义、拜金主义的侵蚀，欺骗组织、统计造假、商业欺诈、骗贷逃债、制假售假、学术不端等道德失范现象屡屡发生，诚信缺失已经成为制约经济社会发展、影响社会正常秩序、扰乱人们心灵世界的焦点问题，提高人们的诚信意识和信用水平，形成履约践诺、诚实守信的社会氛围，已经成为时代和社会的共同期盼。

1. 诚信是个人安身立命的基础、事业成功的前提

自古以来，中国传统道德就强调"诚信为本"。孔子说："言忠信，行笃敬，虽蛮貊之邦，行矣；言不忠信，行不笃敬，虽州里，行乎哉？"[①]宋代理学家程颢在《河南程氏遗书》卷二十五中说："学者不可以不诚，不诚无以为善，不诚无以为君子。修学不以诚，则学杂；为事不以诚，则事败；自谋不以诚，则是欺其心而自弄其忠；与人不以诚，则是丧其德而增人之怨。"任何人安身立命都离不开"诚信"二字，正所谓"信以立志，信以守身，信以处世，信以待人，毋忘立信，当必有成"。做事先做人，这是处事原则；立业先立德，这是做人原则。做事不做人，永远做不成事；做人不立德，永远做不成人。

对个人而言，诚信无疑是一种品质、一种责任、一种高尚的品德。中华民族向来讲究"诚外无物"，视诚信为千金不易的可贵品质，正所谓"君子养心，莫善于诚"。对诚信价值观的执着与坚守，已深深熔铸于中国人的精神血脉之中，成为中华传统美德的精神因子。

[①] 《论语·大学·中庸》，王国轩、张燕婴译注，中华书局2010年版，第183页。

第十一章　诚信：社会主义社会人际交往的纽带

据《梦溪笔谈》记载，晏殊少年时，张知白以"神童"名义把他推荐给朝廷，召至殿下。当时，正赶上皇帝亲自选拔进士，就让晏殊参加考试。晏殊见到试题为自己所熟知，就主动告诉考官自己在十天前已经练习过相似的题，恳请考官另出试题。皇帝得知后，对其诚实的品质大为赞赏，这让晏殊的仕途颇为顺利。还有一次，朝廷百官组织外出春游。晏殊在家看书写字，没有参加。皇帝后来钦点晏殊为太子师，许多大臣有非议。皇帝说："诸位在嬉游宴饮时，只有晏殊闭门不出，仍在刻苦地学习，因此只有他最适合担当此任。"事后，晏殊却主动向皇上禀明实情，称自己闭门苦读，并非不喜欢宴游玩乐，只是家中贫寒，没有闲钱用来娱乐。由此，皇帝越发喜爱晏殊诚实的品质，多次对其委以重用。

千百年来，商鞅"徙木立信"的故事广为流传，"一诺千金"的佳话不绝于史，人们心向往之、行践履之。"诚信农妇"武秀君、"信义兄弟"孙水林和孙东林、"油条哥"刘洪安……一个个响亮的名字，一件件感人的事迹，生动、具体地展现了当代中国人以诚立身、守信践诺的精神风貌。不管岁月如何变迁，不管环境如何变化，诚信永远是高山景行的道德品质，永远是安身立命的道德标尺。面对新时代各种各样的利益和诱惑，每一个人都应重信守诺，坚守做人做事的道德底线，真诚做人，守信做事，让诚信成为不懈追求和自觉行动，充盈工作、学习、生活的每一个空间。

重庆市忠县石宝镇清平村的郑定祥就是平凡生活中最真实的榜样。

社会主义的航标灯

郑定祥在临近老家的万州以替雇主搬运货物营生。有一天，有人请他将两大包货物挑到十几公里外的偏远山村。运货的途中，二人走散了。匆匆打了个照面的雇主，没有给郑定祥留下任何联系方式。于是，诚实的郑定祥开始了他不同寻常的"寻人之旅"。白天看到交警时，郑定祥就要交警帮他留意；晚上看到广场上人流密集时，他就在广场上用高音喇叭播放找人信息，他甚至找了当地的媒体，请他们帮忙寻人。记者问他为什么不放弃找人，他答道："虽然我家生活很困难，但是缺钱可以，不能缺德。"这让很多人深受感动。很快，郑定祥寻人的消息在当地引起了广泛关注。没过多久，就找到了当时的雇主。当郑定祥把那两大包货物挑到雇主跟前时，雇主激动地握着郑定祥的手说："我以为东西丢了就再也找不回来了，没想到你这么费心费力地找我……"从那以后，郑定祥成了万州的"名担"，找他帮忙挑东西的人络绎不绝，出价一个比一个高。

《春秋谷梁传》说："人之所以为人者，言也，人而不能言，何以为人？言之所以为言者，信也。言而不信，何以为言？"只有以诚信为本的人，才能获得他人的信任，才能在社会中立足。以不诚信的行为欺诈他人，最终受损的往往会是自己。如在社会主义市场经济、法治建设中，如果生产者不讲诚信，为获取更大的利润罔顾他人的健康、安全，一时可能得利，但最终难免得罪消费者，进而失去市场；如果为官者不讲诚信，为自己的功名利禄而罔顾民意民生民情，一时可能官运亨通，但最终难免失去民心，丢掉官位。可以说，诚信是伴随我们一生的"身份证"，是我们取信他人、正常交往的"通行证"。作为社会主义新中国的主人，每一个人不仅应该自己讲诚信，而且应该主动承担维护社会诚信的责任。

2. 诚信是社会交往、个人交友的重要品质

诚信是个人社会交往的重要品质。孔子说:"德不孤,必有邻"①"与朋友交,言而有信"②。孟子说:"父子有亲,君臣有义,夫妇有别,长幼有序,朋友有信。"③孔子的学生曾参说:"吾日三省吾身",其三省之一便是:"与朋友交而不信乎?"《礼记·儒行》中所说:"儒有不宝金玉,而忠信以为宝。"孔子说:"人而无信,不知其可也。大车无輗,小车无軏,其何以行之哉?"④自古以来,言而有信就是个人行为的一般道德准则,是人际交往所必备的品质。《墨子·修身》中说的"志不强者智不达,言不信者行不果"⑤,更是直接点明了个人言行之间的密切关系。

> 秦朝末年,在楚地有一个叫季布的人,性情耿直,为人侠义好助。只要是他答应过的事情,无论有多大困难,他都会设法办到,许多人都因此同他建立了深厚的友谊。当时甚至流传着这样的谚语:"得黄金百斤,不如得季布一诺。"
>
> 楚汉相争时,季布曾几次向项羽献策,使刘邦的军队吃了败仗,刘邦对此事耿耿于怀。后来,刘邦得势后,就下令通缉季布。季布只好四处躲藏,他的朋友在他危难时不但没有被重金所惑,甚至还冒着抄家的危险,暗中多次帮助他。有一次,季布乔装打扮,到山东一位姓朱的人家当佣工。朱

---

① 《论语·大学·中庸》,王国轩、张燕婴译注,中华书局2010年版,第47页。
② 《论语·大学·中庸》,王国轩、张燕婴译注,中华书局2010年版,第14页。
③ 杨伯峻、杨逢彬:《孟子译注》,岳麓书社2009年版,第99页。
④ 《论语·大学·中庸》,王国轩、张燕婴译注,中华书局2010年版,第26页。
⑤ 《墨子·修身》,李小龙译注,中华书局2007年版,第11页。

家认出了他就是通缉犯季布,不但收留了他,还想方设法请刘邦的老朋友夏侯婴为季布说情。在夏侯婴的劝说下,刘邦最终撤销了对季布的通缉令,还封季布为河东太守。季布就这样靠着自己名扬天下的信誉成功地化险为夷。

诚信,是中华儿女的道德之本、做人之本、立业之本,是五千年华夏文明传承下来的璀璨精华。人与人之间的坦诚相待、真诚守望,凝聚了力量,铸就了坚强,凝集了关爱。每个人用诚信的品质筑成的信誉长城,是维护社会稳定,构建和谐社会的重要纽带。在这条纽带的维系下,中华民族积淀了许许多多著称于世的传统美德。例如,与人为善、成人之美、济人之难、见义勇为、舍己为人……于是,我们从历史的画卷中记住了尾生抱柱被活活淹死的感人事迹;我们领悟了唐太宗李世民"以诚博天下"的胸怀;我们读懂了中华文明千年不湮灭的根源。事实上,言而有信既是一种对他人的尊重,也是对自己的尊重,是有人格、尊严的体现。正因为人与人之间互相信赖,彼此之间的联系才越来越密切,从而凝聚、形成公正、合理的社会共同体。

3. 诚信是企业的"黄金资产"

对于企业而言,诚信是宝贵的"黄金资产"。社会主义市场经济不仅是法治经济,也是信用经济、契约经济,是商品交换具有频繁性和广泛性的商品经济。企业作为市场经济的主体,诚信是其生存发展的"通行证",是其至关重要的无形资产。市场经济的发展打破了以货币为媒介的"一手钱、一手货"的交易形式。特别是迈入信息时代,电子商务普遍实行赊销、赊购、预付款、贷款、融资等有条件让渡的价值不同步实现的信用交易。淘宝、天猫、京东、亚马逊等购物网站上每日上亿笔的订单交易,都是信用在流动。以信用取代货币为主导的市场经济,在本质上是一种以信任为基础的信用经济。诚信是实现信用交易安全的前提和保障,是市场经济健康发展的黄金规则和生命线。德国社会学家鲍曼指出:"诚信、真挚、值得依赖或可信性重新被视作确保市场交易的先决条件而不是市场的结果。"①

我们看到,在社会主义市场经济大潮中,诚信经营的企业往往能够规避逆向选择和道德风险,降低交易成本,提高经济效益;信用度高的企业往往有很多客户、银行以及其他企业主动找上门,希望与之进行真诚合作。久而久之,优质资源都汇聚到了注重诚信的企业,发展自然也就如鱼得水了。对于历史上的诚信巨贾名言和诚信经营故事,不少人如数家珍:康熙年间,同仁堂的创办者乐凤鸣就提出,"品味虽贵,必不敢减物力;炮制虽繁,必不敢省人工",以诚信铸造金字招牌,同仁堂历经沧桑却长盛不衰。嘉庆年间,开创了中国第一家信用机构——"日升昌票号"——的掌门人雷履泰,始终坚守"宁可失利也不肯失信于人"的信条,终于"汇通天下"……

揆诸现实,我们正处于一个诚信缺失、信用透支的焦灼期。单就经济领域来说,"毒奶粉""地沟油""问题疫苗"等无良企业的制假售假仍让人心有余悸,商业欺诈、财务造假等劣行依旧存在,"劣币驱逐良币""劣企驱逐良企"的"逆潮"持续冲击着市场经济的基石。但这些不讲诚信、不守信用的企业,即使逞一时之势,得一时之利,却最终难逃因信用"亏空"而被淘汰出局的命运。

"人无信不立,业无信不兴,国无信不盛。"诚实守信作为中

---

① [德]米歇尔·鲍曼:《道德的市场》,肖君等译,中国社会科学出版社2003年版,第10页。

华优秀的文化传统和宝贵的历史经验，早已浸润在我们的文化基因中，成为我们为人处世、办企经商、治国安邦所需遵循的基本道德规范。虽然现在注册一家企业的门槛很低，但企业的发展、壮大，信用的标准是绝不能降低的。实践证明，一个企业只有坚持以诚兴业、信誉至上、履约践诺，擦亮企业的"诚信名片"，靠信誉打造品牌、占领市场，才能获得"诚信软实力"，赢得长期的发展优势。

4. 诚信是社会运行的基本条件

现代社会不仅是物质丰裕的社会，也应该是诚信有序的社会。诚信是社会和谐和睦的基本前提，是社会顺畅运行的润滑剂。古往今来，诚信都是社会不可或缺的运行规则，是社会进步无比珍贵的精神财富。正如"诚信者，天下之结也"，诚信是社会关系的无形纽带；缺少了诚信这个"结"，社会就会像断了线的珠子，散落一地。古人说"人而无信，不知其可也"，就是告诫世人：失去诚信，个人就会失去立身之本，社会就会失去运行之轨。今天中国的市场化、城镇化进程不断加快，正在从传统的"熟人社会"向"陌生人社会"转变，经济社会交往常常在陌生地、陌生人之间进行，因而对社会诚信的要求更多，标准也更高了。增强社会诚信，促进社会互信，实现政府治理和社会自我调节、居民自治良性互动，是推进国家治理体系和治理能力现代化的必然要求。只有诚信观念深入人心，为官者方能守住政务诚信，为商者方能做到商务诚信，为民者方能共建社会诚信。

改革开放40年来，伴随经济的发展和民主法制的推进，社会建设取得了明显进展，但道德建设与经济发展相比较显得明显滞后、不尽如人意。近年来，在个人主义、功利主义和享乐思想的冲击下，社会各个方面存在不同程度的诚信缺失现象，加重了人们的戒备心理，导致了不可胜数的社会问题。人们的担忧几乎无处不在：做企业担心政策变化，购物怕"挨宰"，食品怕有毒，捐钱怕被侵吞，与陌生人交往怕上当，就连面对老人摔倒也害怕被"讹"而不敢扶。这些问题不仅扰乱了正常的社会经济秩序，也在一定程度上引发了整个社会的信任危机——人与人之间变得互不信任，说话做事打交道处处提防。即便遇到扶危救急的事，一些人不敢见义勇为，不愿好善乐施。邓小平早就告诫："经济建设这一手我们搞得相当有成绩，形势喜人，这是我们国家的成功。但风气如果坏下去，经济搞成功又有什么意义？会在另一方面变质，反过来影响整个经济变质。"[1]因此，倡导诚信价值观是社会主义市场经济发展的必然要求，也是社会和谐、稳定必不可少的前提和基础。

5. 诚信是治国、强国的必然要求

诚信是落实依法治国的重要前提。《史记·商君列传》中记载的商鞅"立木取信"的故事使商鞅在百姓心中树立起了威信，接下来的变法很快就在秦国推广开来。新法使秦国渐渐强盛，最终统一了中国。《韩非子·八经》中说："法之所外，虽有难行，不以显焉，故民无以私名。设法度以齐民，信赏罚以尽民用。明诽誉以劝沮。"[2]法律是国家制定的基本行为规范，只有本着诚信的原则将"信赏罚"落到实处，国家严格依照法律规定进行奖励惩处，才能使这种外在的行为规范逐渐内化为人们的内在行为准则，以达到"以尽民用"的效果。

诚信是治国理政的必然要求。

---

[1] 《邓小平文选》第3卷，人民出版社1993年版，第154页。
[2] 刘乾先等：《韩非子译注》，黑龙江人民出版社2003年版，第777页。

春秋时代,晋文公在位时,曾率部围攻"原"这个地方。在围攻之前,晋文公让军队准备三天的粮食,并对外宣布,如果三天攻城不下,就会退兵。三天后,当地的守军仍在奋力抵御晋军,晋文公只好命令大军撤退。这时,有小道消息称,"敌军再过一天就要投降了",晋文公身边的将领便劝晋文公推迟一天再撤。晋文公却说:"信义,是国家的财富,是取信于民的法宝。虽然得到了这座城,却失去了信义,我们以后还能向百姓承诺什么呢?"随后带领晋军当即撤退。晋军退兵后,当地的守军和百姓纷纷称赞晋文公重信重义,他们甚至主动打开城门向晋军投降。就这样,晋军凭着遵守承诺的信义,不仅赢得了土地,也赢得了民心。

《论语·颜渊》中曾经记载:子贡问政。子曰:"足食,足兵,民信之矣。"子贡曰:"必不得已而去,于斯三者何先?"曰:"去兵。"子贡曰:"必不得已而去,于斯二者何先?"曰:"去食。自古皆有死,民无信不立。"①在孔子看来,粮食、军事力量和诚信是国家政事的三大内容。其中,诚信是最为根本的。因为只要保有诚信,即使抛弃了原有的粮食和军事力量,依据时局制定的治国方略也能在最短时间内被执行,从而重新建构军事保护力量,使国家尽快摆脱不利时局、走向正轨。《礼记·经解》中记载:"发号出令而民说,谓之和。上下相亲,谓之仁。民不求其所欲而得之,谓之信。除去天地之害,谓之义。义与信,和与仁,霸王之器也。有治民之意而无其器,则不成。"②这进一步说明了"诚信"对国家领导人治国理政的重要性。可见,号令和谐、相亲以仁、取民以信、除害存义是治国理政的重要法宝。

---

① 杨伯峻:《论语译注》,中华书局1980年版,第126页。
② 李学勤主编:《礼记正义》,北京大学出版社1999年版,第1370页。

第十一章 诚信:社会主义社会人际交往的纽带

诚信是巩固一个国家国际地位的重要软实力。人无信不立,国无信则衰。迈入新时代,中国和世界的关系正在发生历史性的变化,在国际上说话的分量越来越重,也更加受到他国的重视和尊重。这除了经济快速腾飞、综合国力蒸蒸日上之外,还有一个重要原因,就是中国重情义、讲诚信。国不分大小,一律平等相待;事不分亲疏,一律以理服人。中国在国际社会做出的庄严承诺,向来说话算话,不打折扣;量力而行答应给别国的援助,也从不附加什么政治条件。当然,诸如"中国制造"的质量问题、食品安全问题以及社会道德乱象等,也常常被别有用心的人炒作。作为世界第二大经济体、第一大贸易国,中国与其他国家、地区的经济社会交流日益密切,深化国际贸易和交往,树立国际品牌和声誉,加强诚信建设,打造诚信中国,提升中国软实力和国际影响力,已经成为一个重要且紧迫的课题。

二、何谓"诚信"?

诚信是诚实和信用的简称。诚信的要义在于"真实无欺不作假、真诚待人不说谎、践行约定不失言"[1]。具体地说,诚实就是探究问题态度端正,如实反映事物的本质和规律,追求真理;做事认真,实事求是,不弄虚作假;接人待物求实,表里如一,不说谎骗人,不违心自欺;言行一致,说真话,做实事,不说大话、空话、套话、假话。信用就是人们遵守和践行承诺、契约、合同、誓言等,守约有信誉,说话算数,不食言。君子一言,驷马难追;言必行,行必果;一言九鼎,一诺千金。

"诚信"是诚实与信用的有机结合。在现实生活中,人们有

---

[1] 王淑芹:《培育和践行社会主义诚信价值观》,《思想政治教育》2015年第12期。

时会不经意地割裂诚实与信用之间的联系,用信用取代诚信,如认为"行其所言谓之信"。事实上,"行其所言"只能代表此人信守承诺,践行约定,还不是完整意义上的诚信。诚信价值观不仅要求"言必行",更重要的是要求该"言"为"肺腑之言",而不是言不由衷,心口不一。"诚"是"信"的根本,信用作为忠于自己诺言和义务的道德品行,需要以诚实作为道德基础。所以,"诚信"就是"内诚于心,外信于人",而不是背离自己信服的正确价值观信口开河、盲目承诺,抑或是采取急功近利的行为方式自欺欺人。

"诚信"以明大理、守善道为前提。诚信所主张的实话实说、实事求是、"一言既出,驷马难追",并不是毫无条件的,而是以明大理、守善道为前提的。从我们为人处世是否需要讲诚信来看,遵守诚信价值观是无条件的。但是,从何种性质的事情必须讲诚信来看,遵守诚信价值观又是有条件的:践行诚信价值观,本身应该有价值判断贯穿其中。"诚之者,择善而固执之者也"[1],"诚身有道,不明乎善,不诚乎身矣"[2],内心不明"大理"、不解"善道",所诚亦愚,所信亦昧。这里的"大理""善道",就是指自己的言行要遵循国家法律,与国家利益、民族大义相一致,与人和人之间应有的善意和友爱不相悖逆。我们当然不能盲目地践行承诺、履行我们签订的任何契约或者合同,而是应该对这些承诺、契约或者合同本身是否具有合理性进行反复的价值考量。例如,审慎地判断其中的内容是否符合社会制度、法律、道德的规定或准则。如果确知其中的内容不符合相应的原则或规定,那么,我们就不需要、也不能做。《论语·学而》说:"信近于义,

---

[1] 《论语·大学·中庸》,王国轩、张燕婴译注,中华书局2010年版,第318页。
[2] 杨伯峻、杨逢彬:《孟子译注》,岳麓书社2009年版,第137页。

言可复也。"①朱熹说："盖信不进义，则不可以复。"②就是这个道理。因此，"内诚于心，外信于人"绝不是诚信价值观的全部内容；以明大理、守善道为前提，明礼诚信，信德载道，以信求仁，讲信循义，才是践行诚信价值观的要义所在。

"诚信"是劳动创造的态度和品德的表征。诚信不单是守约与履约的信用问题，更是劳动创造的态度，是品德的表征。诚信意味着人们在劳动中尊重客观事实不作假，出勤出力不投机取巧，不偷奸耍滑。如果说"劳动创造世界"，那么，只有诚实劳动才能创造出提升人的生活品质和增强人们幸福感的美好世界。不以诚实劳动为基础，往往就会产生虚报业绩、伪造剽窃、制假贩假等各种弄虚作假的行为。在一定程度上说，危害国人安全与健康的食品、药品、工程等问题，其实都是缺乏诚实劳动所致。中国目前的政治、经济、文化、社会和生态建设都面临与"虚假""失信"做斗争的艰巨任务。也正因为如此，诚信价值观的培育和践行需要社会各方和每一个人共同参与，能够尊重客观事实不作假，老老实实做人，扎扎实实做事，信守约定，恪守承诺、契约和制度。

三、怎么形成诚信之风？

新时代中国的社会诚信建设，既要反思传统诚信观的局限性，契合现代社会的需要，注重诚信的制度建设，也要避免简单"移植"西方资本主义信用制度，注重诚信道德教化，从而将诚信道德与法律制度有机结合起来，实现德法互补，德法共治。只有

---

① 《论语·大学·中庸》，王国轩、张燕婴译注，中华书局2010年版，第16页。
② [宋]黎靖德编:《朱子语类》第2册，中华书局1986年版。

在切实加强诚信制度化建设的同时，大力弘扬诚信美德，实现德法共治、人心与人行共治，才能使诚信价值观内化于心，外化于行。

1. 诚信价值观建设的关键在于制度化

诚信既是道德问题，也是法治问题。诚信既是修炼出来的，也是"管"出来的。诚信精神的树立、诚信风尚的培育，虽然离不开广泛深入的宣传教育，但只靠道德教化、叩问良心是远远不够的。维护诚信既需要道德的规范，更需要制度的约束。托举诚信，凝聚向上向善的力量，必须增加社会信用体系的刚性力量，把道德伦理的柔性规范与制度、法律的刚性约束紧密结合起来，用制度保驾护航，构建一个不敢失信、不愿失信、不能失信的体制机制，从而实现诚信建设制度化、常态化发展。这里的制度规范是全方位、多层面的，其基础是建立覆盖全社会的征信系统，关键是完善守信激励机制和失信惩戒机制，目的是增加守信收益、提高失信成本，真正"让失信者寸步难行，让守信者处处受益"。诚信的厚薄将取决于规矩的方正，规矩的方正加上依法惩戒的严厉，才能真正扭转目前诚信危机的局面。

近年来，为了推进诚信制度化建设，国家制定了一系列制度、法规。2013年10月，最高人民法院《关于公布失信被执行人名单信息的若干规定》正式开始施行，对失信被执行人给予信用惩戒，促使被执行人履行法律文书。2014年，国务院颁布了《社会信用体系建设规划纲要（2014—2020年）》，中央文明委出台了《关于推进诚信建设制度化的意见》，倡导德法并举、刚柔相济，坚持问题导向、集中治理，强调诚信教育的针对性和实效性，抓住了诚信制度建设的关键，具有很强的现实操作性。各地法院及相关单位相继公布了失信被执行人"黑名单"，效果可谓立竿见影。一些不讲诚信的"老赖"曝光之后，为自己的"恶行"付出了

第十一章 诚信:社会主义社会人际交往的纽带

惨痛的代价:他们不仅颜面尽失,而且在信誉没有恢复期间,无法高消费(如乘坐飞机、高铁、出国旅游),也不能办理贷款等金融业务。于是,很快就有万余名"老赖"主动还钱。制度的威力在一件又一件这样的事情上得以体现。

邓小平曾经精辟地指出:"制度好可以使坏人无法任意横行,制度不好可以使好人无法充分做好事,甚至会走向反面。"[①]纵观全球,用制度建设为社会诚信保驾护航,是各国各地区通行的做法。试想一想,如果失信不仅不受惩罚,反而获得不义之财,那么在趋利避害的行为法则下,失信行为是不是会屡禁不止?由此可见,只有建立全覆盖的社会信用信息记录,健全褒扬诚信、惩戒失信长效机制,营造诚信建设法治环境和守信光荣、失信可耻的良好氛围,形成不敢失信、不愿失信、不能失信的制度环境,才能夯实经济社会发展的信用根基,建成真诚相待、相互信任、和谐共容的美好社会。

2. 将"诚信"价值观贯穿于自我修养的各个方面

个人对诚信价值观的遵循和践行主要表现为诚信律己、诚信待人、诚信处事、诚信奉职。人立继而业兴,业兴继而国盛。人人诚信律己,诚信待人,则己安而友信,"乐莫大焉";人人诚信处事,诚信奉职,则与我们每一个人息息相关的政府诚信、司法诚信、商业诚信、学术诚信等便具有更坚实的基础。

首先,所谓诚信律己,即要做到"慎独",自律自省,言行一致,表里如一,不欺于己,不昧于心,不口是心非,诚实无伪。正如《大学》所言:"所谓诚其意者,毋自欺也。如恶恶臭,如好好色,此之谓自谦,故君子必慎其独也。"以我国著名的物理学家邓稼先为例。

[①] 《邓小平文选》第2卷,人民出版社1994年版,第333页。

社会主义的航标灯

邓稼先和诺贝尔物理学奖获得者杨振宁自幼便相识相知，是多年的至交。长大后，两人都去了美国留学，从事原子核物理研究。为支持祖国科技建设，邓稼先毕业后便回国从事早期原子弹的研制工作。经过多年的艰苦奋斗，1964年10月26日我国第一颗原子弹终于试爆成功。远在美国的杨振宁得知后，十分欣喜。1971年，杨振宁回国访问，分别20年的两人在首都机场再次相聚。杨振宁很想知道邓稼先是否参与了原子弹的研发，便借机问他："听说中国研究原子弹的专家中有美国人，有这回事吗？"由于邓稼先从事的工作属于国家机密，拥有良好职业道德的邓稼先瞬间感到很为难。如果回答"没有"，就证明自己很了解参加原子弹试验的成员，这实际上是承认自己也参与了原子弹的研制；如果回答"不知道"，又是在欺骗老朋友。思索许久后，他郑重地对杨振宁说："我以后再告诉你吧。"事后，邓稼先立即向上级请示这样的问题能否向杨振宁如实回答。直到周恩来总理批准后，邓稼先才向老朋友杨振宁坦白，自己确实参与了原子弹的研发。这便是诚信律己的典型案例。

中国传统文化历来强调自律和自我提升的重要性。孔子曾说："是故君子戒慎乎其所不睹，恐惧乎其所不闻。莫见乎隐，莫显乎微，故君子慎其独也。"[1]孟子也说："万物皆备于我矣。反身而诚，乐莫大焉。强恕而行，求仁莫近焉。"[2]先哲教导我们，即使在无人在场、无人监督的情况下，也要严格约束自己的德行，

---

[1] 《论语·大学·中庸》，王国轩、张燕婴译注，中华书局2010年版，第283页。
[2] 杨伯峻、杨逢彬：《孟子译注》，岳麓书社2009年版，第247页。

第十一章 诚信:社会主义社会人际交往的纽带

坚守自己诚信的道德信念,做到"仰不愧于天,俯不怍于人",从而达到行为举止纯然一体的境界,获得内心的快乐与安宁。在今天的社会主义新中国,全体人民当家做主成为国家的主人,"主人翁"的地位和责任更要求人们自主自立,加强修养,诚信律己,"三省吾身",做有素质、有担当、负责任的建设者。

其次,所谓诚信待人,即以诚恳之心待人,并给予他人基本的信任,与人交往讲信誉。众所周知,为了给孟子营造更好的成长环境,孟母在孟子很小的时候曾不辞辛苦地搬了三次家。对于孟子的诚信教育,孟母也是丝毫不懈怠的。有一次,邻居家磨刀霍霍,正准备杀猪。孟子见了很好奇,就问母亲:"邻居在干什么?"孟母答道:"在杀猪。"孟子又问:"杀猪干什么?"孟母听了,就逗他说:"给你吃啊!"话刚出口,孟母就意识到自己的玩笑话可能会被小孟子当真。为了不失言,孟母便郑重地去邻居家买来了猪肉做菜。从此,孟母在孟子心中种下一颗"诚信"的种子。诚信是人与人之间交往、交流、沟通、认同的基础。孔子说:"言忠信,行笃敬,虽蛮貊之邦,行矣;言不忠信,行不笃敬,虽州里,行乎哉?"①这就是说,我们在接人待物时要注意言行一致,想方设法做到知行合一。

诚信待人还应该给予他人基本的信任。虽然防人之心不可无,但择人、用人之道在于疑人不用,用人不疑。

> 战国时期,魏国国君魏文侯曾与大臣讨论"武将乐羊是否适合带兵征伐中山国"一事。有的大臣认为,乐羊是"大将军"的不二人选,有的大臣却认为,乐羊的儿子正为中山国效力,乐羊完全不适合带兵出征。当得知乐羊不仅曾拒绝他

---

① 《论语·大学·中庸》,王国轩、张燕婴译注,中华书局2010年版,第183页。

儿子为国请命的邀请，而且还多次劝其悬崖勒马时，魏文侯当即决定让乐羊带兵出征。乐羊带兵攻到中山国的都城后，开始连续数月按兵不动，只围不攻。这让那些本就反对乐羊出征的大臣极为不满。将士西门豹也按捺不住地问乐羊："为什么还不打？"乐羊说："为了让中山国的百姓知道我们愿意尽最大的努力争取中山国主动投降，尽可能地让他们免受战争之苦。只有这样，才能赢得人心。"果然，在百姓们的帮助下，中山国很快就不攻自破了。将士们凯旋的那天，魏文侯大摆庆功宴，为将士们接风洗尘。宴会后，魏文侯送给乐羊一大箱弹劾他的奏折，意味深长地说："这些奏折，我看看也就忘了，希望你也一样。"乐羊十分感激魏文侯如此信任自己，于是，更加忠心地追随魏文侯，建立了不少功勋。

正如欧阳修在《论任人之体不可疑札子》中说："任人之道，要在不疑。宁可艰于择人，不可轻任而不信。"一方面，我们应该用人不疑；另一方面，我们应该对人忠诚。西汉文学家扬雄在《法言义疏·修身》中说："信者，诚也，专一不移也。"毫无疑问，欺骗和背叛是与诚信待人背道而驰的行为。《左传·僖公十四年》说："弃信背邻，患孰恤之。无信患作，失援必毙。"如果背弃诚信，毫无忠诚度可言，那么一旦祸患发生，自己就会因为失信于人而得不到他人的援助，从而走向穷途末路。

再次，所谓诚信处事，即凡事讲求信用，讲究实事求是，说真话，办实事。《清稗类钞》中记载了这样一则故事：

> 清朝有位叫蔡嶙的人向朋友借了一千两黄金。事隔多年后，当他拿着好不容易攒够的一千两黄金上门还债时，当初借钱给他的朋友却早已因病去世。他辗转几处后，最终把钱

还到了该朋友的儿子手中。朋友的儿子因为事先对此事毫不知情,在家中又没能找到任何相关的借据,所以坚决不肯收。蔡嶙诚恳地说:"借条就在我心里,不在纸上,心中的诚信才是根本,你父亲知道我是个讲诚信的人,才没有告诉你。他如此相信我,我又岂能失信于他?"朋友的儿子深受感动。为了让蔡嶙安心,他最终收下了一小部分黄金。

这个故事告诉我们,在日常生活中规范自己的言行,做到诚心诚意做事,"言必行,行必果"是诚信处事之本。特别是我们在与他人交往时要具有实事求是的诚实精神,向他人传递真实信息,做到凡事尊重客观规律,量力而行,杜绝不顾客观事实地信口开河。正所谓"多诺者寡信",缺乏诚实之德,不顾实情地盲目许诺,背离客观规律,不按事情本性做事,都只会增加失信于人的风险。所以,无论做什么事情,都应该在实事求是、尊重客观规律的前提下承诺他人,而一旦承诺了,就竭尽心力履行诺言。

最后,所谓诚信奉职,即将诚信贯穿于自己的职业领域、工作职责之中,不朝令夕改,不假公济私,不以次充好,不短斤缺两,不妄言臆断。诚信不单是守约与履约的信用问题,更是人们诚实、辛勤、本分地劳动创造、管理团队。人们熟知的那些食品安全事件归根结底都是劳动失信,这已经引发了严重的社会信任危机。近年来,面对劳动诚信,包括商业信用遭遇的严峻挑战,社会各方正在采取实质性的行动。如商务部、中宣部等部门联合优秀企业代表共同开展了"2015中国企业信用传递"活动,借鉴"诚信兴商宣传月"活动十年来累积的经验,借助诚信接力传递的形式,褒扬诚信典型,树立诚信榜样,弘扬"诚信兴商""诚信强国"理念。

社会主义的航标灯

　　总之,在全体人民当家做主的社会主义中国,诚信是作为"主人翁"的广大公民应当具备的基本素质,也是文明社会不可或缺的"营养素"。切实践行诚信价值观不仅是广大公民的基本义务,而且可能带来巨大的经济效益,产生良好的社会效果。只有人人正心诚意,诚实守信,切实用诚信价值观规范自己的言行,才能建成风清气正、善德周行的社会主义和谐社会。

第十二章 友善：社会主义新型人际关系的符号

公民拥有合理、恰当的核心价值观，是一个社会、国家正常运转的基础。古往今来，作为公民个人层面的核心价值观，"友善"在协调复杂的人际关系、增强社会价值共识、促进社会良性运行、建设充满生机和活力的和谐社会等方面，具有非常重要的作用。那么，什么是"友善"？"友善"为什么能够成为社会主义核心价值观的一部分？"友善"和"社会主义"之间又有着什么样的关系？公民怎么做才是真正的"友善"？这些问题看似简单，却值得从学理上深入地进行思考。

一、为什么必须友善？

作为个人层面的核心价值观，"友善"的意义在于褒奖全社会的友善之举，吹动友善之风，让友善成为净化人们心灵、密切人际关系、建设和谐社会的强大道德力量。

1. 友善是个人收获成功和幸福的重要前提

自古以来，关爱他人素来备受推崇，而善待自己却往往被忽视。咀嚼历史与现实中树立的大量道德楷模、英雄形象，我们不难发现，不少都是工作起来"不要命"、不知道爱惜自己甚至英年早逝的"好人"。这令人十分痛心。实际上，一个人只有珍爱生

社会主义的航标灯

命,善待自己,关注自己的身心健康,处理好自己的各种事情,才可能有时间、精力投入到学习和工作中去,并且关爱他人、为社会事业做出贡献。这正如毛泽东教导人们的,"身体是革命的本钱"。如果一个人长期对自己"无所谓",不关爱自己的身心健康,一旦身心出现问题,其他的一切往往也就"皮之不存,毛将焉附"了。

《大学》中的一段话,令人颇受启示:"物格而后知至,知至而后意诚,意诚而后心正,心正而后身修,身修而后家齐,家齐而后国治,国治而后天下平。"就是说,一个人通过研究事物来获得知识、道理,从而增长智慧;之后,又可以通过真诚待人,努力"断恶修善"来提升修养,从而更好地经营婚姻、家庭;而家庭是国家的缩影,经营好美满的家庭后,就能够为国效力;而"能为国效力,且有能力治国"的人,也必将在"平天下"的事业上有一番作为。这也正是"齐家""治国""平天下"都要以"修身"为本的道理。同样,一个人也只有将自己的身心维护、"保养""修理"好,才可能进一步"修身""齐家",乃至"治国""平天下"。

现代社会极其忙碌,竞争极其激烈,一个不具备"珍惜生命、爱惜身体、与时俱进、自强不息"精神的人,很难抓住"人生出彩"的机会,从而改变自己的人生格局,成就一番事业。俗话说,"达则兼济天下,穷则独善其身"。一个人首先应该善待自己,照顾好自己,然后再徐图发展,对他人和社会有所贡献。这其实是十分浅显、易懂的道理。毕竟,谁也说不准"明天"和"意外"哪个会先来。试想一想,如果一个人连最基本的"独善其身"都无法做到,那么又如何能让人真诚地信任,将大家的事业和前途托付给他呢?因此,珍爱生命,善待自己,是一个人安身立命、收获成功与幸福的重要前提。

第十二章　友善：社会主义新型人际关系的符号

2. 友善是与人交往、构建和谐的人际关系的必要因素

人是"环境的产物"，社会性是人的本质特征，因此，从一定意义上说，友善是人立身处世的基本要求。任何人生活在社会上，生存、生活和发展都离不开他人的劳动，离不开他人的帮助和支持。如果人人都具有基本的利他意识，"人人都献出一点爱"，形成互相尊重、互相理解、互相帮助的集体氛围，那么，每个人都将从中获益。这也是既能保全个体利益又能使集体利益最大化的有效途径。

> 东汉杰出战略家、外交家鲁肃出生于士族家庭。他体貌魁伟，性格豪爽，喜读书、好骑射。说起鲁肃的事迹，不能不提及他的乐善好施。东汉末年，他眼见朝廷昏庸，官吏腐败，社会动荡，常召集乡里青少年练兵习武。他仗义疏财，深得乡人敬慕。当年，鲁肃捐助周瑜的时候，周瑜为居巢长，因缺粮向鲁肃求助，鲁肃将一仓三千斛粮食慷慨赠给周瑜。从此，二人结为好友，共谋大事。周瑜成为将军后，多次向孙权力荐鲁肃，以报鲁肃的借粮之恩。鲁肃的乐于助人似乎从来不求回报，可正是这份不求回报的慷慨大义，让他广结善缘，最终实现了自己的远大抱负。

中国文化传统向来重视人与人之间的友善关系。孔子提倡"仁者爱人""泛爱众"，孟子也曾提出"仁民而爱物"的思想。墨子从"兼相利"的角度，对人与人之间的互助导致互利的氛围进行了说明："夫爱人者，人必从而爱之；利人者，人必从而利之。"在墨子看来，只有一个人做出友善之举，才能带动他人行善，进一步影响团队的氛围，从而让大家都从中获益。登山队员麦克一次攀登喜马拉雅山的经历，可以典型地诠释这一点。

社会主义的航标灯

  一天，麦克和一名同伴攀登喜马拉雅山，下山时，气温骤降，两人走在又陡又险的山路上，恐慌极了。路过一个山口时，他俩发现雪地上躺着一个人，气息已经十分微弱。显然，假如他俩弃之不顾，此人必死无疑。同伴匆匆瞥了一眼，就继续赶路了。可麦克动了恻隐之心，不忍心见死不救，便背上伤者同行。同伴对他的固执十分气恼，懒得理会他，独自先走了。山路上积满了厚厚的雪，地面很滑，麦克背着伤者摇摇晃晃，艰难地行走着，稍有不慎就可能一起殒命。幸运的是，麦克越往前走，身体就越暖和，背上的伤者也渐渐地苏醒了。伤者完全苏醒后，两人便抱团取暖，相互搀扶着前行。就这样，麦克和伤者走完了一程又一程，终于抵达了山脚。而麦克的同伴却孤零零地冻死在途中了。①

  从"个人与集体"的相互关系来说，"友善"是人与人之间关系的润滑剂，是结成健康人际关系的纽带。在社会主义大家庭里，它使人与人之间平等相待、互相尊重、团结协作，使一定的集体和社会组织充满了温馨、和谐的气氛。在世界普遍交往中，它要求不同国家、地区的人们相互尊重、相互理解、求同存异，特别是通过合作共赢的方式相互协作，维护人类的共同利益，共建休戚与共的人类命运共同体。

  3. 友善是建设社会主义生态文明的关键所在

  自然环境是人类赖以生存、生活的物质基础。人类不仅以社会群体的方式生存，而且生活在自然天地之中；人们的生存、生活、发展既需要和他人团结协作，也需要和大自然和谐共处。

---

① 乔忠延：《社会主义核心价值观青少年故事读本》，山西人民出版社2015年版，第128-129页。

第十二章　友善：社会主义新型人际关系的符号

"早在古代，中国就有了'万物一体''天人合一'的生态和谐论。人类只有一个地球，它是人们共有的生存家园。尊重自然、保护环境，同时就是尊重和保护他人他国的生存发展权利，就是尊重和保护子孙后代的生存发展权利，就是尊重和保护人类自己。"[①] "爱人"与"爱物"密不可分，人类对动物奉献爱心，动物也可能会报恩。

唐山的一位老者曾某曾讲述过一个自己亲历的故事。

> 1976年之前，曾某是唐山某水库的管理员，经常一个人驻守在水库边的配电室里。那时候，曾某常在厨房的大水缸里养上几条鱼。1976年初夏的一个晚上，曾某躺在床上，突然听到厨房里有动静，便起身去看。他发现一只狐狸掉进了水缸里，狐狸的眼里满是惊恐。他感到于心不忍，就把狐狸救上来，放它走了。1976年7月28日凌晨3时左右，熟睡中的曾某被一阵急促的抓挠声和呱呱鸣叫声吵醒了。曾某起床开门，正想看看是怎么回事，就看见那只被自己救过的狐狸一会儿焦躁不安地仰脸望着他，一会儿在原地打转。曾某以为狐狸是饿急了，正要转身回屋里取食物时，狐狸却拼命地咬住了他的鞋，试图把他往屋外拽。曾某于是跟着狐狸出了屋。就在这时，7.8级的唐山大地震轰然降临，刹那间地动山摇，老者居住的配电室一眨眼工夫就倒塌在了眼前。从鬼门关里闯出来的曾某每当回忆起这段往事，都会感动得泪流满面。

刘女士的经历同样令人嘘唏。

[①] 沈壮海、刘水静：《友善：处理人际关系的基本准则》，《人民日报》2014年2月17日，第16版。

社会主义的航标灯

一天清晨，刘女士打开门，发现家门口有条死鱼。她感觉十分晦气，就把鱼扔进了楼下的垃圾桶里。可此后的接连几天，刘女士的家门口都出现了一条死鱼。她觉得事情十分蹊跷。为了弄清事情的真相，她特意在周末早早地起床，跑到上层楼的楼梯口盯着"案发"地点。经历了几个小时的等待，刘女士终于目睹了整个"案发"过程：一只嘴里叼着鱼的猫进入自己的视线后，缓缓地放下嘴里的鱼，往后退了几步，望了望门，又望了望鱼，转身消失在视线里。刘女士被眼前这一幕震惊了，她怎么也没有想到，自己臆想的恶作剧，竟然是自己在三四年前无意中救助过的流浪猫在报恩。那是一个寒冷的冬天，刘女士在居住小区附近发现了几只流浪猫在冰凉的地面上缩成一团，冻得瑟瑟发抖。身形较大的那只猫看上去是产后不久，非常虚弱。几只小猫连眼睛都还睁不开，因为地面阴冷，它们只好缩成一团，挤在一起相互取暖。刘女士见状便起了怜悯之心，立即回家拿了一条旧毛毯和一些饭菜给它们。此后，刘女士经常关照这几只流浪猫，直到它们不再出现。

可见，鸦有反哺之义，羊有跪乳之恩。很多动物都是有灵性的，它们有时候甚至比人类更懂得感恩。

自近代工业革命以来，在"资本的逻辑"驱使下，在高投入、高消耗、高污染的发展模式引领下，人类尽管取得了前所未有的经济成就，但造成的资源、环境危机日益严重，生物多样性、包括动物的生存环境受到日益严重的威胁，"城市病"日益突出，令广大人民深受其苦。这一切不仅成为可持续发展的桎梏，而且威胁到了我们赖以栖身的地球家园。

地球是人类唯一的家园，人类在可见的未来没有其他的选择。迈入新时代，面对严峻的资源环境形势，只有坚持以人为本的可持续发展观，贯彻生态友善的价值理念，自觉爱护生态环境，合理利用自然资源，友善对待自然生命，我们才可能继续生活在"蓝天白云、山清水秀、空气清新"的美丽家园里。我们只有懂得"十分聪明用五分，留下五分给子孙"的道理，才不会以竭泽而渔的方式进行掠夺，将地球家园弄得一团糟。一旦彻底失去了清新的空气、干净的水源等珍贵的自然资源，一旦将地球家园折腾得不再适合人类居住，那时人们将追悔莫及！

二、"友善"的内涵与特征

理解社会主义友善价值观，首先需要了解相应的社会历史背景：中国的社会主义制度是在半殖民地半封建社会的低水平上建立起来的。中华人民共和国成立后，国外敌对势力对中国的长期封锁，国内经济上的落后、政治上的壁垒、文化上的多元等，曾在相当程度上限制了广大人民的交往。改革开放以后，随着经济的迅速发展和政治体制改革的加快，各种客观的或人为的壁垒逐渐被打破，人与人的交往不断突破血缘、地域的限制，构建起一个全新的"陌生人社会"。广大人民的"主人翁"地位不断得到落实，拥有了自由自在地翱翔在社会主义新中国这片广阔天地里的权利。在这样的社会背景下，"友善"必然成为社会主义新中国趋势所向的新型人际关系的重要组成部分，成为广大人民履行当家做主的权利、同心协力共筑中国梦的道德品质。

1. 友善的基本内涵

从字源上看，"友善"在古代汉语中是由"友""善"两个单字组成的。"友"的甲骨文形似顺着一个方向的两只手握在一起，表示以手相助。《说文解字》解释说："同本义友，同志为友。"

社会主义的航标灯

《易·兑》之疏有所谓"同门曰朋,同志曰友"的说法。可见,"友"在本义上象征着朋友之间相互援手、相互帮助。"善"是由古代的吉祥物"羊"和"言"组成,本义是吉祥的话语,如《说文解字》解释说:"善,吉也。"寓意为互相帮助、互相祝福。

《说文解字》解释其为:"善,吉也。"将"友善"作为社会主义核心价值观之一,无疑是有着深厚的文化根基的。作为传统美德,中华儿女为人处世、待人接物的一颦一笑都深深地打上了"友善"的烙印。在儒家文化中,友善的内涵主要包括两个方面:其一,"友善"是一个人爱心的外化。孔子倡导的"仁者爱人",就是强调只有具有仁爱之心的人,才会将这种仁爱传递给他人和社会。其二,"友善"是"将心比心"的产物。孔子强调的"己所不欲,勿施于人"和孟子提出的"老吾老以及人之老,幼吾幼以及人之幼"都强调了换位思考对"友善"的重要性。

有些人认为,社会主义核心价值观的"友善"只是生活中的道德要求,只是处理人际关系的技巧,等等。这种理解是不全面的,也是不到位的。事实上,"友善"作为社会主义新型人际关系的重要组成部分,在相当程度上反映着社会主义制度的本质属性,也为社会主义的未来发展指示了方向。

从外延上说,"友善"作为社会主义新型人际关系的重要组成部分,包含着"个人对自己友善""个人对他人或集体友善""个人对自然友善"三种含义。

首先,从个人与自我的关系看,"友善"的要义在于善待自己。其实,善待自己不仅是个人的需要,也是社会的需要、时代的需要。在社会主义新中国,全体人民当家做主成了国家的主人,不仅拥有主人的权利,更肩负着主人的责任,承担着主人的义务。时代在发展,社会在进步,判断主人是否合格的标准也越来越高。广大人民只有在保证自己身体素质合格、心理健康、精

第十二章 友善：社会主义新型人际关系的符号

神正常的条件下，不断通过自身的努力完善自己的人格，提升自己的综合素质，才有能力履行自己的神圣职责，真正当好"国家的主人"。

按照马克思的设想，共产主义社会是一个"自由人的联合体"，是广大人民自由全面发展的社会形态。虽然中国特色社会主义建设尚"在路上"，离真正实现共产主义还有相当距离，但是，它毕竟推翻了"三座大山"，铲除了让广大人民受剥削、受压迫、被异化、被物化的社会基础。全体中国人民从此翻身得解放，走上了自我提升、自由而全面发展的新征途。在中国特色社会主义实践中，广大人民必须摒弃旧体制下形成的分裂和对抗意识，摆脱旧体制中形成的依附和盲从心理，而以一种"主人翁"姿态、以一种强烈的责任意识、以创新和建设的实践方式，尽可能地完善和提升自己，建设自己的美好家园。在社会主义条件下，一个人关爱自己、善待自己、成就自己，提升自己的幸福指数，使自己获得自由而全面的发展，就成为一种先进的人生态度和价值理念。

咀嚼历史，自古以来，关爱他人、助人为乐备受推崇，而善待自己、成就自己却往往语焉不详，甚至被人为忽视。实际上，正如毛泽东所说，"身体是革命的本钱"；或者如匈牙利诗人裴多菲所言，"生命诚可贵"。每个人的生命都只有一次，需要用心珍惜；每个人都难免生老病死，需要精心照料；每个人的心理都有脆弱的一面，需要精心呵护。人们只有在保证自己身体素质合格、心理健康、精神正常的条件下，再通过努力不断地提升综合素质，完善自我人格，才有能力去履行自己的职责，为建设祖国效力。我们都知道，善待自己才是关爱他人的源泉。如果一个人都不懂得善待自己，却奢谈关爱他人，那他（她）的友善也会受到质疑。有限的生命、健康的身体、健全的心理，是我们绝无仅有的"本钱",是我们幸福生活的基础,是我们全部力量的源泉。一个人只有珍惜生命,善待自己,保持身心健康,处理好自己大大小小的事情,才有足够的力量承担肩负的使命,为社会做出自己的贡献,也才有可能成就自己,令自己的一生充实而幸福。

其次,从个人与集体的关系看,"友善"的含义是通过团结他人来共同维护集体利益,从而进一步完成"大我"。马克思在《关于费尔巴哈的提纲》中指出:"人的本质,不是单个人所固有的抽象物,在其现实性上,它是一切社会关系的总和。"[①]也就是说,社会性是人的根本属性。人不是单独存在的孤立的个体,不可能脱离社会而存在。生存在这个世界上,人并不是一匹与他人无涉的"独狼",人与人之间是一种相互依存、相互作用的关系,任何人的生存、生活和发展都离不开他人和集体,当然,集体和社会也是由个体所构成的。只有友好、善意、宽容地对待他人,而不是粗暴、蛮横、自私地自行其是,从而形成人人"互相尊重、互相理解、互相呵护、互相帮助"的集体氛围,才能减少不必要的矛盾和冲突,最大限度地保障每个人的利益。同时通过互相协作,使集体的利益最大化,将共同的事业不断向前推进。迈入全球化、信息化、智能化时代,人与人之间的交往突破了血缘、地域的限制,构建起了一个又一个"陌生人社会"。在这样的社会中,"人人为我、我为人人"的亲善、互助、友爱变得尤为珍贵。因此,友善是构建和谐人际关系的基本要求。人与人在交往过程中友好相待,矢志向善,相互尊重,相互宽容,相互帮助,相互支持,这是中华民族代代相传的传统美德,也是现代社会的"时尚性"要求。因此,一个人在与他人交往时,在社会共同体中生存时,表达善意,相互理解,合作共赢,是基本的生存之道。

---

① 《马克思恩格斯文集》第1卷,人民出版社2009年版,第501页。

第十二章　友善：社会主义新型人际关系的符号

陕西农民刘某听说专家培育出的玉米优良品种可以提高产量，于是便远道前往购买。为了让自己的玉米将来卖出好价钱，当左邻右舍询问刘某哪里可以买到一样的玉米品种时，他没有透露任何消息。因此，这一年乡邻们种的还是原来的普通玉米品种。几阵春雨后，玉米开始露新芽，节节向上，长势喜人。远远看去，刘某的优良玉米品种高过普通玉米很多。刘某喜出望外，开始日日盼望秋天的丰收。可事不遂人愿，虽然刘某地里的玉米穗长势可人，但玉米穗上的颗粒却长得很稀疏，后来，这些玉米的收成甚至不如往年种的普通玉米。刘某以为自己买了假种子，便去找卖家，原来，"收成差"的原因是优种玉米的种植面积过小，受到邻近地里的普通玉米花粉的传播所致。为了汲取这个教训，刘某在第二年开春主动为乡邻们代买了优良玉米品种，大家一起走上了发家致富之路。

事实证明，从长远考虑，"与他人团结协作，共同维护集体的利益"，往往才能给个人带来最大的益处。社会主义制度在中国确立后，人与人之间的关系不再是冲突和对立的关系，而是一种平等、协作的关系。由于基本立场、根本利益、使命和目标一致，人与人之间建立了一种新型的"同志"式的友善关系。也正因如此，在社会主义革命和建设时期，人与人之间相互信任、真诚关怀、互帮互助、克己为人、廉洁奉公甚至舍己救人的感人事例，才司空见惯、数不胜数。

当然，由于中国的社会主义制度是在半殖民地半封建社会的低水平上建立起来的，经济上的落后、政治上的壁垒、文化上的隔阂，以及人们在利益上的矛盾和冲突，曾经在相当程度上限制了人民群众的交往,影响了人与人之间的互信、友爱、和谐关系。在中国特色社会主义实践中,随着科技和经济的进步,政治和文化体制改革进程加快,人与人之间的交往逐步突破血缘、地域等的限制,人们越来越多地生活在一个"陌生人社会"中。在这个全新的社会中,人与人之间基于根本利益(共同富裕和实现中国梦)和共同规则(依法治国)的一种新型友善关系正逐步建立起来。

最后,从个人与自然的关系看,"友善"的含义包括对自然环境友好,包括对社会主义生态文明的追求。这要求人们具有悲天悯人的情怀,善待大自然,善待一切生命,像爱护眼睛一样爱护我们唯一的地球家园;在人类活动中切实遵循客观规律,坚决摒弃那种"先污染,后治理"的发展思路,坚持以人为中心的可持续发展;树立代际公平、正义的发展理念,克制和约束自己的欲望,确保为子孙后代留下应有的发展空间。

人不仅生活在一定的社会关系中,而且生活在自然天地中。恩格斯指出:"我们连同我们的肉、血和头脑都是属于自然界和存在于自然界之中的。"①在自身的生存、生活和发展中,人们不仅要和他人、社会打交道,而且要和自然打交道;不仅要"爱人",而且也要"爱物",两者密不可分。古代中国就有"万物一体""天人合一""天人合德""道法自然"的生态和谐论。今天人们更加认识到,"我们只有一个地球",地球是人类唯一的、共有的家园,人类必须对之肩负责任。利奥波德的"大地伦理"认为,大地是一个有机共同体,土地、空气、水分、阳光、动物、植物、人类等都是平等的,自然是人类存在的基础。正因为意识到大自然对我们的重要性,热爱大自然的护林员荆保山用23年时间,兢兢业业地诠释着"生态友善"的价值观。

---

① 《马克思恩格斯文集》第9卷,人民出版社2009年版,第560页。

第十二章　友善：社会主义新型人际关系的符号

荆保山在唐古拉山部队服役17年后，转业到山西省平陆县做了一名护林员。守山护林是一项艰巨的任务，巡山一次就得花上好几个小时。护林23年中，荆保山多次死里逃生，却始终不曾放弃守山护林的信念。有一年冬天，荆保山巡山时发现一处乡镇林业点的上空乌烟瘴气。他立即察觉到这可能会带来火灾，进而烧毁满山的松林。可是，当时无论他用什么方式都没能联系上林场的工作人员。眼看夜幕降临，荆保山当即带上手电筒，拄着树枝，不惜冒着生命危险向4公里外的林业点赶去。一路上他摔了无数跤，磕得头破血流，两眼昏花，腿被撞伤，脸也被树枝刮出血来。他顾不了那么多，一心念着要尽早赶过去。到了乡镇林业点后，果然不出他所料，如果不是他及时赶到，就难免遭遇一场火灾了。

守护山林不仅要克服巡山途中的艰难，而且要克服在山上居住带来的交通不便、生活物资匮乏等问题，还要承受常人难以忍受的寂寞，拿着常人难以想象的低薪。他就这样毫无怨言地在山林里默默地奉献了23年。对于荆保山而言，大自然就是一种信仰，能做一名合格的护林员是一件值得骄傲的事情。

罗尔斯顿通过确认自然的客观价值，系统论证了人对动物、有机体、物种与生态系统的义务。"我们正在探寻的是一种恰当地'遵循大自然'的伦理学。我们想最大限度地使人类适应地球，并且是以道德的方式去适应。……人类既栖身于文化共同体中，也栖身于自然共同体中，因此，伦理学的一个未完成的主要议题，就是我们对大自然的责任。"① 动物权利论者甚至认为，既然动物

---

① 《马克思恩格斯选集》第4卷，人民出版社1995年版，第383页。

社会主义的航标灯

和人一样能够感知痛苦和快乐,那么就应该拥有与人一样的平等权利。如果动物感到痛苦而人却视而不见、无动于衷,那么也是违背道德的行为。虽然这些理论众说纷纭,观点尚存争议,但都在提醒人们善待生命、善待动物、善待自然。

> 住在成都市东风渠凤凰山河段附近小区内的刘谋杰和王武群就是一对年过六旬、视环保为事业的夫妇。2008年春天,刘谋杰夫妇在东风渠边散步时,看到河上漂浮的垃圾,便想起以前大家都喝河里的水,现在河水都被污染了,他们感到很痛心。两位老人就萌生了要保护"母亲河"的想法。于是,他们用一根长竹竿,绑上网兜,开始在河边打捞漂浮垃圾。每天早上6点至下午4点,除了休息时间,他们都在做这项工作。他们将从河中打捞上来的垃圾认真地分类处理,默默地为建设美丽城市贡献着自己的一份力量。夫妇俩的善行起初遭到儿女的反对,后来儿女得知他们带动了许多市民参加到保护"母亲河"的行列后,渐渐地理解了他们的良苦用心。夫妇俩每次收工回家后,都会将打捞的工具放在桥头供其他的居民使用,偶尔还组织大家学习"如何快速打捞垃圾上岸"的诀窍。就这样,越来越多的人开始注意这条需要爱护的母亲河,河水也渐渐变得清澈了。刘谋杰在接受记者采访时感慨道:"你做一件好事,你会带给别人快乐,别人对你的感谢,又会让你更快乐。"[①]

在中国特色社会主义建设中,让广大人民安居乐业,过上小康生活,实现中华民族伟大复兴的中国梦,离不开经济的繁荣、

[①] 《人民日报》社总编室编:《身边的感动:践行社会主义核心价值观》,人民日报出版社2012年版,第206页。

政治的民主、社会的和谐、精神的文明，更离不开良好的生态环境。践行生态友善，保护生态环境，走生态文明发展之路，是关乎千家万户福祉和民族未来的根本大业，是功在当代、利在千秋的伟大事业。生态文明既是人类文明发展的重要成果，也是人类文明发展的必然趋势。它既是尊重和保护他人的生存、发展权利，尊重和保护子孙后代的生存、发展权利，同时也是尊重和保护人类自己！

2. 社会主义友善价值观的基本特性

众所周知，封建社会儒家讲"仁爱"，资本主义社会也倡导"博爱"，似乎与社会主义核心价值观的"友善"差不多。这是一种似是而非的误解。实际上，它们之间存在着实质性的区别。社会主义核心价值观的"友善"是建立在生产资料公有制基础之上的，是全体人民当家做主的条件下，人与人之间的一种平等、互敬、互爱、互助的新型人际关系。

具体而言，社会主义"友善"价值观具有如下基本特性：

一是平等性。社会主义制度是全体人民当家做主的新型社会制度，它的建立在理论上消除了人民在经济、政治、社会、文化、生态方面的一切等级差别。人们开始以相互平等的身份参与各项社会活动，在社会交往中相互尊重、互敬互爱，一起为自己、也为社会创造物质财富和精神财富。虽然在具体的分工和贡献方面、在分配和生活水平方面，因为地区差别、城乡差别、社会角色等方面的原因，人与人之间难免存在一定的差异，但在社会主义制度下，每个人都是国家的主人，都是平等的"同志"。这个事实并不会因人与人之间在社会角色、地位、权力、财产等方面的差异而发生改变，因而人与人之间理应友好相处，互相报之以善。而且，社会主义的本质是解放生产力，发展生产力，消灭剥削，消除两极分化，最终达到共同富裕。经济上的这种平等地位以及共同富裕的价值追求,为建立社会主义平等的新型人际关系奠定了基础。

二是共享性。改革开放以来,历经磨难、积贫积弱的中国坚持以经济建设为中心,一心一意谋发展,明确地追求发展、富裕和强盛。这消除了传统的计划经济体制对经济发展的束缚,极大地解放了社会生产力,使中国快步走上了"富强"的康庄大道。改革开放40年来,在中国共产党的领导下,中国人民团结一心,以前所未有的速度进行社会主义现代化建设,把一个经济封闭滞后的国家建设成了世界第二大经济体,生产力水平和综合国力得到显著提升。今天,中国人民仍然在为实现中华民族伟大复兴的中国梦这一共同的目标而坚持不懈地奋斗着。众所周知,在全体人民当家做主的社会主义制度下,个人与个人之间、个人与集体之间、集体与集体之间的根本利益是一致的,中国所取得的一切成果归根到底都属于全体人民,由全体人民共有、共享;中国梦也是全体中国人民的梦,未来中国的一切都归全体人民共有、共享。在这一社会历史背景下讲"友善",就彻底破除了封建专制体制以及"资本的逻辑"背景下的虚伪性、欺骗性,而切实成为广大人民共享的一种社会主义新型人际关系。

三是主体性。自1949年10月中国建立社会主义制度,广大人民就成了当家做主的国家主人。"友善"之所以是社会主义新型人际关系的重要内容,正是由于广大人民的这种"主人翁"地位决定的。广大人民是为了更好地建设、管理自己的国家,更好地履行当家做主的权利、责任和义务,而不是基于政府或者圣人们提出的道德要求,才接受、认同、践履友善价值观,建立人与人之间友好、团结、互助的和谐关系。"友善"充分地体现了广大公民当家做主的主体性和责任感。当然,这种主体性也包括了阶级性或意识形态属性,决定了不可能对那些中国人民的敌人,包括国内

第十二章 友善：社会主义新型人际关系的符号

外的各种敌对势力大谈特谈友善，甚至对于那些违反社会主义道德和法治的社会成员，也需要动用各种"专政工具"予以惩处，而不可能对他们一味地仁慈、善良，听任他们为所欲为。毕竟，对敌人的仁慈、善良，对缺德行为、违法犯罪行为的放纵，难免损害广大人民群体的合法权益，这甚至可以说是对广大人民群众的犯罪。例如，对于各种违反食品、药品安全法规的缺德行为，如果不予以果断、严厉的惩处，必将严重威胁广大人民群众的健康甚至生命安全，那就不啻犯罪分子的"同伙"了！

三、怎么做才算"友善"？

如前所述，"友善"包含三个方面，即"个人对自己的友善""个人对他人或集体的友善""个人对自然的友善"，相应地，社会主义友善价值观的建设也可以从这三个层面着手，做到"善待自己""善待他人"和"善待自然"。

1. 从"个人对自己"的视角来说，应该善待自己

大致说来，我们可以将"善待自己"分为五种由浅入深，逐步提高、发展的境界。第一，是做到"自珍、自重、自愿"；第二，是做到"自主、自助、自为"；第三，是做到"自省、自律、自立"；第四，是做到"自知、自信、自强"；第五，是做到"自如、自由、自我解放"。通俗地说，就是一个人首先要学会珍爱生命，尊重自己的人格和意愿，保护自身安全；其次要从自主学习开始，解决好自己的事情，形成独立自主、奋发有为的思想意识；再次是自立慎独，遇事自我反省，勇于承担责任，懂得拿捏分寸，不为身外之物和他人所动；复次是形成自己独特的世界观、人生观、价值观，勤勉工作，成就自己的一番事业；最后是听到他人非议时能泰然处之，对各种挑战能应对自如，使自己心理强

健，不断走向自由和解放之境。当然，这不是一蹴而就可以达到的境界，而是一个循序渐进的历史过程，需要每一个人反复磨炼，久久为功。

这里应该强调的是，善待自己必须以爱惜身体为基础。一方面，懂得"身体是革命的本钱"，善待自己的身体。毛泽东从学生时代开始就非常重视锻炼身体。12岁时，他曾经得了一场大病，开始体会到身体的重要，后来在湖南第一师范学校学习时，特别重视身体锻炼，经常参加各种体育活动。当时，校门口有一口水井，他还仿效他的老师杨昌济先生，每天天刚亮时就来到水井旁，用洗冷水浴的方法锻炼身体。毛泽东洗冷水澡的习惯坚持了多年。他还将锻炼身体与磨炼意志结合起来，"苦其心志，劳其筋骨"，为后来艰苦的革命生涯打下了良好的体质基础。

另一方面，注重身心和谐，维护心理健康。生活在这个并不完满、正在发展的世界上，应以乐观、豁达、平和的心态处世，不让愤怒、过激、颓废的情绪左右自己，也不对自己过于严苛、自责，从而坚定地做家庭、单位、集体和社会中的"正能量"。那些身陷抑郁而不能自拔的人，那些毅然走向自杀这条不归路的人，不仅让自己陷入痛苦和绝望的深渊，也往往给亲人、朋友和社会带来巨大的困扰和悲伤。京剧大师梅兰芳的艺术成就举世瞩目，但少年时代的他并不是一个京剧天才，甚至可以说是资质比较平庸的。对演京剧的人来说，眼神非常关键。可梅兰芳是单眼皮，双眼下垂，还是近视眼。初学时，他的眼珠转动不灵活，有时还会因为刮风而流泪不止。状态不好的时候，他甚至被人指责过反应迟钝，做事慢半拍。尽管如此，梅兰芳也从不轻言放弃，反而勤勉练习，更加努力地投入到学习的热忱中。为了让自己的眼神变得灵活，他练习看初升的太阳，还特地养了几只鸽子，每当把鸽子放出来之后，他便盯着鸽子在蓝天上飞翔。平时，他还会拿一支筷子,用眼睛盯着筷子的一头,用胳膊画圆来反复练习眼睛反应速度。功夫不负有心人,他的坚持和努力终于成就了他的精湛演技。在国人心中,梅兰芳永远是不可替代的京剧泰斗,他的不可替代并不是天生的,而是在对艺术的痴迷追求中,始终自律自强方才成就的。[①]《周易》提倡"天行健,君子以自强不息",可见,自律自强应当是每个人善待自己的根本要求。

2. 从"个人对他人或集体"的视角来说,应该善待他人

对于个人而言,充分理解友善理念,深刻认识"友善待人"的必要性,将其根植于思想的深处,是践行社会主义友善价值观的基础。在此基础上,积极培养自己适应社会、融入集体的能力,学会具体地运用友善理念,是践行社会主义友善价值观的关键。这需要人们在处理人际关系、接人待物方面把握以下几点:

一是尊重他人,即尊重他人的人格,尊重他人的尊严,尊重他人的意愿,尊重他人合理合法的价值选择。

二是与人为善,宽宏大量,为人谦虚,懂得礼让。宽容他人,需要自己有度量,正所谓"忍一时风平浪静,退一步海阔天空"。然而,并非每个人都能对他人宽容相待,有的人心胸狭窄,尖酸刻薄,斤斤计较,不能容人容事。《世说新语·文学》中曾记载这样了曹植"七步诗"这样一个故事,这个故事家喻户晓,讲的是魏文帝曹丕心胸狭窄,因妒忌弟弟曹植的才华,便想方设法加害曹植,于是有曹植的七步成诗。

三是真诚待人,不弄虚作假,与他人建立基本的信任关系。宽容待人是践行"友善"的重要标准。它是一种无声的教育、无形的力量,潜移默化地影响着他人,使其感受到道德的约束,自觉地崇德向善。有这样一个故事:

---

① 兰涛:《自律胜于纪律》,中国华侨出版社2012年版,第83-84页。

社会主义的航标灯

　　学识渊博、品德高尚的德威先生在得知学生程就每日翻墙外出看戏、不专心读书后，决心开导他。有一天夜晚，德威先生在学院里值班巡夜。当他发现墙脚的高脚凳后，便把凳子移开，并站在那里守着。深夜，程就听完戏回来后，照常爬墙而上。当他一脚踩下去的时候，似乎意识到了脚下的"凳子"不寻常，踩上去软绵绵的！出于好奇，他临走时，回头望了一眼。这一看差点把他吓傻了。他怎么也不敢相信，自己刚刚踩的"凳子"竟然是德威先生的背。此时，德威先生却神态自若地说："夜深露重，速速归寝，切莫着凉。"后来，程就心想自己铁定要被劝退了，便惶惶不可终日。然而，很长时间内，一切都如死一般寂静，仿佛什么也没有发生过一样。程就这才恍然大悟，宅心仁厚的德威先生是有意宽恕他。程就感恩戴德，自此发愤读书，终于成就了一番事业。

　　四是设身处地地多为他人着想，推己及人，做到最基本的"己所不欲，勿施于人"。 有一个故事发人深省。

　　据《桐城县志》记载，清朝康熙年间，文华殿大学士兼礼部尚书张英老家桐城的老宅与吴家为邻，两家府邸之间有块空地，供双方来往交通使用。两家大院的宅地都是祖上的产业，时间久了，这块空地就成了一笔糊涂账。后来，邻居吴家建房想要占用这个通道，张家不同意。双方将官司打到县衙门，县官斟酌双方都是官位显赫的名门望族，不敢轻易了断。张家人只好给在京城当官的张英写信，希望张英出面干涉。张英收到信件后，认为应当礼让邻里，就给家里回信说："千里修书只为墙，让他三尺又何妨？万里长城今犹在，不见当年秦始皇。"家人接信后便让出三尺宅地。吴家见状,深受感动,也主动相让三尺。于是双方化干戈为玉帛,两家的院墙之间出现了一条宽六尺的巷子。这就是今天"六尺巷"的由来。

五是在他人遇到困难时鼎力相助。在社会主义大家庭里,无论是遇到天灾还是人祸,只要人人伸出援手,就一定能够走出困境。比如,2008年汶川发生特大地震时,造成了严重的人员和财产损失,但全国人民万众一心,众志成城,和灾区人民同在,捐款捐物,出工出力,最终帮助幸存者们挺过了难关,取得了抗震救灾的伟大胜利,充分诠释了大爱、友善的力量。

当然,政府首先应该想方设法夯实践行友善价值观的物质基础。"仓廪实而知礼节,衣食足而知荣辱"。事实证明,在贫穷、苦难的情况下,陈腐、落后的东西容易死灰复燃。其次,应紧紧围绕保障和改善民生,促进社会公平正义深化社会体制和收入分配制度改革,促进共同富裕和民众生活水平的提高,破解民众面临的入学难、就业难、就医难、购房难、养老难等民生难题,确保社会既充满活力又和谐有序。如果人们的基本需求和合理诉求得到了解决,幸福感自然会提升,人际关系也必将更加和睦、友善。

3. 从"个人对自然"的视角来说,应该善待自然

善待自然可以从以下三方面着手:第一,热爱大自然,发现自然之美。大自然中并不缺少美,只是缺少"发现美的眼睛"。如果人们能够深刻地认识、感受自然之美,那么就会更加珍惜自然、爱护自然。第二,保护自然环境是应有之义,是生态友善的目标追求。只有坚持开发和保护两者的统一,才能纠正过去"先污染、后治理"的错误思路,逐渐实现建设"美丽中国"的目标。第三,尊重自然规律是践行生态友善的本质要求,也是生态文明的第一要义。无数事实证明,如果违背自然规律,必将受到自然

的报复和惩罚。这正如恩格斯指出的:"我们不要过分陶醉于我们人类对自然界的胜利。对于每一次这样的胜利,自然界都对我们进行报复。每一次胜利,起初确实取得我们预期的结果,但是往后和再往后却发生完全不同的、出乎预料的影响,常常把最初的结果又消除了。"①

自从人类走上工业化道路以来,在资本逻辑的支配下,人们为了追求超额利润,无视自然规律和生态效益,选择了一条急功近利的"先污染、后治理"的发展道路。虽然发展的成果累累,但代价触目惊心,教训也十分深刻。作为一个发展中国家,中国经历了改革开放40年的高速发展,但同时也付出了巨大的生态环境代价,全球变暖、水土流失、沙进人退、物种灭绝、水土污染、雾霾笼罩……发达国家在上百年工业化过程中分阶段出现的环境问题,在今天的中国开始集中地、大规模地出现,广大人民(特别是弱势群体)深受其害。于是,旧的和新的环境问题日益叠加,以致资源越来越紧张,环境污染越来越严重,生态系统日益退化。面对这种严峻的资源环境形势,人们痛定思痛,这才幡然悔悟:原来只有善待自然,人与自然和谐相处,才能维护地球家园,获得可持续发展。恩格斯早就指出:"我们每走一步都要记住:我们决不像征服者统治异族人那样支配自然界,决不像站在自然界之外的人似的去支配自然界——我们对自然界的整个支配作用,就在于我们比其他一切生物强,能够认识和正确运用自然规律。"②在这种形势下,践行生态友善,保护生态环境,走可持续发展的生态文明之路,已经成为中国的必然选择。

值得庆幸的是,近年来,生态环境问题已经引起了政府和社会各界的广泛关注,无论是政府、企业,还是NGO组织和个人,

---

① 《马克思恩格斯文集》第9卷,人民出版社2009年版,第559-560页。
② 《马克思恩格斯文集》第9卷,人民出版社2009年版,第560页。

第十二章　友善：社会主义新型人际关系的符号

都正在积极行动起来，投入到"美丽中国"和生态文明建设中去。目前，国内生态城市建设卓有成效。以上海和西安为例：在自然生态建设方面，上海市通过治理入侵物种、限制开垦湿地、保护和管理生态栖息地、综合治理有害生物等方式，实现了对湿地生态多样性和生态系统的保护；在居住环境方面，上海市通过加快城镇生活污水截污纳管与集中处理设施建设，开创了农村污水分散式处理新模式，水环境质量得到显著提高；在产业生态方面，崇明岛零散式的农业经营已开始向绿色、有机品牌体系建设转变，在科技引领和支撑下，低碳发展战略和模式已初步建立。[1]西安市坚持把生态文明融入经济、政治、文化、社会建设的各方面和全过程，以"净气、兴水、增绿、治污和农村生态环境综合治理、城市景观建设"为重点，实施了一系列重大生态工程：拆除了燃煤锅炉480台，淘汰旧车4.2万辆，为3.4万户居民改造清洁能源；高标准建成8个生态节点广场和17千米环山绿道，新增城市绿地面积450万平方米，造林11.5万亩；建设"两河五湖六湿地"，新增生态水面3 108亩、湿地6 506亩。[2]

总之，自然环境是人类赖以生存的基础，脚下的这片土地是我们生存的家园。只有友善地对待自然，合理地利用自然资源，按照自然规律改造自然，实现可持续发展，走生态文明发展道路，才可能有和谐的人际关系（包括地区间关系、国际关系）。我们不能等到自然环境都被污染了，生态平衡都被破坏了，失去了赖以生存的家园，才痛心疾首，追悔莫及。毕竟，世界上从来就没有"后悔药"，有些代价和牺牲终将是无法承受的。

---

[1]　参见刘举科、孙伟平、胡文臻主编《中国生态城市建设发展报告》，社会科学文献出版社2015年版，第483页。
[2]　参见刘举科、孙伟平、胡文臻主编《中国生态城市建设发展报告》，社会科学文献出版社2015年版，第485页。

4. 社会主义友善价值观建设是一个庞大的社会系统工程

应该强调，社会主义友善价值观建设是一个庞大的社会系统工程，不可能毕其功于一役，而需要社会各方群策群力，扎实推进。除了每一位公民自觉提高思想认识，进行持之以恒的道德锻炼之外，社会各方必须积极行动起来，采取针对性、实效性的行动，推动友善价值观与和谐社会的建设。

例如，坚持"发展是硬道理"，尽可能夯实友善价值观建设的物质基础。在社会生产力越来越发达、民生问题得到妥善解决、贫富差距逐渐缩小、社会不公逐渐消除的前提下，那些原本为生计而紧锁的眉头就可能自然舒展，人与人之间的和睦友善就更容易实现。

再如，推进全面深化改革，转变政府职能，促进党风、机关作风和社会风气实质性好转。如果能切实转变政府职能，改进工作作风和服务态度，特别是持续高压反腐，令与民争利、巧取豪夺、坑害百姓的腐败分子无处藏身，那么，必将缓解社会大众普遍存在的焦虑、不满和愤怒情绪。

又如，相关机构、NGO组织可以单独或者联合，组织开展一些与"友善"相关的主题活动，如以关爱他人、奉献爱心为主题的志愿服务活动，引导全社会关注、关心、关爱困难群体、弱势群体，营造帮扶互助的友善风气。

最后，还可以通过立法、政策调整等，设立见义勇为奖励基金，保护人们践行友善价值观（例如搀扶摔倒的老人导致纠纷）时的合法权益不受损害，并在物质和精神上给予必要的勉励，同时，制定相关的法律法规，建立健全对善行、义举的保护保障机制，对损人利己、损人不利己等伤风败德行为采取多管齐下的治理、惩处措施，促进整个社会形成友善、和谐的良好氛围。

主要参考文献

一、著作

[1] 马克思,恩格斯.马克思恩格斯选集(第1-4卷)[M].北京:人民出版社,2012.
[2] 马克思,恩格斯.马克思恩格斯全集(第1卷)[M].北京:人民出版社,1995.
[3] 马克思,恩格斯.马克思恩格斯全集(第3卷)[M].北京:人民出版社,2002.
[4] 马克思,恩格斯.马克思恩格斯全集(第42卷)[M].北京:人民出版社,1979.
[5] 马克思,恩格斯.马克思恩格斯文集(第1-10卷)[M].北京:人民出版社,2009.
[6] 中共中央马克思恩格斯列宁斯大林著作编译局.列宁选集(第1-4卷)[M].北京:人民出版社,1995.
[7] 毛泽东.毛泽东选集(第1-4卷)[M].北京:人民出版社,1991.
[8] 邓小平.邓小平文选(第2卷)[M].北京:人民出版社,1994.
[9] 邓小平.邓小平文选(第3卷)[M].北京:人民出版社,1993.
[10] 习近平.习近平谈治国理政[M].北京:外文出版社,2014.
[11] 习近平.习近平谈治国理政(第2卷)[M].北京:外文出版社,2017.

［12］ 习近平.习近平总书记系列重要讲话读本［M］.北京：人民出版社，2016.

［13］ 习近平.决胜全面建成小康社会　夺取新时代中国特色社会主义伟大胜利——在中国共产党第十九次全国代表大会上的报告［M］.北京：人民出版社，2017.

［14］ 中共中央宣传部.社会主义核心价值体系学习读本［M］.北京：学习出版社，2009.

［15］ 中共中央宣传部.论文化建设——重要论述摘编［M］.北京：学习出版社，2012.

［16］ 杨伯峻.论语译注［M］.北京：中华书局，1980.

［17］ 杨伯峻，杨逢彬.孟子译注［M］.长沙：岳麓书社，2009.

［18］ 朱熹.四书章句集注［M］.北京：中华书局，1983.

［19］ 顾炎武.日知录［M］.上海：上海古籍出版社，1985.

［20］ 梁启超.敬业与乐业、饮冰室合集（第五册）［M］.北京：中华书局，1989.

［21］ 蔡元培.中国伦理学史［M］.上海：上海古籍出版社，2005.

［22］ 钱穆.国史大纲［M］.北京：商务印书馆，1979.

［23］ 梁漱溟.中国文化要义［M］.上海：上海人民出版社，2003.

［24］ 李德顺.价值论——一种主体性的研究［M］.北京：中国人民大学出版社，2013.

［25］ 袁贵仁.价值观的理论与实践——价值观若干问题的思考［M］.北京：北京师范大学出版社，2006.

［26］ 孙正聿.哲学通论［M］.沈阳：辽宁人民出版社，1998.

［27］ 李景源.李景源自选集［M］.北京：学习出版社，2013.

［28］ 吴向东.重构现代性——当代社会主义价值观研究［M］.北京：北京师范大学出版社，2006.

［29］ 宋惠昌.社会主义核心价值观专题解读［M］.北京：中共中央党校出版社，2010.

［30］ 韩震.社会主义核心价值观五讲［M］.北京：人民出版社，2012.

[31] 郭建宁主编.社会主义核心价值观基本内容释义[M].北京:人民出版社,2014.

[32] 吴晓云.社会主义核心价值观·关键词:平等[M].北京:中国人民大学出版社,2015.

[33] 余成跃.转型期中国社会公正问题研究[M].上海:复旦大学出版社,2013.

[34] 邹东涛主编.中国道路与中国模式1949—2009[M].北京:社会科学文献出版社,2009.

[35] 陈锡喜.马克思主义:意识形态和话语体系[M].上海:华东师范大学出版社,2011.

[36] 孙伟平,张传开主编.改革开放与社会主义核心价值体系建设[M].合肥:安徽师范大学出版社,2012.

[37] 孙伟平,周丹等.现时代的精神境遇[M].哈尔滨:黑龙江教育出版社,2013.

[38] 孙伟平.创建"中国价值"——社会主义核心价值体系研究[M].北京:社会科学文献出版社,2015.

[39] 周文华.美国核心价值观建设及启示[M].北京:知识产权出版社,2014.

[40] 宋颖.美国国际形象建构:美国之音新闻报道[M].北京:世界知识出版社,2012.

[41] 杨云飞.美国学校价值观教育研究[M].北京:科学出版社,2016.

[42] 亚里士多德.政治学[M].吴寿彭,译.北京:商务印书馆,1985.

[43] 卢梭.论人类不平等的起源[M].高修娟,译.上海:上海三联书店,2014.

[44] 卢梭.社会契约论[M].何兆武,译.北京:商务印书馆,1979.

[45] 孟德斯鸠.论法的精神[M].许明龙,译.北京:商务印书馆,2012.

[46] 康德.道德形上学探本[M].唐钺,译.北京:商务印书

馆，2012.

[47] 黑格尔.法哲学原理[M].范扬，张企泰，译.北京:商务印书馆，1982.

[48] 托克维尔.论美国的民主[M].董国良，译.北京:商务印书馆，1988.

[49] 托克维尔.旧制度与大革命[M].高望，译.北京:中华书局，2014.

[50] 萨义德.东方学[M].王宇根，译.北京：生活·读书·新知三联书店，2007.

[51] 哈耶克.自由宪章[M].杨玉生，冯兴元，陈茅，等，译.北京:中国社会科学出版社，1999.

[52] 以塞亚·伯林.自由论[M].胡传胜，译.南京:译林出版社，2003.

[53] 哈贝马斯.现代性的哲学话语[M].曹卫东，译.南京:译林出版社，2004.

[54] 约翰·罗尔斯.正义论[M].何怀宏，等，译.北京:中国社会科学出版社，1988.

[55] 诺奇克.无政府、国家和乌托邦[M].姚大志，译.北京:中国社会科学出版社，2008.

[56] 皮埃尔·勒鲁.论平等[M].王允道，译.北京:商务印书馆，2007.

[57] 罗伯特·达尔.论民主[M].李柏光，等，译.北京:商务印书馆，1999.

[58] 塞缪尔·亨廷顿.文明的冲突和世界秩序的重建(修订版)[M].周琪，等，译.北京:新华出版社，2010.

[59] 塞缪尔·亨廷顿，劳伦斯·哈里斯主编.文化的重要作用——价值观如何影响人类进步[M].程克雄，译.北京:新华出版社，2002.

[60] 迪特·森格哈斯.文明内部的冲突与世界秩序[M].张文武，译.北京:新华出版社，2004.

［61］　耶里内克.《人权与公民权利宣言》：现代宪法史论［M］.李锦辉，译.北京：商务印书馆，2012.

［62］　列文森.儒教中国及其现代命运［M］.郑大华，任菁，译.北京：中国社会科学出版社，2001.

［63］　MacIntyre, Alasdair, After Virtue: A Study in Moral Theory［M］.China Social Sciences Publishing House, 1999.

［64］　A. Giddens, The consequences of modernity［M］. Stanford, Ca: Stanford University Press, 1990.

［65］　Tim Hayward, Political Theory and Ecological Values［M］.Cambridge, UK: Polity Press, 1998.

［66］　Emmanul G. Mesthene, Technological Change: Its Impact on Man and Society［M］.New York: New American Library, 1970.

［67］　Bremmer, Ian. The End of the Free Market: Who Wins the War Between States and Corporations?［M］.New York: Penguin Group, 2010.

［68］　Raths L, Harmin M, Simon S. Values and Teaching［M］. New York: John Wiley Press, 1978.

二、论文

［1］　云杉.文化自觉、文化自信、文化自强——对繁荣发展中国特色社会主义文化的思考［J］.红旗文稿，2010(15、16、17).

［2］　王晓晖.积极培育和践行社会主义核心价值观［J］.求是，2012(23).

［3］　韩震.民主、公平、和谐——论社会主义核心价值理念［J］.中国特色社会主义研究，2011(2).

［4］　李德顺.谈社会主义核心价值"公正"［J］.中国特色社会主义研究，2015(2).

［5］　马俊峰.富裕、民主、公正、和谐：中国特色社会主义的核心价值理念［J］.湖北大学学报(哲学社会科学版)，2011(3).

[6] 吴倬.关于社会主义核心价值观问题的理论思考[J].教学与研究,2008(6).

[7] 方爱东.社会主义核心价值观论纲[J].马克思主义研究,2010(12).

[8] 吴向东.略论社会主义社会的公平正义[J].政治学研究,2008(4).

[9] 吴向东.社会主义核心价值观的若干重大问题[J].北京师范大学学报(社会科学版),2015(1).

[10] 江畅.论中国特色社会主义核心价值理念[J].社会科学战线,2012(10).

[11] 江畅.核心价值观的合理性与道义性社会认同[J].中国社会科学,2018(4).

[12] 梅荣政.关于社会主义核心价值观的几点思考[J].思想理论教育导刊,2015(8).

[13] 冯平,汪行福等."复杂现代性"框架下的核心价值建构[J].中国社会科学,2013(7).

[14] 冯留建.社会主义核心价值观培育的路径探析[J].北京师范大学学报(社会科学版),2013(2).

[15] 陆树程,杨倩.论培育和践行社会主义核心价值观的内在机制[J].毛泽东邓小平理论研究,2014(8).

[16] 郝立新.文明理念的价值意蕴和培育路径[J].思想理论教育导刊,2015(10).

[17] 徐能毅.如何认识社会主义核心价值观中的"自由"[J].红旗文稿,2015(2).

[18] 袁银传,赵倩.社会主义平等价值观及其培育路径[J].思想政治教育研究,2014(5).

[19] 万俊人.社会公正为何如此重要[J].天津社会科学,2009(5).

[20] 王淑芹.培育和践行社会主义诚信价值观[J].思想政治教育,2015(12).

[21] 周丹.论作为核心价值观的"友善"——基于中西"友善"概念渊源的考察[J].马克思主义哲学论丛,2015(4).

[22] 周丹.社会层面的社会主义核心价值观解析[J].求实,2016(9).

[23] 周丹.现代性视域中的"平等"问题及解决路径[J].马克思主义哲学论丛,2017(2).

[24] 赵丽涛.全球化背景下社会主义核心价值观的对外传播[J].中国特色社会主义研究,2014(3).

[25] 朱霁.论社会主义核心价值观的对外传播及其实践路径[J].马克思主义研究,2016(8).

[26] 沈壮海,段立国.习近平社会主义核心价值观战略思想研究[J].东岳论丛,2017(6).

[27] 孙伟平.论中国特色社会主义核心价值理念[J].湖北大学学报,2011(3).

[28] 孙伟平.价值观的力量——论习近平新时代中国特色社会主义思想的价值表达[J].哲学研究,2018(3).

三、报刊文章

[1] 习近平.把培育和弘扬社会主义核心价值观作为凝魂聚气强基固本的基础工程[N].人民日报,2014-02-26.

[2] 习近平.习近平在G20峰会第一阶段会议上的发言[N].人民日报,2014-11-16.

[3] 习近平.大力弘扬伟大爱国主义精神 为实现中国梦提供精神支柱[N].人民日报,2015-12-31.

[4] 费孝通."美美与共"和人类文明[N].甘肃日报,2010-12-09.

[5] 江畅.我国主流价值文化构建的三个问题[N].光明日报,2012-06-21.

[6] 郭齐勇,张志强.培育和践行和谐价值观[N].光明日

报，2013-04-12.

［7］ 韩志明.敬业精神的社会建构［N］.光明日报，2013-04-18.

［8］ 戴木才，彭隆辉.倡导"自由"：高扬社会主义核心价值观的理想旗帜［N］.光明日报，2013-04-18.

［9］ 卫建国.敬业价值观及其实现［N］.光明日报，2013-06-09.

［10］ 韩震.人民民主：社会主义的生命［N］.人民日报，2014-01-15.

［11］ 沈壮海，刘水静.友善：处理人际关系的基本准则［N］.人民日报，2014-02-17.

［12］ 李林宝.共建和谐中国必须培育和弘扬和谐文化［N］.人民日报，2014-03-26.

［13］ 张垚.在敬业中提升人生境界［N］.人民日报，2014-04-17.

［14］ 宋俊丽.公民敬业意识的培育［N］.光明日报，2014-05-07.

［15］ 刘建军，任超阳.社会主义核心价值观的广义与狭义［M］.光明日报，2014-06-16.

［16］ 颜晓峰.人民民主是中国共产党始终高举的旗帜［N］.人民日报，2014-09-09.

［17］ 王春风.公正的社会价值［N］.光明日报，2014-11-05.

［18］ 陈瑛.今天，我们应该怎样爱国［N］.光明日报，2015-12-23.

［19］ 龚亮.全面建成小康社会，文明不能缺位［N］.光明日报，2016-03-21.

［20］ 赵素萍.让核心价值观融入社会生活［N］.人民日报，2017-06-16.

［21］ 刘勇.以新时代劳模精神践行社会主义核心价值观［N］.光明日报，2018-04-28.

［22］ 于改之.推动社会主义核心价值观入法入规［N］.光明日报，2018-05-25.

后 记

本书系国家社会科学基金重大项目"社会主义核心价值观研究"(13&ZD007)的阶段性成果。在本书的研究和写作过程中，得到了"上海市高校马克思主义理论高峰学科建设计划"项目的资助和支持。

近年来，价值观问题在中国和世界备受关注，几成"显学"。关于社会主义核心价值观的书籍已经出版了很多。不同的书籍侧重点不同，风格不同，各具特色。本书的特色在于，在深入理解社会主义核心价值观十二个范畴的基础上，结合中国历史与现实中的事实、数据、现象，特别是鲜活的故事加以阐述，尽可能做到学术性与通俗性相统一、理论性与趣味性相统一。

本书的写作由孙伟平和尹江燕合作完成。孙伟平承担了导言、第一章初稿的写作，尹江燕承担了第二章、第三章、第四章、第六章、第七章、第八章、第十章、第十一章初稿的写作，第五章、第九章、第十二章的初稿由两人合作完成。然后，在相互修改、补充的基础上，由孙伟平统稿、定稿。

本书有幸入选2017年度"黑龙江省精品图书出版工程"，应该衷心感谢黑龙江省新闻出版系统相关领导和评审专家的首肯，特别是感谢黑龙江出版集团丁一平副总经理、黑龙江教育出版社张立新社长和李绍楠编审的推荐和支持。

同时，也要衷心感谢多年来关注、支持我们相关研究的老师和朋友，特别是李景源研究员、李德顺教授、郭湛教授、王永昌教授、李琳教授、马俊峰教授、江畅教授、陈新汉教授、刘进田教授、贺来教授、刘同舫教授、李文阁编审、贾红莲编审、吴向东教授、崔唯航研究员、陈德中研究员、周文升编审、高云涌教授、于冰教授、兰久富教授、吴怀友教授、徐德刚教授、徐瑾副教授、潘于旭副教授、尹岩副教授、周丹副研究员、刘冰博士、曾祥富博士等，他们对本书的研究、写作和出版提供了各种各样的帮助。

孙伟平　尹江燕

2018年9月30日